Martina Schmidt-Tanger
Gekonnt coachen
Präzision und Pro-vocation im Coaching

Ausführliche Informationen zu jedem unserer lieferbaren und geplanten Bücher finden Sie im Internet unter www.junfermann.de. Dort können Sie auch unseren kostenlosen Mail-Newsletter abonnieren und sicherstellen, dass Sie alles Wissenswerte über das JUNFERMANN-Programm regelmäßig und aktuell erfahren.

Besuchen Sie auch unsere e-Publishing-Plattform www.active-books.de.

Martina Schmidt-Tanger

Gekonnt coachen

Präzision und Pro-vocation im Coaching

Junfermann Verlag • Paderborn
2009

© Junfermannsche Verlagsbuchhandlung, Paderborn 2004
2. Auflage 2009

Alle Rechte vorbehalten.
Das Werk einschließlich aller seiner Teile ist urheberrechtlich geschützt. Jede Verwendung außerhalb der engen Grenzen des Urheberrechtsgesetzes ist ohne Zustimmung des Verlages unzulässig und strafbar. Dies gilt insbesondere für Vervielfältigungen, Übersetzungen, Mikroverfilmungen und die Einspeicherung und Verarbeitung in elektronischen Systemen.

Satz: JUNFERMANN Druck & Service, Paderborn

Bibliografische Information der Deutschen Bibliothek
Die Deutsche Bibliothek verzeichnet diese Publikation in der Deutschen Nationalbibliografie; detaillierte bibliografische Daten sind im Internet über http://dnb.ddb.de abrufbar.

ISBN 978-3-87387-588-3

Inhalt

1.	**Coachen mit Präzision und Pro-vocation**	9
1.1	Neuroduales Coaching (NDC)	11
1.2	Coaching ist, was man draus macht?	13
1.3	Das Projekt „Veränderung" in Therapie und Business	16
1.4	„Return on coaching"	18
1.5	Work versus Life oder Work-Life Coaching?	20
1.5.1	*Relevante Coachingthemen.*	*21*

2.	**Teil I: Präzision**	23
2.1	Klarheit und Struktur beim Erstkontakt	25
2.1.1	*Coachingkultur = Unternehmenskultur?*	*27*
2.1.2	*Ein gutes Coaching braucht einen guten Coachee!*	*30*
2.1.3	*Consulting – Teaching – Coaching: Was ist was?*	*31*
2.1.4	*Klarheit beim Kontextwechsel.*	*34*
2.1.5.	*Das Produkt Coaching erklären*	*35*
2.2	Die Auftragserteilung	41
2.2.1	*Wie entstehen eigentlich Coachinganfragen?*	*41*
2.2.2	*Happy beginnings for happy ends – präzise Aufträge*	*43*
2.2.3	*Geheime Wünsche – verdeckte Motive*	*46*
2.2.4	*Neun Stolperfallen für den Coach.*	*50*
2.2.5	*Auftragsklärung mit dem C.L.E.E.R. I.T.-Format.*	*53*
2.2.6	*Wann lehne oder gebe ich ein Coaching ab?*	*58*
2.3	Die erste Sitzung	60
2.3.1.	*Damit der Start stimmt.*	*60*
2.3.2	*Themenklärung mit dem Z.E.N.T.R.A.L.-Format*	*61*
2.3.3	*Veränderungsüberzeugungen – WAGE ES*	*63*

2.4	Der Coachingprozess	67
2.4.1	*Energiediagnose – Tun, Denken, Sein*	68
2.4.2	*Hirnforschung fürs Coaching – Thema Emotionalisierung*	72
2.4.3	*Die Steuerung der Betriebstemperatur – Neuroduales Vorgehen*	75
2.4.4	*Wichtige Grundlagen für einen guten Coach*	79
2.5	Sprache als wichtigstes Prozesswerkzeug	83
2.5.1	*Change-Talk – Sprache der Veränderung*	83
2.5.2	*Coachinghandwerk – unverzichtbare Fragetypen*	93
2.5.3	*Gute Formulierungen sind Freunde des Ziels*	96
2.5.4	*Empowerment – mehr Kraft fürs Handeln*	98
2.6	Informationen jenseits des Inhalts	102
2.6.1	*Mehr sehen & mehr hören*	103
2.6.2	*Kontakt mit dem K.A.I.S.E.R.I.N.-Modell*	105
2.6.3	*Rapport ist nicht gleich Rapport – 4-Stufen-Konzept*	107
2.6.4	*Rapporthilfen – starke Gefühle und Übertragungen*	110

3.	**Teil II: Pro-vocation**	**115**
3.1	Der Coach und seine Wahlmöglichkeiten	116
3.1.1	*Inhaltsabstinenz im Coaching?*	117
3.1.2	*Feedbackmangel im Business*	118
3.1.3	*Ist pro-vocative Kommunikation schwer?*	120
3.1.4	*Vorteile des pro-vocativen Coachings*	122
3.1.5	*Anforderungen an den pro-vocativen Coach*	124
3.2	Wie kann ich das Pro-vocative Coaching in meinen persönlichen Coachingstil einbauen?	127
3.2.1	*Rapport und Pro-vocation – geht das gut?*	128
3.2.2	*Von der Problemtrance zur Veränderungstrance*	130
3.2.3	*Der neue Blickwinkel: Wie muss ich denken?*	131
3.2.4	*Zehn Wege zur pro-vocativen Intervention*	133
3.2.5.	*Kriterien für erfolgreiche pro-vocative Kommunikation*	135

3.3   Pro-vocative Werkzeuge und Formate 137
3.3.1 *Metaprogramme – Wahrnehmungsfilter und Denkmuster* 137
3.3.2 *Die Polaritätsstrategie – Pacen und Polarisieren* 144
3.3.3 *Double-Trouble-Mix.* 147
3.3.4 *Logische Kategorien wechseln – das Rein-Raus Modell* 148
3.3.5 *Interaktionelle Pro-vocation – Rollenübernahme durch den Coach* 150
3.3.6 *Wie sag ich's nur? Erste-Hilfe-Kurs für die Pro-vocation.* 153
3.3.7 *Vielleicht wird ja doch alles gut – Waschzettel für Coaches* 156
3.3.8 *Zum Umgang mit Macht* 157

4.   Coachingqualität sichern. 159
4.1   Integre Coaches – integre Coachings 160

5.   Anhang 163
5.1   Literatur und Links 164
5.2   Spickzettel für die Präzision 166
5.2.1 *Kleine Schule der Veränderung – die 3 Freiheiten und*
       die W A G E - E S - Kriterien 166
5.2.2 *Das K.A.I.S.E.R.I.N.-MODELL* 167
5.2.3 *Die 15 CHANGE-TALK-Muster* 167
5.2.4 *Das C.L.E.E.R. I.T.-Format für die Auftragsklärung* 168
5.2.5 *Das Z.E.N.T.R.A.L.-Format* 170
5.2.6 *Das Empowerment-Format* 172

Für Inspiration und Unterstützung möchte ich mich bedanken bei:
Dr. Howard Smith, Frank Farrelly, Keith Johnston, Thies Stahl, Dr. Jens Tomas, Marita Bestvater, Dr. Noni Höfner, Claudia Pohler-Ricken, Hans Jürgen Ricken, Thomas Herbst, Dr. Oliver Zomer, Petra Rosarius, Christine Rothenbacher, Claudia Maurer und Luisa Tanger.

1.

Coachen mit Präzision und Pro-vocation

„Präzision und Provokation" ist eine herausfordernde Profilbeschreibung für eine Tätigkeit, die immer stärker ins Blickfeld rückt. Und zwar auf doppelte Weise: ins Blickfeld derer, die coachen und jener, die Coaching für ihr Unternehmen einkaufen oder sich selber coachen lassen wollen. Immer mehr beschäftigen sich mit der Frage: „Wie passiert eigentlich Veränderung und was kann man dafür tun, damit dies sinnvoll, effektiv und nachhaltig geschieht?"

Gelingende Veränderungsarbeit muss in geeigneter Weise die in unserem Gehirn angelegten Grundbedürfnisse nach Bindung, Kontrolle und Herausforderung bedienen (Grawe 2004). Die neurobiologische Grundlagenforschung, die diese Erfahrungen bestätigt, hat in den letzten Jahren hochrelevante Beiträge geliefert, an denen diejenigen, die sich professionell mit Veränderung beschäftigen (Therapeuten, Lehrer, Coaches, Trainer), aus geisteswissenschaftlicher Selbstgenügsamkeit und Bevorzugung eigener gewohnter Vorgehensweisen gern vorbeisehen. Aber die zunächst vielleicht kompliziert anmutenden, naturwissenschaftlichen Daten müssen mehr und mehr in der praktischen Veränderungsarbeit umgesetzt werden und die zum Teil hundertjährigen Vorgehensweisen in der Psychotherapie und sonstigen Veränderungsarbeit dringend ablösen.

In meiner langjährigen Erfahrung als Veränderungshelferin und vor allem als Coaching-Ausbilderin habe ich in den letzten Jahren Strukturen, Modelle und Werkzeuge entwickelt, weiterentwickelt, zusammengestellt und eingesetzt, die helfen können dies zu realisieren. Es geht dabei um Bereitstellung von Kontrolle und Orientierung, sprich Präzision und Planung einerseits und andererseits um die Pro-vocation, das gezielte Herausfordern des Unerwarteten, des Aktivierenden und des Inspirierenden. Wichtig beim Coaching ist die Sicherheit, Klarheit und Beziehung, die ein Coach bieten kann und deutlich ausstrahlt, z.B. in der professionellen Auftragsklärung (siehe Abschnitte 2.1 und 2.2), in der sicheren Anwendung professioneller Fragetechniken (siehe Abschnitte 2.2.2, 2.2.5 und 2.3.2), im meisterhaften Umgang mit Sprache (siehe Abschnitt 2.5) und in der kompetenten Prozesssteuerung (siehe Abschnitt 2.4). Es geht, wie Professor Dr. Klaus Grawe es einmal ausdrückte, darum, „dass da einer sitzt, der weiß was er tut".

Und es geht, was oft zu wenig beachtet wird, um den Mut und die Energie, dem Klienten das Verlassen der festgefahrenen emotionalen Strukturen und geistigen „Einzimmerwohnung" zu ermöglichen – das Verlassen der „Einzimmerwohnung", die auch bei vielen Coaches zu oft tapeziert ist mit der grauen Tapete der Erfahrung. Die Fähigkeit zur pro-vocativen Kommunikation im Sinne von Herauslocken, Herausfordern des Neuen, des Erweiternden und Belebenden muss Teil des professionellen Interventions-Repertoires effektiver Coaches werden, um die neurophysiologische Effektivität der Vorgehensweise zu gewährleisten und emotional relevante Veränderungszustände bereitzustellen.

pro-vocare = hervorrufen, hervorlocken

Und so hat dieses Buch zwei Schwerpunkte: Alles was dem Coach die nötige Sicherheit gibt, um im Coaching klar und präzise zu sein und Vertrauen zu vermitteln, finden Sie im ersten Teil des Buches. (Dabei in den folgenden Kapiteln zunächst alles, was Sie **vorher** wissen sollten, was **vorher** bedacht sein muss, damit es überhaupt zu sinnvollem Coaching kommt.) Im zweiten Teil geht es dann direkt um die effektive Steuerung der Betriebstemperatur und das neue Werkzeug der Pro-vocation.

Als neuroduales Coaching (NDC) ermöglicht die Zusammenführung und synergetische Nutzung dieser beiden Komponenten die notwendige Umsetzung unserer genetisch-neuronalen Vorgaben für optimierte Entwicklungsarbeit.

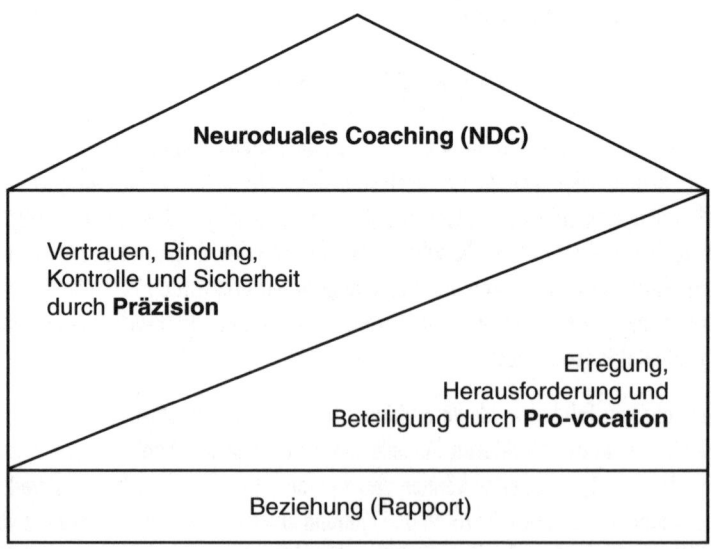

1.1 Neuroduales Coaching (NDC)

Veränderungen passieren im Coaching nicht einfach so, die verbal geäußerte Bereitschaft etwas zu verändern und ein möglicherweise sogar einsichtsreiches Gespräch reichen nicht aus, um im Gehirn tatsächlich Veränderungen zu bewirken. Jede Erfahrung ist in unseren Synapsen als neuronales Erregungsmuster manifestiert und je häufiger die entstandenen Verschaltungen abgerufen wurden und werden (auch nur als innere Vorstellung!), desto stabiler gestalten sich die beteiligten synaptischen Verbindungen. Wie es Joseph LeDoux in *„Snaptic self"* (2003) beschrieb: *„Our brain become who we are. You are your synapses."* Für Veränderungen brauchen wir also neue Spuren im Hirn, die dann bis auf die Ebene der Gene wirken. Nervenzellen beginnen bei angemessener Stimulation neue Gensequenzen abzuschreiben bzw. andere stillzulegen. Dies geschieht nach neueren Erkenntnissen bis ins hohe Alter und bildet die Basis für ein lebenslanges Veränderungspotential (Neuroplastizität des Gehirns). Die Frage ist nun, welche Bedingungen können im Coaching bereitgestellt werden, um Veränderungen zu ermöglichen. Aus Sicht der Neurobiologie ist für Veränderungen immer eine optimale Mischung aus Sicherheit und Herausforderung notwendig. Das Zusammenspiel der beiden Variablen: „sichere Bindung" und „Erregung" stellt genau den Cocktail an Neurotransmittern (Signalstoffen) bereit, der dann tatsächlich strukturelle Umbauprozesse im Gehirn, d.h. mit bildgebenden Verfahren nachweisbare Veränderungen ermöglicht (Prof. Dr. Hüther 2004, siehe dazu Abschnitt 2.4.2).

Basierend auf den neurobiologischen Erkenntnissen der Erregung- und Transmittersteuerung fungiert der Coach beim **Neurodualen Coaching (NDC)** daher einerseits als strukturgebender und sicherheitvermittelnder Vertrauenspartner und andererseits als Reibungsfläche, Sparringspartner und mutiger Herausforderer für neue geistige Bewegung. Dient die Präzision des Coaches vor allem dazu, eine sichere emotionale Bindung zu vermitteln und das Grundbedürfnis nach Vertrauen und Kontrolle zu befriedigen, ist die Pro-vocation der Teil im Coaching, der die nötige Erregung des limbischen Systems bereitstellt und neuronale Differenzierungsprozesse ermöglicht.

Die hier dargestellten, sich ergänzenden Werkzeuge und Haltungen für einen neurodual kompetenten Coach finden ihre Entsprechung nicht nur in den modernsten Erkenntnissen der Neurobiologie. Beide Interventionsarten – die Präzision und die Pro-vocation – sind Ausdruck eines „umfassenden Carings" für den Coachee. Als Vergleich kann man die mütterlichen und väterlichen Anteile der Erziehung heranziehen. Beides ist unerlässlich für die individuelle Entfaltung und Befriedigung der unterschiedlichen menschlichen Entwicklungsbedürfnisse. („Mütterlich und väterlich" sind hier nicht Geschlechtern zugeordnet, sondern als variable Qualitäten gemeint, die sich bei beiden Geschlechtern finden lassen, wie auch das energetische yin/yang Konzept in den asiatischen Kulturen.) Die mütterlich-schützende, strukturgebende Beruhigung vermittelt, ebenso wie das väterliche, liebevolle Verunsichern durch Monsterspiele, Erschrecken, Hochwerfen und andere Spiel-Angst-Interaktionen, die Meta-Botschaft: „Du bist in guten Händen und hast gleichzeitig Herausforderungen, um dich zu entwickeln." Man kann in Bezug auf gelungenes Coaching, im dem sowohl präzises und pro-vocatives Vorgehen seinen Platz haben, postulieren: *„Die Interventionen in diesem Coaching sind nicht von schlechten Eltern."*

Um also wirklich *verändernd* zu coachen und **neuronale** Umstrukturierungen zu ermöglichen, brauchen Sie als Coach diese **duale Vorgehensweise**. Sie müssen immer wieder in der richtigen Mischung beide Aspekte – Sicherheit und Herausforderung – einsetzen und je nach Betriebstemperatur die Interventionen nutzen, die die optimale Reaktion ermöglichen. Während der Coachee die (inhaltliche) Richtung vorgibt, sind Sie als Coach der Fachmann resp. die Fachfrau für den zielführenden Umgang mit „Gas und Bremse", damit an den wichtigen Stellen beschleunigt wird und an entscheidenden Stellen das Tempo verlangsamt wird, um eventuell abzubiegen oder den Kurs neu auszurichten. Beide Teile des Buches geben Ihnen umfassendes Material an die Hand, um Ihre neurodualen Kompetenzen zu fördern und einen eigenen Stil zu entwickeln.

1.2 Coaching ist, was man draus macht?

Coaching ist, was man daraus macht – so scheint es manchmal. Coaching liegt im Trend, und es hört sich wohl einfach besser und teurer an als einfach nur Training oder Beratung. Manch einer weiß aber auch gar nicht so recht, wo die Unterschiede liegen – und so werden oft Coachings angeboten, die im eigentlichen Sinne gar keine sind (z.B. Verkaufstrainings, Krankheitsrückkehrgespräche, Ausbildungsmaßnahmen). Coach und Coaching sind keine geschützten Begriffe und das hat zur Folge, dass der Coachingmarkt sehr heterogen ist, sowohl in Bezug auf Zielgruppen und Inhalte, aber auch vor allem bei der Qualität und dem Selbstverständnis der Coachinganbieter. Denn nicht alles, was im Gespräch passiert zwischen jemandem, der Unterstützung möchte und jemandem, der dabei – für Geld – weiterhilft, ist Coaching. Einerlei, ob Sie coachen lassen oder coachen – Sie wollen wissen, worauf Sie sich einlassen und was ein guter Coach können sollte. Sie wollen wissen, was Coaching von Teaching und Consulting unterscheidet. Sie wollen wissen, was es leisten kann und was nicht und vor allem, woran Sie einen guten Coach erkennen.

Es gibt Spielregeln, an die man sich halten kann sowie Ziele und Verfahren, die sich unterscheiden. Training, Consulting und Coaching – das sind drei Felder, die sich durchaus idealtypisch voneinander abgrenzen lassen (siehe 2.1.3). Das sollte man wissen, wenn man als Coach arbeitet, insbesondere dann, wenn man für ein Unternehmen bestimmte Aufgaben lösen soll oder Fähigkeiten erweitern will. Denn Unternehmen haben selbst oft eine unklare Vorstellung von den Möglichkeiten, die es gibt, Veränderungsziele zu erreichen. Nicht selten werden Sie als Coach dann gefragt: „Coaching – was ist das eigentlich? Wie definieren Sie es?" Und gar nicht so selten werden Sie auch mit unternehmerischen Interpretationen von Coaching konfrontiert, die auch bei großzügiger Auslegung keine Coachings mehr sind, sondern nur eine neue Spielart der Kontrolle, Beeinflussung und kommunikativer Steuerung von Mitarbeitern (z.B. bei dem Etikettenschwindel „der Vorgesetzte als Coach"). Hier helfen ein klarer Standpunkt und ein deutlich kommuniziertes Profil Ihrer Arbeit und Ihrer Coachingexpertise. – Hier noch einmal zur Erinnerung eine klare Definition von Coaching:

Definition: Coaching

Bei Coaching handelt es sich um ein vertrauliches, freiwilliges Arbeiten unter 4 Augen, bei dem es *primär um das Erreichen der Ziele* des Coachee geht.

Coaching soll Veränderungs- und Selbsterkenntnisprozesse ermöglichen. Die Eigenwahrnehmung wird erweitert, Verhalten verstanden und steuerbar(er) für den Klienten. Er erlebt die verantwortliche *Mehrung der Wahlmöglichkeiten* im Denken, Fühlen und Handeln. Es geht davon aus, dass jeder Mensch Ressourcen hat, um seine Verhaltensprobleme zu lösen. Manchmal hat er sie jedoch in bestimmten Momenten und Kontexten nicht zur Verfügung.

Es geht beim Coaching nie darum etwas „wegzumachen", sondern immer um eine Ergänzung. Der Coach arbeitet *explorativ-additiv* (hinzufügend), nicht defizitär-eliminierend. Beim Coaching werden im *verschwiegenen, experimentellen Kontext* neue Erfahrungen und neues Erleben für den Klienten möglich. Einschränkungen im Denken und Verhalten werden dabei erkannt und ressourcenorientiert bearbeitet. Der Klient erfährt *sich selbst* als Quelle seiner Veränderungswünsche und Veränderungsmöglichkeiten.

Was ist Coaching *nicht*?

„Viele Katastrophen sind das Resultat guter Absichten."
Fritz Simon

Alle Maßnahmen, bei denen der Coach ein *eigenes inhaltliches Interesse* hat, d.h. eigene Karten im Spiel hat, sind kein Coaching. Coachingmaßnahmen, die darauf abzielen, dass ein Mitarbeiter seine Verkaufszahlen erhöht, seine Fehltage reduziert oder seine Servicefreundlichkeit verdoppelt, sind kein wirkliches Coaching, sondern Beeinflussungsgespräche im Sinne der Zielerreichung des Unternehmens.

Selbst wenn der Coachee die Ziele teilt, fehlen wichtige Coachingelemente: Freiwilligkeit der Veränderung, Vertraulichkeit, inhaltliche Themenfreiheit. Alle Gespräche, in denen die *Wünsche Dritter im Vordergrund* stehen, sollten sorgfältig geprüft werden. Wenn keine Zustimmung für die Zielrealisierung beim Coachee gegeben ist, wird der Coach zum Handlanger fehlerhafter Führungsarbeit und nicht zu einem vertrauensvollen Partner in einem freiwilligen Entwicklungsprozess. Alle Ziele, die ein Coachee sich nicht **selber** setzt, werden in der Coachingarbeit an nachvollziehbarem Widerstand angesichts dieser Zwangshandlungen scheitern. Die Vorgabe von „Erziehungszielen" für Mitarbeiter *(„Sehen Sie doch mal zu, dass ... xy ... ein bisschen fleißiger, selbstbewusster, ordentlicher wird.")* führt zu infantilen Beziehungsdefinitionen, in denen der Coach Erfüllungsgehilfe des insuffizienten Zuweisungssystems ist.

Die eigene Entwicklung im Rahmen eines Coachings in den Dienst des unternehmerischen Wohlergehens zu stellen, geht nur auf der Basis einer freiwilligen Zugehörigkeit zu einem Leistungssystem mit definierten Regeln. Alle anderen Versuche der Leistungs„erzwingung" führen vielleicht kurzfristig zu Erfolg, sind aber mittel- und langfristig der Supergau für eines der sensibelsten Personalentwicklungsinstrumente und die Coaching-Unternehmenskultur insgesamt. Viele Firmen machen eklatante Fehler bei der Implementierung von Coaching. Wird Coaching nicht richtig eingeführt und missverständlich genutzt, zerstört es das Vertrauen der Mitarbeiter und untergräbt die Unternehmenskultur. Denn bei der – auf schnellen „Gewinn" ausgelegten – Anwendung einer neuen „Psychomaßnahme" entstehen manipulative Misstrauensstrukturen, die letztendlich nur schaden statt nützen. An der Art, wie Coaching im Unternehmen eingesetzt und von den Mitarbeitern angenommen wird, offenbart das Unternehmen eine Menge an Informationen über sich: Die Coachingkultur ist der Spiegel der Unternehmenskultur (siehe dazu Abschnitt 2.1.1).

1.3 Das Projekt „Veränderung" in Therapie und Business

„»Gib meinen Entschlüssen Kraft« ist eine Bitte, die im Vater Unser stehen könnte."
Georg Christoph Lichtenberg

Alljährlich oder sogar monatlich kann man es bei sich selbst beobachten: Die wunderbaren Vorsätze der Silvesternacht oder eines Zielvereinbarungsgesprächs lösen sich Wochen später in Luft auf. Die Dinge, die man in Selbsterziehung von sich persönlich verlangt oder die der „Sozialintensivpartner" gern anders hätte, lassen sich in akute und chronische Veränderungswünsche einteilen. Akute Veränderungswünsche („Ich muss mal dringend den Schreibtisch aufräumen!", „Ich brauche Urlaub!") setzen die meisten Menschen allein um. Für die chronischen, veränderungsresistenten, immer wiederkehrenden „Verhaltens- und Erlebensdefizite" sucht man sich Hilfe und findet sie im weiten Feld der Unternehmensberater, Coaches, Therapeuten oder in Form von Büchern, Seminaren, Kassetten. Ebenso finden wir oft Laienhelfer wie Ehefrauen, Kollegen, Freunde, die sich im Bereich der „ehrenamtlichen Veränderungsberatung" engagieren. *Professionelle* Veränderungshelfer gibt es in Businesskontexten und im psychosozialen Bereich. Professionelle Veränderungshelfer sind all diejenigen, die Geld dafür bekommen, dass sich etwas verändert.

Wie agieren professionelle Veränderungsberater? Wie wird das Projekt „Veränderung" angegangen?

Im psychosozialen Kontext ist „sich verändern" traditionsgemäß mit viel Zeit verbunden. Eine psychoanalytische Behandlung findet im Schnitt 2 – 4 mal pro Woche statt und kann bis zu 300 Stunden dauern. Eine von der Krankenkasse übernommene Verhaltenstherapie liegt zurzeit bei 25 bis 45 Stunden. Die therapeutischen Variablen, die dabei wichtig sind, sind Empathie, Dinge sich entwickeln lassen, manchmal weitreichende Rückschauen in die Vergangenheit, um dem Klienten zu helfen, selbst auf die Lösungen zu kommen. Der Therapeut ist oftmals geduldiger Begleiter von Selbstentwicklungsprozessen – er hält sich mit Vermutungen, Kommentaren und Ratschlägen zurück („Ratschläge sind auch Schläge" ist das zugehörige Bonmot). In der Therapeutenausbildung lernt man die wohlwollende, begleitende Zurückhaltung, die akzeptanzausstrahlende Grundhaltung und den vorurteilslosen anerkennenden Blick auf den hilfesuchenden Klienten.

Nun hat die Therapie durch den eleganten Kunstgriff über das Wort Coaching den Sprung in die Wirtschaft geschafft. In Zusammenhang mit dem Sport ist der Begriff des Coaching mit Leistungssteigerung verbunden und wird zu gern als innovatives Instrument der Personalentwicklung angenommen.

Die Beziehung zwischen Coach und Klient bzw. dem zu Coachenden kann in den verschiedensten Varianten auftreten: Der Coach heißt Trainer, Berater, Therapeut, Personalentwickler, Supervisor, Mentor. Der Coachee ist Ratsuchender, Mandant, Klient, Supervisand, Teilnehmer. Das Coaching setzt nicht die Definition „krank" voraus, sondern versteht sich als Hilfestellung zur Entdeckung und Entwicklung von Ressourcen, zur Erreichung von Zielen und für Problemklärungen bzw. -lösungen.

Die Ansprüche der jedoch überwiegend gesunden Klientel, oder wie ich gerne sage, der „Normalneurotiker" (also Menschen wie du und ich), sind etwas anders gelagert als im therapeutischen Kontext.
Die *Ansprüche in Businesscoachings* gehen vor allem in Richtung:
- ➜ Direktheit und Klarheit,
- ➜ konkrete Hilfestellung und spezifische Informationen,
- ➜ Schnelligkeit,
- ➜ Ergebnisausrichtung,
- ➜ Businesskompatibilität des Vorgehens,
- ➜ komprimierte Lernvorgänge mit rascher Zielerreichung,
- ➜ möglichst messbare, nachvollziehbare Veränderungen.

1.4 „Return on coaching"

Im persönlichen Gespräch sollen effektive Veränderungs- und Selbsterkenntnisprozesse ohne lange Umschweife ermöglicht werden. Der Wunsch nach Erweiterung der Selbstwahrnehmung, das Verstehen und das Steuern des eigenen Verhaltens sollen kein langjähriges Selbstbespiegelungsprojekt oder Heilungsverfahren sein, sondern effektiv und zielgerichtet angegangen werden. Neue Erfahrungen aus dem verschwiegenen und experimentellen Kontext sollen möglichst sofort Ergebnisse in der Außenwelt bringen und als *„Return on Coaching"*, also wirtschaftlich messbar sein.

Wie sagte einmal ein General Manager am Ende der vereinbarten 6 Coachingstunden zu mir: „Angenommen, wir würden noch mal 6 Stunden zusammen verbringen, was denken Sie, wäre an zusätzlichem Lernzuwachs zu erwarten? Wie sähe das weitere Entwicklungsprogramm für mein Verhaltensrepertoire aus und wie groß schätzen Sie mein Potenzial zur Realisierung ein? Lohnt sich der weitere Zeiteinsatz oder ist nach dem Paretoprinzip mit unseren 6 Stunden der Großteil meines Veränderungspotenzials erschöpft?"

„Letztendlich ist jeder für sich selbst verantwortlich, was aus ihm gemacht wird."
Jean Paul Sartre

Hier stehen ganz klar betriebswirtschaftliche Kosten-Nutzen-Überlegungen im Vordergrund. Coaching ist ein Produkt, das einen bestimmten Effekt haben soll, d.h. ein konkretes Ergebnis soll realisiert werden – man erwartet eine klare Dienstleistung, an deren Ende ein bestimmter Output steht.

Die gedankliche Struktur des Wirtschaftsalltags wird 1 zu 1 aufs Coaching projiziert, mit all den Missverständnissen und Fehleinschätzungen, die dabei passieren können. Demzufolge ist es manchmal nicht einfach zu erklären, dass ein Großteil des Ergebnisses vom Klienten selbst abhängt und Voraussagen des Coaches, ob, wie und inwieweit der Klient noch weitere Verhaltensänderungen während des Coachings erwarten darf, wie Kaffeesatzleserei anmuten. Aber kommt vom Coach ein „Ich-weiß-auch-nicht,-was-bei-Ihnen-möglich-ist", dann ist das schon nah dran am psychosozialen „Gut,-dass-wir-drüber-geredet-haben". Solche oder ähnliche Reaktionen von Seiten des Coaches werden ungern akzeptiert und dem Coach eher als diagnostische Schwäche, denn als weise und professionelle Zurückhaltung ausgelegt.

Der Coach ist im Business gefragt als Persönlichkeitsdesigner, Psychoreparateur und Verhaltensinstallateur für ein erweitertes Leistungsrepertoire. Manchmal soll er sogar als Endergebnis eine runderneuerte Persönlichkeit abliefern. Ein Key Account Manager schickte mir einmal einen seiner Verkäufer mit dem Auftrag: „Machen Sie doch aus dem mal einen scharfen Hund." Der Klient, ein sehr sanfter Mann Mitte 50, wollte jedoch, statt hart mit Großkunden zu verhandeln, am liebsten vorzeitig in Rente gehen und sein Hobby ausbauen. Er war ehrenamtlich bei der Telefonseelsorge beschäftigt, meditierte viel und schrieb Naturgedichte. Er war von einem „scharfen Hund" Meilen entfernt.

Wo Training nichts mehr bringt, zu teuer oder zu aufwändig ist, soll Coaching den gewünschten Drive bringen. Liebesfähig, leistungsfähig, sinnerfüllt und kompetent in allen Lebenslagen – so lautet das Anforderungsprofil fürs Leben und die Arbeit. Der Coach soll dieses Projekt möglichst schnell, kostengünstig und ohne viel Aufwand realisieren. Wenn das kein schwieriges Geschäft ist!

1.5 Work versus Life oder Work-Life Coaching?

Unter den Stichworten „Work-Life Balance" und „individualisiertes Einzeltraining" ist Coaching in den letzten Jahren ein wichtiges Instrument der zielgerichteten und zeitsparenden Personalarbeit geworden. Das verschwiegene Gespräch zur individuellen Entwicklungsarbeit oder als aktuelle Hilfestellung wird von Führungskräften gern angenommen. Viele Menschen schätzen die Reflexion ihres beruflichen Kontextes unter Einbeziehung des privaten Umfelds als Möglichkeit der ganzheitlichen Betrachtungsweise ihrer Existenz. Die Einsatz- und Unterstützungsmöglichkeiten sind dabei so vielfältig wie die Anforderungen der Klienten. Die durch den Begriff „Work-Life Balance" nahe gelegte Dualität zwischen Leben und Arbeit impliziert, dass es in „Work" kein „Life" gibt und in „Life" kein „Work" und es lediglich darum geht, diese beiden Bereiche in eine (zeitliche) Balance zu bringen. Das ist natürlich Unsinn. Die manchmal vom Auftrag- und zugleich Geldgeber angestrebte Abgrenzung privater Themen von beruflichen Belangen im Coaching ist daher eine künstliche Trennung, die der Gesamtheit der Person nicht gerecht wird und die Coachingmöglichkeiten sehr limitiert. Es schadet dem Ergebnis eher, als dass es etwas nützt. Man schaue nur auf das Heer überarbeiteter, übermüdeter, ausgelaugter Jungmanager(innen), die oft genug in den Jahren zwischen 30 und 40 noch neben der kräftezehrenden Karriere in ihrer „Freizeit" ein Haus planen und bauen und ihre Nächte mit quengeligen Kleinkindern zubringen. Oder die etablierten Manager(innen) zwischen 40 und 50, die gerade in Scheidung stehen und mit Burn-out, persönlichem Sinndefizit oder ernsthafter Erkrankung zu kämpfen haben. Dort lediglich auf den Arbeitsaspekt zu fokussieren hieße, auf einem Auge blind zu sein. Wie stark Berufs- und Privatleben miteinander verflochten sind, zeigen die nachfolgenden beiden Beispiele:

a) Eine hochrangige Managerin, Ende 40, litt unter einer starken, psychosomatischen Symptomatik. Sie war seit fünf Jahren in den inneren Konflikt verwickelt, ihren 8 Jahre jüngeren, farbigen Lebenspartner nicht zu geschäftlichen und gesellschaftlichen Anlässen mitnehmen zu wollen bzw. zu können. Diese wiederkehrende Stresssituation hatte sie bisher mit niemandem besprechen können und sie war sehr erleichtert, im Coaching endlich eine geeignete Lösung zu finden und ihre eigene Werthaltung auch angemessen nach außen dokumentieren zu können.

b) Ein weiteres Beispiel ist die Geschichte eines Geschäftsinhabers. Dieser hatte seit 15 Jahren eine Geliebte, die ihn nun endgültig vor die Wahl stellte, die Beziehung zu beenden oder sie zu heiraten. Das Familienunternehmen, das er führte, gehörte jedoch seiner Frau und die Wahl, alles aufzugeben und neu anzufangen oder die geliebte Frau zu verlieren, hatte ihn seit Monaten handlungsunfähig gemacht. Er zeigte Suchtprobleme und sein Sohn begann bereits die Geschäfte zu führen, was alle sehr belastete.

„Wir sind nichts. Was wir suchen, ist alles."
Friedrich Hölderlin

1.5.1 Relevante Coachingthemen

Wichtige Coachingthemen bzw. Problemstellungen ergeben sich häufig in folgenden Bereichen:

a) Standortbestimmung in der Berufs- bzw. Lebensbiographie
→ Welche Erwartungen und Hoffnungen habe ich?
→ Welche Möglichkeiten gibt es noch?
→ Welche Pläne und Ziele verfolge ich (noch)?
→ Welche Abschiede von Erwartungen, Hoffnungen und Plänen sind zu leisten?
→ Mit welchen „Nicht-Ereignissen" muss ich leben? (bestimmte Karrierepositionen, unerfüllter Kinderwunsch, fehlender Partner)

b) Karriereplanung unter Beachtung der persönlichen Sinnorientierung
→ Welche Position strebe ich an? Was will ich auf keinen Fall?
→ Gibt es eine genügend starke Identifikation mit dem Beruf?
→ Wie hoch ist der Zeiteinsatz, der Preis der Karriere?
→ Wie (er)lebe ich die Vielfältigkeit des Lebens?
→ Brauche/sehne ich mich nach Auszeiten, Sabbaticals, Neuorientierung?

c) Gestaltung und Umsetzung persönlicher Entwicklungsprozesse und allgemeine Persönlichkeitsentwicklung
→ Wer will ich sein?
→ Wie will ich mich entwickeln?
→ Was gibt es in meiner Vergangenheit zu klären („Keller aufräumen")?
→ Auf welchen Gebieten kann/will ich zukünftig meine Persönlichkeit noch mehr entfalten („Dachgeschoss ausbauen")?
→ Wie ist die Balance von körperlichen, geistigen und seelischen Aspekten meines Lebens?
→ Was erwarte ich als Mensch von mir?

d) Leistungserwartung und Leistungserbringung
→ alle Themen des Spannungsfelds: Führungskraft versus Fachkraft,
→ Probleme der Mitarbeiterführung,
→ negative Beurteilungen in Management-Audits/Jahresgesprächen,
→ herausfordernde Projektleitungen, Changeprozesse, Fusionen,
→ stressige Zeitanforderungen bzw. Überforderung/Unterforderung,
→ Änderung von Macht, Status, Position

e) Begleitung und/oder Vorbereitung von Umbruch- oder Krisensituationen
→ Beförderung, Auslandseinsatz,
→ Scheidung, Krankheit, Kindersegen,
→ Kündigung, Selbstständigkeit

f) Begleitung und Reflexion individueller Veränderungswünsche
→ besseres Stressmanagement/Zeitmanagement,
→ Orientierung und Zielfokussierung verändern,
→ Verhinderung von Burn-out/resignativer Arbeitszufriedenheit,
→ Verbesserung der Gesundheit,
→ befriedigender Balanceakt zwischen Firma und Familie,
→ Karriereplanung und Organisation von Elternschaft

„Konzentriere dich in deinem kurzen Leben auf wesentliche Dinge und lebe mit dir und der Welt in Frieden."
Seneca

g) Spezielle, konkrete Aufgabenarbeit (beruflich und persönlich)
Kurzfristig wird Hilfe gesucht bei konkret anstehenden Aufgaben/schwierigen Situationen, z.B.: Vorbereitung einer wichtigen Präsentation, Termin mit einem schwierigen Kunden, Verhalten bei einem Teamkonflikt, Antrittsrede bei der Übernahme eines neuen Projektteams, Vorbereitung eines schwierigen Mitarbeitergesprächs, Bewerbungsgespräche oder auch Flugangst.

Bei vielen Themen lassen sich Fragestellungen mit einem Coach in kurzer Zeit bearbeiten und klären, bevor ein Problem daraus wird. Coaching als Prophylaxe für die Bewältigung energetisch und emotional herausfordernder Situationen ist eine der neuen paradigmenwechselnden Vorgehensweisen in der Personalarbeit der Zukunft.

2.

Teil I: Präzision

Viele Coaches erfüllen ihre Aufgabe gut, obwohl sie, gefangen im Netz der Fremd- und Selbstansprüche, oft nicht wissen, was und wie genau sie es tun sollen. Die Freiheitsgrade im Businesscoaching sind manchmal enorm eingeschränkt. Vielfältige, oft sogar unterschiedliche Ansprüche werden an das Coaching gestellt, und dem Coach werden unterschiedliche Positionen zugewiesen, ohne dass er es überhaupt weiß bzw. bejaht hat. Es gibt unterschiedliche Zielsetzungen der beteiligten Instanzen/Personen und unterschiedliche Vorstellungen über die Vorgehensweisen. All das erfordert vom Coach ein Höchstmaß an persönlicher Klarheit und verlässlichem Know-How über Coaching und Coachingkontexte. Dieses Know-How haben nicht alle Coaches in gleichem Umfang. Je nach Hintergrund variiert z.B. das notwendige, psychologische Wissen erheblich. Bei diesem unumgänglichen, psychologischen Wissen handelt es sich übrigens keinesfalls um den von einigen „Coaches" als ausreichend empfundenen „gesunden Menschenverstand".

Oder, wenn beim psychotherapeutischen Können durchaus kein Mangel herrscht, kennt sich der Coach hingegen nicht unbedingt in den Spielregeln der Unternehmen aus. Er stellt nicht die richtigen Fragen oder kann nicht Position beziehen zwischen den hohen Ansprüchen eines Unternehmens an den „Return on Coaching", den individuellen Klientenbedürfnissen und dem Ethos der eigenen Berufsdefinition.

„Präzision" – der nachfolgende Teil dieses Buches, vermittelt wichtiges Hintergrundwissen über den Umgang mit der triadischen Konstellation „Auftrag-(Geld)geber/Coach/Klienten". Er beschreibt die unerlässlichen Rahmenbedingungen für erfolgreiches Coaching und fördert das klare Profil, das ein Coach haben muss, um nicht als Spielball einer Modeerscheinung zu enden. Grundvoraussetzungen für Coaches, wie z.B. Wahrnehmungsfähigkeit, werden dabei ebenso erwähnt wie der Umgang mit Stolperfallen bei Akquisition und Auftragsklärung. Ziel ist der Coach als Experte, der auch unternehmerische Vorgaben kritisch in Frage stellen kann und nicht jeden Auftrag annimmt.

In den Werkzeug Kapiteln werden Formate und Modelle für präzises und emotional relevantes Coaching dargestellt – heraus aus der Haltung *„Mal gucken, was kommt, dann fällt mir schon intuitiv was ein"*, hin zur Kenntnis hilfreicher Strukturen, Abfolgen und nachvollziehbarer Präzision. Die Formate und Checklisten finden sich im Anhang auch noch einmal als kopierbare Spickzettel.

2.1 Klarheit und Struktur beim Erstkontakt

Coaching als Feedback oder Unterstützung auf Zeit braucht Vereinbarungen und Regeln, die dem Ganzen Struktur geben und grundlegende Fragen beantworten.

Häufig beginnt alles mit einem Telefongespräch, entweder mit dem Auftraggeber (Vorgesetzter, Personalabteilung) oder mit dem Coachee selbst.

Das Kontraktgespräch bzw. Erstgespräch dauert von 10 Minuten bis zu einer Stunde (am Telefon oder direkt) und ist in der Regel kostenlos. Es dient nur dazu, zu schauen, ob man generell miteinander arbeiten kann, d.h. ob die „Chemie" zwischen Coach, potentiellen Coachees und dem Unternehmen stimmt. Es sollte die Frage beantwortet werden: „Ist der Coachee mit diesem Thema, in diesem Kontext mit diesen Veränderungszielen und dieser Veränderungsbereitschaft, bei diesem Coach mit diesen Kompetenzen richtig aufgehoben?" Das Endergebnis des Kontraktgesprächs bzw. der Auftragsklärung sollte ein expliziter Arbeitsauftrag sein.

„Klug fragen können ist die halbe Antwort."
Francis Bacon

Alle unten genannten Punkte werden Face to Face oder am Telefon mit dem Coachee selbst besprochen, wenn er selbst Auftraggeber und Geldgeber ist. Bei geteilten Verantwortlichkeiten, z.B. zwischen der Personalabteilung oder dem Fachvorgesetzten als „Geld- bzw. Auftraggeber" und dem Coachee als „Inhaltsgeber", werden die unterschiedlichen Themen natürlich mit den unterschiedlichen Gesprächspartnern abgehandelt.

Gehört man als Coach zum Coachingpool eines Unternehmens, werden die Rahmenbedingungen einmal mit der verantwortlichen Abteilung geklärt. Danach erfolgen meist nur noch inhaltliche Gespräche mit den Coachees.

Zur *Klärung des Arbeitsrahmens* kann man folgendes heranziehen:

Grundlage: Vereinbaren Sie bei einer Coachinganfrage zunächst einen Termin für das Kontraktgespräch oder definieren Sie die Grundbedingungen Ihres Coachings direkt am Telefon, bevor Sie unnötige Termine mit eventuell langen Anfahrten vereinbaren. – Besonders die Honorarfrage sollte immer frühzeitig klar sein. Man erspart sich dadurch unnötige Wege und eventuell peinliche Situationen im Face to Face Kontakt, wenn – nachdem man bereits eine Stunde lang alle wichtigen Bedingungen geklärt hat – der Auftraggeber andere Vorstellungen vom „Stundenlohn" hat.

Anlass: Befragen Sie den Klienten kurz nach Anlass und Empfehlungswegen *(„Wie kommen Sie auf mich/uns?")*. Lassen Sie sich dann kurz ein Stichwort zum Anlass des Coachingwunsches/des Ziels/des Problems geben: *„Wenn Sie mir kurz in einem Wort oder kurzen Satz Ihren Beweggrund für das geplante Coaching nennen wollen. Ein Stichwort reicht schon ... ."* Erlauben Sie dabei keine langen, ausholenden Geschichten und keine expliziten Problemdarstellungen, dafür ist die erste Sitzung da! Unterbrechen Sie ruhig.

Produkt: Fragen Sie nach Vorerfahrungen im Bereich Coaching, Therapie, Selbsterfahrung. Sie wissen dann, mit welchem Verständnis und auf welcher Ebene Sie mit dem Klienten arbeiten können. – Bei unerfahrenen Klienten ist es gut, das Produkt Coaching kurz zu erklären, da Sie sonst mit manchmal abenteuerlichen, wenn auch unausgesprochenen Vorannahmen des Coachees umzugehen haben: *„Wenn ich Ihnen kurz beschreiben darf, wie ich arbeite, wie wir vorgehen. Was ist Coaching, was macht ein Coach, was macht er nicht?*

Eventuell auch über die Methoden informieren (wichtig ist z.B., dass man nicht auf der Couch liegen muss), wie gearbeitet wird: Reden, Agieren, Rollenspiele, Aufstellungen, Körperübungen, Malen, Phantasiereisen, Entspannungsübungen, Begleitungen etc.

Erwähnen, wenn etwas von einem Klienten erwartet wird: Dokumentation, Tagebuch führen, Protokolle, Aufgaben, Übungen oder auch gar nichts.

> *„Je älter und erfahrener ich als Therapeut werde, desto mehr überweise ich an Spezialisten."*
> Bernhard Trenkle

Coach: Klären Sie kurz (!), ob das Thema des Klienten für Sie passt oder ob es andere, geeignetere Experten dafür gibt. Eventuell Themenausschlüsse (je nach Kompetenz des Coaches) erwähnen, z.B. schwere Psychosomatik, Magersucht, Trauerbegleitung, Suizidneigung, psychotische Symptome, Trennungsbegleitung, Depression ...: *„Die ... Themen bearbeite ich nicht, da hierfür meiner Meinung nach dieser Kurzzeitrahmen nicht geeignet ist. Bei diesen Problemen bedarf es der verlässlichen Begleitung und einer direkteren Verfügbarkeit des Coaches/Therapeuten, die wir in diesen punktuellen Treffen nicht gewährleisten können. Meine Hauptbereiche im Coaching sind Entscheidungsfindung, berufliche Veränderungsbegleitung, Beziehungsgestaltung, ...*

Zeit: Besprechen Sie den Gesamtumfang: Kurzzeitcoaching 1 – 4 Stunden, Coachingpakete 10 – 20 Stunden, unregelmäßiges punktuelles Bedarfscoaching, Begleitung über einen bestimmten Zeitraum (z.B. ein Jahr bei einer jungen Führungskraft). Verlängerungs-, Beendigungs- bzw. Verkürzungsmöglichkeiten.

Schlagen Sie sinnvolle Zeiteinheiten vor: 60–90 Minuten, halber Tag, ganzer Tag, „Time out" Coaching (z.B. zwei halbe Tage im Hotel). Besprechen Sie auch die Länge der Abstände zwischen den Sitzungen, eine mögliche Zeitstaffelung.

Geld: Informieren Sie über mögliche Kennenlerngespräche oder das kostenfreie „Chemietesten" beim ersten Coachingtermin (15 Minuten bis zu einer Stunde, bevor Sie beginnen und es kostenpflichtig wird).

Klären Sie zu Anfang wie bezahlt wird: Gibt es einen Einzelstundenpreis, Paketpreise oder Tagessatz? Haben Sie unterschiedliche Preise je nach Coachingort, z.B. bei Ihnen zu Hause, im Hotel bzw. im Unternehmen. Wie wird die Übernahme von Hotelkosten bei „Time out" Coachings geregelt.

Stornobedingungen: Welche Absageregelungen gibt es bei den verschiedenen Coachings? Halb- oder Ganztagescoaching bzw. Coachingbegleitung sollten sicherlich eher abgesagt werden als 1-Stunden-Coachings, die auch oft noch am selben Tag storniert werden können. Dafür gibt es keine festen Regeln, sondern individuelle Absprachen.

Der Gesprächsabschluss für dieses Kontraktgespräch, nachdem alles geklärt ist und die „Chemiefrage" auch positiv ausgefallen ist, könnte folgendermaßen lauten: *„Ich denke, die Bedingungen sind jetzt hinlänglich geklärt, der Arbeitsrahmen ist klar. Ich habe eine Vorstellung von dem Thema, das Sie bearbeiten möchten und auch ein gutes Gefühl für unsere Chemie. Meinerseits könnten wir anfangen. Wie sehen Sie das? Wollen wir mit dem Coaching beginnen oder haben Sie noch Fragen?"*

2.1.1 Coachingkultur = Unternehmenskultur?

Für die akzeptable Anwendung des Produktes Coaching und die klare Positionierung des Coaches ist es unerlässlich, vor einem Coachingauftrag zu schauen, welche Coachingkultur im Unternehmen herrscht oder implemetiert werden soll. Wie im Kapitel 1.2 bereits erwähnt, machen viele Firmen Fehler bei der Implementierung von Coaching. Nehmen Sie sich ruhig die Freiheit, Einfluss auf die Bedingungen der Coachingkultur zu nehmen oder Coachings abzulehnen, insbesondere wenn es Schwierigkeiten bei den Punkten „Verschwiegenheit" und „Freiwilligkeit" gibt. Gerade bei diesen beiden Punkten zeigt sich, ob es eine vertrauensvolle Unternehmenskultur gibt, in der sich Mitarbeiter persönlich ernst und wichtig genommen fühlen, oder Coaching nur ein weiteres Instrument ist, Leistung von Mitarbeitern zu erzwingen. In Deutschland fühlen sich lediglich 12% der Mitarbeiter emotional an ihren Arbeitsplatz gebunden. Den deutschen Unternehmen entsteht dadurch jährlich ein Schaden von 247 Milliarden Euro (Marktforschungsstudie des

Instituts Gallup 2003). Mit einer misstrauischen Überwachungskultur beim Coaching wird dieses Ergebnis nicht besser, sondern noch schlechter.

Die vom Unternehmen oft gewünschten wichtigen Rückfluss-Informationen über die Firma können auch in strukturierten, moderierten Feedbackworkshops einmal im Jahr erfolgen. Alle vom Unternehmen eingesetzten Coaches geben anonymisierte Rückmeldungen aus den Coachings, die für das Unternehmen (für eventuelle strukturelle Veränderungen) wichtig sein könnten. Dieses, ohne Rückschlussmöglichkeit auf den jeweiligen Coachee, durchgeführte Verfahren hat sich als „Return on Information" bestens bewährt.

An dieser Stelle noch einmal ausführlich die methodischen Rahmenbedingungen, die Coaching in eine angemessene entwicklungsförderliche Kultur stellen. Diese Punkte dienen der klaren und abgesicherten Positionierung des Produktes Coaching und müssen mit dem Einkäufer für das Produkt Coaching oder dem Coachee besprochen werden, wenn es hier noch Klärungsbedarf gibt.

Coach und Klient brauchen einen klar **festgesetzten Zeitrahmen** und eine **störungsfreie** Umgebung, in der Coach und Klient alle Möglichkeiten auch unkonventioneller Vorgehensweisen (z.B. Bewegung im gesamten Raum) nutzen können. Häufig ist am Arbeitsplatz ein ungestörtes Gespräch nicht möglich. Es sollte dann ein anderer Ort vereinbart werden. Auch Spaziergänge sind sehr beliebt, verhindern aber manchmal eine wirklich intensive und professionelle Arbeit. Wie mein Coaching eines Marathonläufers bei einem Rheinufer„spaziergang", der für mich zu einer harten Walkingtrainingseinheit wurde und meinen Redeanteil ungewollt drastisch reduzierte. Coachings in Flughafenlounges oder Berghütten, Privathäusern oder Segelbooten brauchen klare Kontextmarkierungen, um aufzuzeigen, dass es sich jetzt bei diesem Gespräch um Coaching handelt. Diese Markierung erfolgt nach dem anfänglichen Small-talk zum Beispiel mit einem Blick zur Uhr: *„Es ist jetzt 15:30 Uhr und wir haben anderthalb Stunden Zeit. Können wir beginnen?"* Oder auch durch das Einnehmen bestimmter Sitzmöbel: *„Sollen wir jetzt beginnen? Dann würde ich mich mit Ihnen gern dorthin* (zur Sitzgruppe zeigend) *rübersetzen."*

Coaching ist **verschwiegen**. Alles, was besprochen wird, bleibt im Raum, es sei denn, der Klient will es anders. Der Klient ist jederzeit frei, seinem Vorgesetzten, Kollegen oder auch Freunden und der Familie von dem Coaching zu erzählen. Der Coach enthält sich jeder kommentierenden Bemerkung gegenüber Dritten: Selbst auf die Frage des Vorgesetzten nach dem Coaching: *„Und hat es geklappt?"*, antwortet man am besten: *„Ja, es war alles wunderbar organisiert und wir sind nicht gestört worden. Vielen Dank."* Vorsicht auch bei nonverbalen Kommentaren! Tiefes Atmen, heben der Augenbrauen können dazu führen, dass der Vorgesetzte später zu seinem Mitarbeiter sagt: *„Na, Sie scheinen ja ein schwieriger Fall zu sein. Ich habe Ih-*

ren Coach auf dem Flur getroffen, der war ganz schön geschafft." Mit solch einem Kommentar wäre das Vertrauensverhältnis massiv gestört.

Coaching ist absolut **freiwillig**, sonst ist es kein wirkliches Coaching. Es stehen immer die Ziele des Coachees im Vordergrund. Die so genannten Auftragscoachings, bei denen der Coachee geschickt worden ist und gegen seinen Willen eine von der Firma erwünschte Veränderung bewerkstelligen soll, sind immer mit enormen Schwierigkeiten verbunden. Wenn es sich z.B. um ein Folgecoaching nach einem Management-Audit handelt, bei dem ein „Defizit" diagnostiziert wurde, das im Coaching aufzuarbeiten ist, sind die Coachees in deutlichem emotionalen Widerstand. Die meisten sind mit Recht erst bereit etwas zu tun, wenn es gelingt, eine Zielformulierung zu finden, die das schwierige Thema zu einer vom Coachee freiwillig angestrebten Veränderungsarbeit macht.

Die Freiwilligkeit der Arbeit bezieht sich übrigens auch auf den Coach! Die Freiheit, ein Coaching abzulehnen, sollte eine grundsätzliche Wahlmöglichkeit des Coachs sein. Ist die Ablehnung für den Coach aus wirtschaftlichen oder persönlichen Gründen ein Problem, ist kein unabhängiges, klientenzentriertes Coaching zu erwarten. Wenn ich als Coach das Gefühl habe, ich muss aus irgendeinem Grund (Geld, Anerkennung, Zwang, Status) dieses Coaching machen, habe ich „persönliche Karten im Spiel" und meine innere Wahlfreiheit eingebüßt. Dann sollte man das Coaching auf jeden Fall an einen Kollegen weitergeben oder/und sich Supervision holen.

Der **Inhalt** des Coachinggesprächs ist frei **wählbar** und wird nicht vom Coach vorgegeben. Man geht dahin, wo die emotionale/geistige Energie derzeit ist (Hier- und-Jetzt-Prinzip, prozessorientiertes Arbeiten). Coaching ist **inhaltlich unabhängig**. Die gern gemachte Themenvorgabe durch einen Dritten (Auftraggeber, Vorgesetzter, Firma) kann nur empfehlenden Charakter haben. Dies sollte vom Coach bereits im Vorfeld deutlich gemacht werden. Denn im Coaching geht es nicht primär um die Zielerreichung eines Dritten, sondern um die persönliche Entwicklungsarbeit des Gecoachten. Coaching ist kein Reparaturbetrieb für fehlerhafte Mitarbeiter, sondern die freiwillige Persönlichkeitsarbeit eines Menschen an sich selbst. Alle Ziele, die jemand für andere realisieren soll, sind meist zum Scheitern verurteilt, wenn daraus kein eigenes Ziel werden kann.

Der **methodische Rahmen** wird bewusst **offen** gehalten für eine Vielzahl von Methoden – je nach Kompetenz des Coachs kommen z.B. auch Visualisierungsübungen oder ein Videotraining vor. Bei Methodenflexibilität des Coaches wird es weg von vorschnellen „erredeten" Sachlösungen hin zu „erlebten" persönlichkcits- und systemorientierten Lösungen kommen. Manchmal liegen die Probleme und die Lösungen auf der anderen Seite des Gartenzauns und der Coach regt an „vom Weg abzukommen, um die Gegend kennen zu lernen". Dies kann manchmal auf etwas

„Wenn du etwas wirklich verstehen willst, dann versuche es zu verändern."
Kurt Lewin

unkonventionelle Art geschehen – 10 Minuten Schweigen ist manchmal eine phantastische Intervention. Auch ein Coaching als „Schattentag", bei dem der Coach den Coachee als Assistent/Kollege begleitet, ist möglich, ebenso wie Gesangs- und Bewegungsübungen, Meditation, Pro-vocation oder eine Organisationsaufstellung.

Coaching ist **eine professionelle Beziehung**, also eine bezahlte Dienstleistung und keine private Freundschaft. Das bedeutet nicht, dass diese nicht daraus entstehen darf, aber erst nach Beendigung des Coachingkontaktes. Zu einer professionellen Coachingbeziehung gehören keine privaten Einladungen zu Geburtstagen, in die Oper oder zu sonstigen Anlässen, seien sie noch so „verführerisch". Die Nichteinhaltung dieser Abstinenzregel verkompliziert die Beziehung und schränkt die Interventionsmöglichkeiten oft enorm ein. Auch das Begrüßen auf der Strasse oder einer Party, wenn Coach und Coachee sich außerhalb des Coachingrahmens treffen, geht, wenn überhaupt gewollt, immer vom Coachee aus und wird diesem auch respektvoll überlassen. Da das Coaching verschwiegen ist, ist auch die bestehende Beziehung zum Coach Teil dieser Verschwiegenheit.

Eigene Probleme des Coaches, seien sie dem des Coachees noch so ähnlich (z.B. Hausbau, rechtliche Fragen, Gesundheit etc.), gehören ebenfalls nicht zu den Punkten, die besprochen werden sollten. Der lockere Small-talk sollte sich in Grenzen halten, ebenso wie die Beantwortung der oft vom Coachee aus Höflichkeit gestellten Frage: *„Und, wie geht es Ihnen denn eigentlich? Ist das nicht eine anstrengende Arbeit?"*

2.1.2 Ein gutes Coaching braucht einen guten Coachee!

Coaching ist **selbstverantwortlich**. Ziele, Erwartungen, Arbeitsformen, Spielregeln und Spielräume werden zwischen Coach und Klienten abgesprochen. Die Freiheit der Ausgestaltung der Arbeitsbeziehung liegt auf beiden Seiten. Der Klient wird nicht mit Lösungen bedient, sondern nutzt selbstverantwortlich den zur Verfügung stehenden Raum, die Zeit und die Beziehung zum Coach.

Oft wissen unerfahrene Coachingklienten nicht, was sie in einem Coaching erwarten können und sind nicht in der Lage, die Vorgaben der „Selbstverantwortung und Freiheit der Gestaltung" sinnvoll zu nutzen. Sie kennen Regeln und Vorgehensweisen nicht und sind z.B. sehr erstaunt, wenn der Coach auf eine klare Frage nach seiner Meinung mit einer, die Emotionen des Coachees spiegelnden Gegenfrage nach dessen Befindlichkeit „antwortet". Dieses Vorgehen ist für ein Coaching völlig angebracht, wird aber bei einem Consultingbedürfnis bzw. Wunsch nach einem konkreten Ratschlag von Klienten als „Psychospielchen des Coaches" erlebt. Daher macht es Sinn für Klienten, die noch nie ein Coaching erlebt haben, die eigenen Vorgehensweisen zu beschreiben und die Spielregeln für den Coachee zu erklären. So erfuhr ein Teilnehmer unserer Ausbildung von seinem scheinbar sehr erfahrenen Coachee nach der fünften Sitzung, dass er (der Coachee) nicht gewusst habe, dass man in der Coachingsitzung auch über Gefühle sprechen dürfe. Der Coach hatte sich schon eine Weile Gedanken darüber gemacht, warum der Klient, auch auf Nachfragen hin, so extrem sachlich und kühl kommunizierte.

Es ist nicht sehr sinnvoll, in einem Setting zu arbeiten, das womöglich **Sekundärprobleme** erzeugt hat. Angst vor der unklaren sozialen Situation, keine Vorgaben für „angemessenes" Verhalten, erlebtes Machtgefälle und Furcht vorm Durchschautwerden sind Themen, die die Arbeit an gewünschten Coachinginhalten blockieren – wenn man diese iatrogen erzeugten Probleme nicht nimmt, um daraus ein längeres Coaching zu machen.

Oft fehlen einfachste Voraussetzungen, damit Klienten wirklich maximal vom Coaching profitieren können und nicht die Zeit mit unnötigen Widerständen und Kontrollversuchen über die Coachingsituation vergeuden. Sinnvoll sind in diesem Zusammenhang firmeninterne Vorbereitungsseminare, die ich seit einiger Zeit mit meinem Team durchführe, um potenzielle Coachinginteressenten zu „arbeitsfähigen" Coachees zu machen, die „Lust" auf Coaching haben. An diesem Tag können Klienten in Gruppen Coaching kurz live erleben, das Menschenbild und den Entwicklungsgedanken des Coachings nachvollziehen, auch werden Vorgehensweisen und Regeln erklärt und auf spezifische (unternehmensabhängige) Fragen kann ebenfalls eingegangen werden. Man kann Metaphern, Geschichten und Erfahrungen erzählen und so einen emotionalen Rahmen anbieten, in dem Vertrauen zur Basis für mutiges, selbstverantwortliches Handeln wird. Das Schaffen dieser Grundlagen im Sinne von „How to become a good coachee" ist eine Investition, die sich in effektiveren Coachingkontakten vielfach bezahlt macht.

2.1.3 Consulting – Teaching – Coaching: Was ist was?

Während sich Coaching im therapeutischen Kontext oft streng an die Regeln hält, nicht in die Inhalte einzugreifen und keine Ratschläge zu geben, gibt es im Business-Coaching oft einen starken Druck, auch andere Beratungselemente einfließen zu lassen. Klienten aus Businesszusammenhängen haben oft den Eindruck, dass der Coach die Lösung kennt und auch weiß, was zu machen ist, und den Klienten unnötigerweise lange suchen lässt. Unter Zeitdruck und Ergebnisfixierung mancher Businesscoachings ist je nach Kompetenz des Coaches die eine oder andere Consulting-/Teachingeinheit unverzichtbarer Anteil der Zusammenarbeit.

Was ist Consulting?

Beim Consulting geht es um Ratschläge, Meinungen, Aufforderungen, Stellungnahmen und Analysen aus der eigenen Expertise und Erfahrung des Coaches. Ziel ist meist, das Coaching abzukürzen oder konkrete Managementaufgaben zu lösen.

Der Coach/Consultant fungiert dabei als **Berater/Experte** und externer Ideengeber **mit einer eigenen Meinung zur Sache.** – Beispiele für Consultinganfragen sind z.B.:
→ Die Führungskraft muss einen Strategieworkshop planen und will die Agenda und die notwendigen Workshopinhalte mit dem Coach besprechen.
→ Der Vertriebsleiter soll eine Vorstandspräsentation vorbereiten und will Hinweise zum besseren Aufbau des Vortrags.
→ Eine selbständige Geschäftsfrau will einen neuen Firmenflyer drucken und möchte zu einem Entwurf die Meinung des Coaches hören.

Der Coach ist, gerade in höheren Führungsebenen oder bei alleinarbeitenden Freiberuflern und Selbständigen, oft auch inhaltlicher Gesprächspartner. Denn gerade das „Outen" fachlicher und/oder persönlicher Unsicherheiten wird bei höheren Führungskräften manchmal mit Statusverlusten verbunden. So fehlt es dann häufig an Ansprechpartnern für eigentlich einfache Entscheidungs- bzw. Lernprozesse und den Blickwinkel von außen. Der Coach sollte sich aber immer des Rahmenwechsels von Coaching zu Consulting bewusst sein und diesen auch dem Klienten mitteilen, da in unterschiedlichen Rahmen unterschiedliche Spielregeln gelten.

Was ist Teaching?

Teaching ist **Unterricht, Training in Bezug auf ein bestimmtes inhaltliches Thema,** bei dem ein Informationsmangel beim Klienten besteht, z.B. unzureichendes Wissen über die Auswirkungen von Körpersprache und über unterschiedliche Führungsmodelle – aber auch allgemeine Meetingregeln sowie Ablaufhinweise zur Arbeitsorganisation und zum Zeitmanagement, Changemanagement etc. müssen oftmals auf diesem Wege vermittelt werden.

Gerade bei jüngeren Führungskräften nimmt dieses Element oft einen wichtigen Stellenwert ein. In flachen Hierarchien geht der rasante Aufstieg aus einer sachbezogenen Aufgabe in eine Führungsposition nicht immer mit den notwendigen Fähigkeiten als Führungskraft einher. Diese Fähigkeiten werden oft erst in Seminaren oder Trainings erworben, für die die Führungskraft jedoch am Anfang der

Übernahme der neuen Position oft gar keine Zeit hat. Somit ist ein gezieltes Einzel-Teaching oft der sinnvollste Weg, mangelnde Fähigkeiten sofort auszugleichen. Diese Art von Coaching wird bei jungen Führungskräften relativ oft gewünscht, wohl auch aus der Erfahrung heraus, dass die Fortbildung nach dem Schrotschuss-Prinzip in Gruppen (irgendwas wird schon treffen) nicht die effektivste Art ist, junge Führungskräfte schnell fit zu machen. Oft ist es sinnvoller, einen halben oder ganzen Tag zu investieren und im Einzelunterricht die Fähigkeiten schnell aufzubauen. Hierzu braucht es natürlich einen Coach mit einem guten Überblick über die diversen Managementtechniken (Präsentieren, Moderieren, Führung, Zeitmanagement etc.). Hier sind vor allem Coaches im Vorteil, die auch als Trainer arbeiten, die auch die wichtigsten Managementthemen im Repertoire haben und diese in sinnvollen Kurzeinheiten darstellen können.

Beim Consulting- und Teachingbedarf macht sich der Nachteil von Coaches bemerkbar, die primär aus dem psychosozialen Bereich kommen und keine weiteren Business- bzw. Managementkenntnisse haben, da sie noch nie in diesen Zusammenhängen gearbeitet haben. Ihnen mangelt es an diesem Punkt oft an Erfahrungen bezüglich betrieblicher Zusammenhänge und am nötigen Wissen über gängige Managementtools, Vorgehensweisen und das für diese Aufgaben nötige Vokabular.

Das Beratungsdreieck

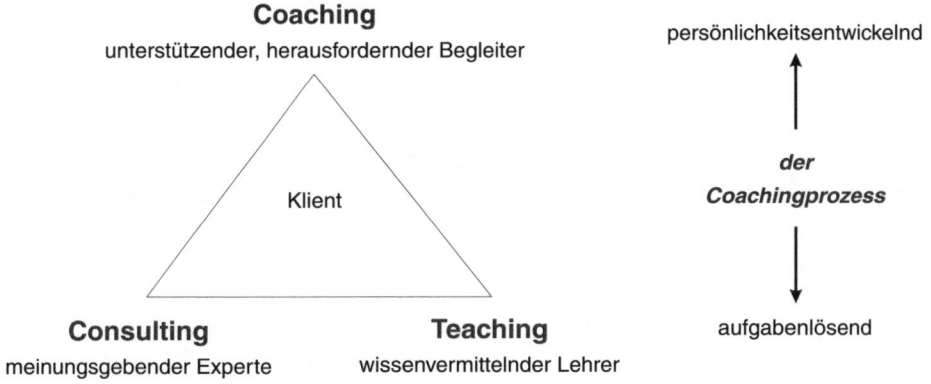

© M. Schmidt-Tanger 2004

2.1.4 Klarheit beim Kontextwechsel

Es ist immer sinnvoll, den Wechsel der Vorgehensweise kurz anzusprechen – d.h. als Coach hole ich mir für das, was ich tun werde, vom Klienten das Einverständnis, da ich für diese neue Vorgehensweise bisher noch keinen Kontrakt hatte. Den Kontrakt hatte ich nur für die ursprüngliche Leistung: das Coaching. Wenn aber in der Situation etwas anderes sinnvoller ist, dann brauche ich den „Auftrag" des Klienten hierfür.

„Ich hab hier bloß ein Amt und keine Meinung."
Friedrich Schiller

Dies mag sich kleinlich anhören, ist aber für eine klare Arbeitsbasis unerlässlich, da jeder der drei Bereiche andere Spielregeln hat und es sonst zu emotionalen, dem Klienten schadenden Verwirrungen kommen kann. Ich habe einmal einen wütenden Coachingklienten erlebt, der nach einer von mir vorher nicht abgesprochenen, eingeschobenen Consultingeinheit (es ging um eine Stellenanzeige, die er aufgegeben hatte) sich jegliche Einmischung in seine Arbeit verbat. Ich hatte geglaubt, die Fragen im Zusammenhang mit der Stellenanzeige seien eine Consultinganfrage gewesen und hatte ohne neuen „Auftrag" mein PR-Wissen ausgepackt und die Anzeige inhaltlich und formal analysiert. Der Coachingkontakt war danach nicht mehr wie vorher, da der Klient sich in dem sehr emotionalen Coachingkontakt durch meine Meinungsäusserung nicht mehr unterstützt, sondern extrem kritisiert gefühlt hatte. Ich war für das Consulting auf die Sachebene gewechselt, der Klient war nach den Spielregeln des Coaching innerlich immer noch im Beziehungskontakt geblieben und fühlte sich verletzt. Wir haben daraufhin vereinbart, dass er nur die Stunden bezahlt, in denen ich mich an unseren Coachingkontrakt gehalten hatte. Dies fand der Klient überaus fair und wir brachten den Auftrag zu einem guten Abschluss.

Am häufigsten sind Coachings, in denen sich ein Wechsel zum Teaching anbietet, um Wissenslücken direkt schließen zu können. Die nachfolgende Formulierung eignet sich zum Rahmenwechsel innerhalb einer Coachingstunde: *„Ich habe den Eindruck, dass Sie über das Thema, über das wir reden wollen, mehr wissen möchten. Sollen wir eine kleine Teaching-Einheit einschieben, und ich erkläre Ihnen dabei kurz die Zusammenhänge bei diesem Kommunikationsmodell (oder: ... bringe Sie auf den neuesten Stand der Führungsmodelle; oder: ... zeige Ihnen im Rollenspiel, wie das zu verstehen ist ... etc.)? Es gibt auch ein, zwei Buchtitel (oder: Seminare), die ich Ihnen dazu gern nennen möchte. Oder wir verabreden einen neuen Termin, bei dem es nur um dieses Wissen, diese Fähigkeiten geht?"*

Bei sehr erfahrenen Führungskräften ist oft Consulting angebracht. Hat der Coach den Eindruck, dass ein Wechsel zu einem inhaltlich konkreten Consulting gewünscht wird, kann er dies ganz einfach ansprechen: *„Ich habe den Eindruck, Sie haben das Bedürfnis, mit mir über die technischen Details Ihrer nächsten Präsentation* zu sprechen. Sollen wir uns dafür die letzten 10 Minuten der Coachingstunde Zeit nehmen? Dann stehe ich Ihnen mit meinem Know-How zur Verfügung und gebe Ihnen gern ein paar technische Tipps."Oder: "Wenn wir jetzt über Ihren Flyer sprechen, soll ich Ihnen als Coach dabei helfen ein Gefühl dafür zu bekommen, ob Sie sich damit identifizieren können (Coaching)? Oder möchten Sie in einer zehnminütigen Consultingeinheit etwas aus der Werbepsychologie hören und meinen Expertenrat? Beides mache ich gern. Die Expertenanfrage würde ich aber gern auf den Beginn der nächsten Stunde schieben und mir vorher den Flyer mitnehmen und in Ruhe anschauen."*

Auch ein Wechsel vom Teaching/Consulting zum Coaching kommt oft vor. Sie merken vielleicht im Verlauf einer Stunde an bestimmten Äußerungen, dass es jetzt sinnvoller wäre mit Coaching weiterzuarbeiten. Hinweise hierfür sind z.B. Sätze wie: *"Das passiert ohne mein Zutun ..., komme ich immer nicht weiter ..., das ist bei mir so unklar ..., da fühle ich mich schon immer ..., bin ich so verwirrt und unsicher ..., das war schon früher etwas schwierig für mich ..., da weiß ich nie, was ich will ..."*

Die Wechselfrage des Coaches dazu lautet: *"Wir nähern uns jetzt dem Bereich Coaching – wollen wir näher anschauen, wie es Ihnen mit dem Thema geht, was Ihre Gedanken und Gefühle dazu sind? Ich habe den Eindruck, das Thema bewegt Sie sehr. Soll ich Ihnen ein paar klärende Fragen dazu stellen?"*

Thematisieren, beschreiben Sie, was gerade passiert, damit klar ist, auf welcher Ebene welche Leistung gerade erbracht wird. Nur so kann ich sicher sein, dass die emotionalen Voraussetzungen für eine erfolgreiche gemeinsame Arbeit gegeben sind – dass der Klient einverstanden ist und den jeweiligen Prozess mitträgt bzw. wünscht.

2.1.5. Das Produkt Coaching erklären

Es gibt Auftraggeber, die mehr wissen wollen. Mehr über Coaching, mehr über den Coach und seine Arbeitsweise. Oft sind es nicht sie selbst, sondern eifrige Assistenten, die sich über Fragen profilieren möchten und das Standing, die Professionalität und Klarheit des Coaches in Akquisitions- bzw. Kennenlerngesprächen testen wollen. Im Folgenden finden Sie einige Beispiele von Fragestellungen und möglichen Antwortszenarien für ein solches Informationsgespräch. Meist sind es die Vorkontakte mit den Auftrag- bzw. Geldgebern, in denen diese Dinge besprochen werden. Alle Formulierungen sind nur Beispiele und werden natürlich im gegebenen Fall der konkreten Situation und dem Vokabular des Auftraggebers angepasst. Die Verständlichkeit, Angemessenheit und Akzeptanz des Coaches innerhalb des Bezugsrahmens der Zuhörer steht dabei im Vordergrund. Selbstverständ-

„Wer an den Spiegel tritt, um sich zu verändern, der hat sich schon verändert."
Seneca

lich sind für Coachings mit Führungskräften der Kirchen andere Beispiele sinnvoll als für die Produktionsleiter eines Automobilzulieferers, für weibliche Politiker oder Mitarbeiter aus der Werbebranche.

Coaching definieren

Oft kommt, gerade bei Erstaufträgen, die Frage: *„Was ist denn für Sie Coaching? Wie verstehen Sie Coaching?"*

Mögliche Antwort: *„Es handelt sich um Gespräche, die vertraulich, freiwillig, lösungs- und zielorientiert sind. Coaching hilft Klienten, zu wissen, was sie wollen, was sie fühlen und was wichtig für sie ist. Es geht nicht unbedingt darum, dass sie sich direkt gut fühlen, ein Coaching kann auch manchmal zunächst problemvertiefend oder problemexplorierend arbeiten. Es hat aber immer zum Ziel, die geistigen und emotionalen Wahlmöglichkeiten zu mehren und selbstverantwortlich Ressourcen zu organisieren, um Ziele zu erreichen und gewünschte Entwicklungsschritte zu ermöglichen."*

Der Wunsch nach „Vor-Coachen"

Manche Auftraggeber kommen mit der Bitte, „mal schnell" 15 Minuten „Vor-zu-Coachen" – so eine Art Schau-Coachen vor Publikum: *„Zeigen Sie doch mal eben kurz, wie das geht, damit wir wissen, was da auf unsere Mitarbeiter zukommt. Vielleicht ist das ja auch was für mich? Also ich kann mich immer so schlecht zum Sport motivieren. Was würden Sie denn da jetzt machen auf die Schnelle?"*

Es ist meist sehr ungünstig, dann tatsächlich eine Arbeit zu beginnen. Es gibt in solchen Situationen keinen wirklichen Auftrag für eine Veränderungsarbeit, der Klient hat nicht die richtige „Betriebstemperatur", und der Coach hat den Druck, alles „richtig und überzeugend" machen zu müssen, um einen Auftrag zu bekommen. Das sind miserable Bedingungen für gute Arbeit.

„Der ethische Imperativ: Handle stets so, dass weitere Möglichkeiten entstehen."
Heinz von Foerster

Besser ist es, diesen Wunsch nach Vor-Coachen zwar ernst zu nehmen, jedoch zunächst eher theoretisch zu erklären wie es geht, um dann einen anderen, angemesseneren Rahmen zu wählen: *„Sie sind an dem Thema sehr interessiert, das finde ich wichtig, vielen Dank. Danke für Ihr Vertrauen, sich auf ein Coaching einlassen zu wollen. Bei einem <u>richtigen</u> Coaching würden wir zunächst schauen, wie wichtig das Problem für Sie ist, was Ihr Ziel dabei ist, und welche Möglichkeiten es bereits für eine Zielerreichung gibt. Ebenso würden wir uns damit beschäftigen, was Sie von der Erreichung Ihrer Ziele abhält und aus welchem, vielleicht wichtigen Grund dies geschieht. Dann könnten wir zusammen eine Veränderung angehen."*

Wenn Sie einen anderen Rahmen wählen, ergibt sich z.B. folgende Antwortmöglichkeit: *"Ist das eben genannte Problem ein relevantes Problem für Sie, das Sie tatsächlich gern bearbeiten möchten? Dann lassen Sie uns einen Termin vereinbaren, und wir können schauen, wie Coaching Ihnen bei der Erreichung Ihrer Ziele helfen kann. Oder wäre Ihre Frage nach der generellen Vorgehensweise mit einem Beispiel beantwortet?"*

Der Coach prüft die Ernsthaftigkeit und Relevanz des Veränderungswunsches – *"... wirklich wichtig?"* – und holt sich gegebenenfalls einen konkreten Auftrag. Dieser Auftrag hat dann aber mehr den Fokus, diesem Klienten bei seinem Veränderungswunsch zu helfen, anstatt als Schaucoachen zu fungieren.

Wenn der Fragende sein Thema nicht für so bedeutend hält, um einen Termin zu vereinbaren, kann man noch hinzufügen: *"Es ist sehr wichtig, dass es eine innere Bereitschaft für ein Coaching gibt. Es braucht nämlich eine bestimmte Betriebstemperatur, um eine Veränderung zu erreichen. Das ist wie beim Kochen von Suppe. Wenn Sie ein Huhn in einen Topf mit kaltem Wasser auf eine kalte Herdplatte stellen – dann gibt es keine Suppe. Eine bestimmte »Wärme« und Bereitschaft, etwas zu tun, ist notwendig für den Erfolg eines Coachings..."*

An diesem Punkt lässt sich dann wunderbar überleiten auf die vorhandene oder nicht vorhandene Bereitschaft der Mitarbeiter sich coachen zu lassen. Sind die Coachings freiwillig oder „verordnet"? Wie will das Unternehmen das Thema Coaching positionieren? Die Klärung dieser Frage ist von enormer Wichtigkeit, denn es hat eine ungeahnte Auswirkung auf das Coaching selbst, wenn es sich um ein defizitabbauendes Zwangscoaching oder ein potentialpflegendes und -förderndes Incentivecoaching handelt: *"Wie sieht es denn aus mit der Freiwilligkeit Ihrer Mitarbeiter – gibt es einen Wunsch nach Coaching oder eher Befürchtungen? Muss oder darf man da hin? Wie soll das gehandhabt werden? Gibt es schon Erfahrungen mit Coaching? Auf welcher Basis können wir arbeiten? Mit welchen Reaktionen muss ich in den ersten Kontakten rechnen? Zustimmung, Ablehnung, Offenheit, Misstrauen? Gibt es bereits eine bestehende Coachingkultur in der Firma?"*

„Um die Geschichte seines Landes zu verstehen, muss man außer Landes sein."
Voltaire

Informationswunsch: Was passiert im Coaching?

Bei der Frage *„Was passiert im Coaching"* kann man durchaus humorvoll darauf hinweisen, dass es durchaus zivilisiert zugeht: *„Wir arbeiten hauptsächlich mit dem Gespräch. Manchmal auch mit dem Einnehmen bestimmter Positionen im Raum, mit Entspannungs- bzw. Vorstellungsübungen oder auch schriftlichen Aufgaben. Es liegt jedoch niemand auf der Couch oder muss trommeln oder körperliche Verrenkungen machen. Der inhaltliche Fokus liegt auf der Ressourcenerweiterung und nicht auf dem Defizit. Wir arbeiten auf der Basis von Vertrauen und Verschwiegenheit."*

Sinnvoll ist auch hier die Anregung, die gecoachten Mitarbeiter zu fragen oder als Führungskraft selbst ein paar Stunden zu nehmen. Oft hat dies noch zusätzlich eine positive Wirkung auf die Unternehmenskommunikation, wenn es wirklich interessiert und beteiligt erfolgt und keine arrogante „Aushorchaktion" ist: *„Ich finde es gut, dass es für Sie wichtig ist, zu wissen, wie ein Coaching sich anfühlt bzw. abläuft. Ich denke, am besten ist es, das selbst zu erleben oder sich einmal ausführlich mit einem Ihrer Mitarbeiter zu unterhalten und nach den Erfahrungen zu fragen, wenn dieser dazu bereit ist."*

Ein Beispiel erzählen

Bei der Bitte nach einem Beispiel erkläre ich kurz theoretisch den Rahmen und die Vorgehensweise: *„Lassen Sie uns ein Beispiel von einem Coaching nehmen, das ich in der letzten Woche gemacht habe. Da war ein Jurist einer großen Firma. Wir sprachen über das Thema Mitarbeiterführung. Er schilderte das, was er glaubte nicht zu können, nämlich deutlich Leistung einzufordern. Und er erzählte, dass er zu Hause enorme Schwierigkeiten mit seinen drei Töchtern hatte. Wir haben dann seine Herkunftsfamilie angeschaut. Er war der jüngste Sohn und ist mit vier älteren Schwestern aufgewachsen. Durch das Beleuchten seiner Geschwisterkonstellation wurde ihm deutlich, woher seine Schwierigkeiten kamen, weiblichen Mitarbeiterinnen konkrete Anweisungen zu geben, und er erkannte, dass es an der Zeit war, die Position des jüngeren Bruders im Betrieb und zu Hause abzulegen. Wir haben hier eine neue Selbstdefinition erarbeitet und dann neue Denkprogramme und Verhaltensweisen ausprobiert."*

Experimente machen – Beispieldemonstrationen

„Ich bin verantwortlich für das, was ich sage, aber nicht für das, was Sie hören."
Humberto Maturana

Noch eine Möglichkeit, Vorgehensweisen oder Gedankengut des Coachings zu erläutern, ist eine kleine Demonstration. Gerade, wenn bei solch einem Gespräch mehrere Personen anwesend sind, nehme ich z.B. einen Keks aus einer Schale und frage: *„Was ist das?"* Jemand sagt: *„Ein Keks."* Der Nächste: *„Ein englisches Schokoplätzchen."* Oder: *„Eine kleine Kalorienbombe."* Diese unterschiedlichen Antworten kann man nehmen, um den „Landkartengedanken" einzuführen. Ich erkläre, dass Menschen die Dinge unterschiedlich wahrnehmen, Informationen unterschiedlich verarbeiten und unterschiedlich kommunizieren und je nachdem, welches Ziel sie haben, ist die eine oder andere Sichtweise nützlich oder weniger nützlich. Häufig sagt dann jemand: *„Ja, genau so ist es bei uns: Der eine sieht das, der andere das und der dritte will wieder etwas anderes."* Dass dabei Probleme entstehen können, ist sehr offensichtlich, und Coaching kann helfen, diese unterschiedlichen Landkarten zu respektieren und zu vermitteln, mit ihnen sinnvoll umzugehen.

Oder ich nehme zwei verschiedenfarbige Flipchartstifte und frage, was das ist. Meist gibt jemand zur Antwort: *„Das sind Stifte."* Jemand anderer sagt: *„Das ist ein roter und ein grüner Stift."* Der erste fokussierte bei der Wahrnehmung auf Gemeinsamkeiten, der andere auf Unterschiede. Auch hier kann man mit einfachen Hilfsmitteln wunderbar das Thema der unterschiedlichen Denkfilter einführen und die Idee, dass es im Coaching darum geht, beides zu sehen, beides denken zu können, um andere Menschen besser zu verstehen und selbst flexibler zu werden (siehe auch Abschnitt 3.3.1 „Metaprogramme").

Diese kurzen Beispiele sind oft sehr überzeugend, da jeder etwas damit anfangen kann, so dass sich weitere Fragen meist erübrigen. Schön an diesen Beispielen ist noch die implizite Information, dass es keine falsche Wahrnehmung gibt, sondern dass alles additiv gesehen werden kann. Es geht darum, etwas Neues zu lernen als zusätzliche Erweiterung des eigenen Repertoires und nicht um das Ausmerzen „falscher" Wahrnehmungen.

Eine Metapher nutzen

Möchten Sie Coaching mittels einer Metapher erklären, eignen sich natürlich alle Kontexte, die vom Auftraggeber sofort verstanden werden, da sie seine Denkwelt spiegeln (z.B. technische Metaphern für Ingenieure), oder Sie wählen allgemein verständliche Beispiele aus dem Alltagsleben oder nutzen philosophische Geschichten und Aphorismen zur Illustration. – Beispiele für Alltagsmetaphern sind z.B.:

„Ein toter Löwe ist nicht so viel wert wie eine lebendige Mücke."
Voltaire

„Im Coaching ist es durchaus wie bei einer Bergtour – Sie haben den Berg ausgesucht, den Sie besteigen wollen. Sie sind der Wanderer, der Coach Ihr Ortskundiger. Sie müssen selbst hinaufsteigen, das kann Ihnen keiner abnehmen – und Sie könnten generell auch allein gehen. Aber ein kundiger Bergführer schlägt einen guten Weg vor, verkürzt eventuell die Tour und ist insgesamt hilfreich bei der Auswahl der Ausrüstung und beim Einschätzen der Wetterbedingungen. Gehen müssen Sie natürlich selbst – aber der Coach kennt vielleicht sinnvolle Abkürzungen, günstige Strecken, Quellen, an denen man sich erfrischen kann, und schöne Aussichtspunkte zwischendurch, die Sie sonst vielleicht nicht beachtet hätten ..."

Oder ich wähle die Hausmetapher: *„Beim Coaching kann man über viele Dinge sprechen. Man kann sich z.B. damit beschäftigen, ob und wie man sein »Dachgeschoss« ausbauen könnte, welche Ziele und Träume es noch gibt. Manchmal kann es aber auch sinnvoll sein, erst einmal den »Keller« aufzuräumen, um sich eine gute Basis zu schaffen. Insgesamt muss man klären, wie man leben will. Was braucht man, um seine Ziele zu erreichen: einen großen Garten, eine aufgeräumte Garage, ein Kinderzimmer oder ein Atelier, ein großes Bad oder eine Dachterrasse? Das entscheidet jeder selbst."*

Thema Verschwiegenheit

Hier haben Sie die Möglichkeit, noch einmal auf die Verschwiegenheit Ihrerseits bezüglich der Coachinginhalte hinzuweisen.

An den Auftraggeber gerichtet: *„Sie können mich fragen, wie denn das Coaching war, aber ich werde Ihnen inhaltlich nicht antworten. Denn unser Qualitätsmerkmal und die Grundlage unserer erfolgreichen Arbeit ist die absolute Verschwiegenheit. Ich sage höchstens, es war alles prima organisiert, vielen Dank."*

„Verstanden werden ist ein Luxus."
R.W. Emerson

Den Klienten sagen wir: *„Wenn Sie etwas Inhaltliches hören über unser Coaching, stammt das in keinem Fall von mir. Bei allen Fragen Ihrer Kollegen oder Vorgesetzten werde ich auf Sie verweisen. Sie können mir hier alles erzählen und ich garantiere Ihnen, nichts davon verlässt diesen Raum – darauf können Sie sich verlassen. Es sei denn, Sie selbst möchten etwas erzählen – das steht Ihnen natürlich frei."*

Das Thema Verschwiegenheit ist eine der größten Klippen bei firmeninternen Coachings (siehe auch Abschnitt 2.1.1).

2.2 Die Auftragserteilung

Wann immer eine Firma externe Unterstützung sucht, geht es um Entwicklungswünsche, um etwas, das zu beheben ist, etwas, das anders laufen soll – kurz: Es geht um Veränderung! Der Auftraggeber geht von einer bestimmten gewünschten Situation aus. Diese diagnostizierte Soll-/Ist-Abweichung und die gegebenenfalls schon fehlgeschlagenen Lösungsversuche definieren das Ziel und auch die Wahl des Coaches. Die Idee, zur Lösung eines Problems Coaching einsetzen zu wollen, gehört ebenso zum Problem, wie die Wahl eines bestimmten Coaches. Wie kann man nun etwas Klarheit in die Auftragsklärung bringen?

Bedenken Sie: „Happy endings" starten am besten mit „Happy beginnings".

2.2.1 Wie entstehen eigentlich Coachinganfragen?

Bei jeder Unterstützungsanfrage gibt es eine erlebte Soll-Ist-Differenz als Ausgangsbasis. Jede Problembeschreibung eines Systems ist eine subjektive Wahrnehmungsinterpretation der Menschen in diesem System – es handelt sich dabei um eine Wahr"gebung" und nicht um eine objektive Wahr"nehmung" oder etwa die „Wahrheit". Scheinbar logische Verknüpfungen, die zwischen der vermeintlichen Ursache, dem daraus abgeleiteten Problem bzw. Ziel und den einzusetzenden Ressourcen erstellt werden, sind aufgrund individueller Landkarten entstanden und sollten vom Coach immer nur als eine „Möglichkeit der Interpretation" betrachtet werden. Warum wird gerade diese Soll-/Ist-Abweichung als „behandlungsbedürftig" angesehen und warum durch Coaching?

„Jedes Problem ist eine im Doppelsinne »konstruktive Leistung«."
Gunther Schmidt

Probleme kann man auch beschreiben als einseitige Aufmerksamkeitsfokussierung auf defizitäre Ausschnitte des „Hier und Jetzt, Dort und Damals, Dann und Später". Hält der Coach die Beschreibung des Problems und die Interpretation der Situation inklusive Ursache und phantasierter Auswirkung für die „Realität", beschränkt er sich in seinen Interventionen, da er sich im Rahmen der vorgegebenen Diagnose und der damit verbundenen Vorannahmen bewegt. Die Problem- bzw.

Ziel- oder Ressourcen-Beschreibungen eines Klienten, des Teams oder des Vorgesetzten erfolgen aus dem aktuellen Zustand heraus. Alle Zielformulierungen bzw. Ressourcenbeschreibungen werden häufig auf Basis eines erlebten Mangelzustandes heraus generiert und sind meist stark problemdurchdrungen.

Je größer nun der Coach den Rahmen setzt, desto unterschiedlicher werden die Vermutungen über Probleme, Ursachen und Lösungen sein.

Als Beispiel hierfür eine kleine Aufgabe: Wir sehen in diesem Beispiel den Affen Willibald in seinem Käfig. Auf dem Käfigdach liegen Bananen. Die Gitterstäbe sind zu eng, als dass die Bananen durchfallen können.

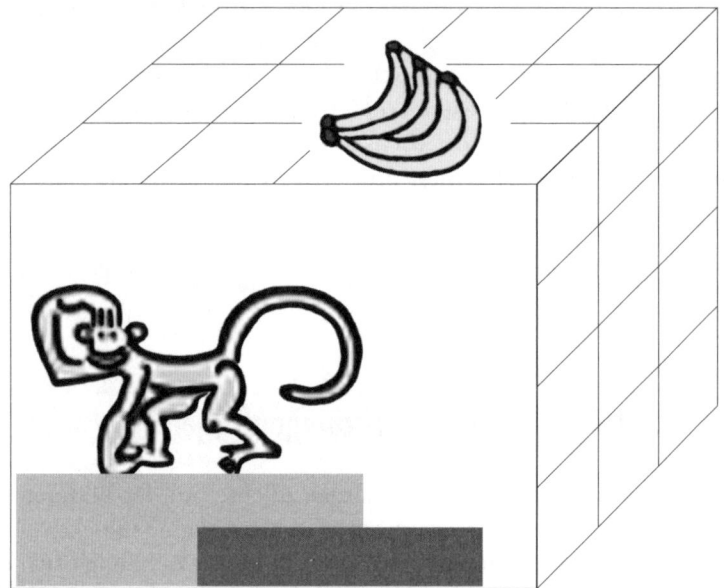

(Beispiel nach R. Czichos 1993)

Bitte notieren Sie – ohne lange darüber nachzudenken – ein Stichwort als Antwort auf die folgenden drei Fragen:
→ Was ist das Problem?
→ Was ist die Ursache des Problems?
→ Was ist zu tun bzw. Ihre Intervention?

Die Antworten auf diese Fragen variieren erheblich, je nachdem wie groß Sie den Rahmen der Betrachtung wählen. Fokussieren Sie nur auf den Affen, ist das Problem ein anderes, als wenn Sie einen Tierpfleger oder den Zoodirektor mit einbeziehen.

Einige Teilnehmer aus der Coachingausbildung haben sich auch schon Gedanken über Architekten von Affenkäfigen oder Zoobesucher im Allgemeinen gemacht. Wer zu coachen bzw. zu behandeln ist: der Affe, der Tierpfleger, der Direktor, der Käfigarchitekt, der Bananenzüchter, die Zoobesucher – dies variiert mit den Analysefähigkeiten des Coaches, wie natürlich auch mit den Interessen des Geldgebers bzw. Auftraggebers der Maßnahme.

Zusammenfassend kann man fragen:
→ Ist das Problem wirklich das Problem?
→ Auf welchen Ebenen wird das Problem erlebt, auf welcher Ebene das Ziel formuliert und auf welchen Ebenen werden die Ressourcen erlebt?
→ Wer hat die Macht das Problem zu definieren? Und gibt es eventuell andere Definitionen?
→ Ist die Wahl des Coaches Teil des Problems oder Teil der Lösung?
→ Welche „Problem"definition ermöglicht kompetenzbezogene, motivierte Veränderungsarbeit?

„Denken ist das, was viele Leute zu tun glauben, wenn sie lediglich ihre Vorurteile neu ordnen."
William James

2.2.2 Happy beginnings for happy ends – präzise Aufträge

Es ist immer sinnvoll, nicht eilfertig dem Bedürfnis nach Coaching nachzukommen, sondern erst einmal den Gesamtkontext anzuschauen und das Ziel bzw. das Problem mehrdimensionaler zu analysieren. Auf dem Hintergrund einer breiten Ausbildung und einiger kluger Fragen bekommt der Coach Informationen, die dann eine eventuell neue, andere Problemdefinition ermöglichen und/oder sogar ein anderes Ziel in den Vordergrund treten lassen. Gemeinsam mit dem Auftraggeber kann der Coach dann besprechen, wie dieses Ziel am besten zu erreichen ist.

I. Beispiel für eine präzise Auftragsklärung

Zwei kleinere Firmen hatten fusioniert. Zwei Kulturen prallen aufeinander – einerseits eine Duz-Kultur mit Jungdynamikern und entsprechendem energievollen Selbstbild und andererseits ein ganz traditionelles deutsches Unternehmen mit Krawattenträgern und deutlicher Hierarchie. Der Anfangsauftrag lautete: *„Coachen Sie die mal, damit die energetisch gut zusammenfinden."* Bei so einer blumig-wagen Auftragsformulierung zielt die erste Frage immer nach dem Evidenzkriterium für den Erfolg: *„Woran würden Sie erkennen, dass unsere Coachingmaßnahme Erfolg hat und Ihre Mitarbeiter energetisch gut zusammenfinden?"* Die Antwort war: *„Ganz einfach daran, dass sich alle duzen. Denn unsere Erfahrung hat gezeigt, dass es viel leichter ist, mal eben jemanden kurz – auf dem kleinen Dienstweg – anzurufen,* *wenn man die Person duzt."* Mit einem so klaren Kriterium hatten wir nicht gerechnet und fanden dann, dass die vorgesehenen 60-minütigen Einzelcoachings sicher einer der umständlichsten Wege sein würden, um sich mit den Kollegen zu duzen. Was war nun die sinnvollste und erfolgversprechendste Variante für dieses klar definierte Ziel? Unser Vorschlag war es dann, mit den Mitarbeitern ein kommunikationsorientiertes Fusion-Kick-off auf Mallorca zu veranstalten. Die Idee, eine Rallye in kleinen Teams quer über die Insel zu veranstalten, setzte schon im Vorfeld enorme kreative Energien beim firmeninternen Planungsteam frei. Und beim ungezwungenen T-Shirt-Bemalen, beim Schreiben des Team-Songs und Jonglieren in der Fußgängerzone erfüllte sich der Auftrag – in den von uns gut gemischten Teams – wie von selbst. Die Maßnahme lag dann noch um 30% unter dem bewilligten Budget für diese „emotional" leichte Fusionsmaßnahme und war ein Ereignis, über das Monate später noch gesprochen wurde. Das Coachen von über 100 Mitarbeitern mit dem Ziel des Duzens wäre weitaus umständlicher gewesen.

II. Weiteres Beispiel

„Ein kluger Mann macht nicht alle Fehler selber. Er gibt auch anderen eine Chance."
Winston Churchill

Der Chef eines Textilunternehmens möchte seine Vertriebsmitarbeiter bezüglich des Themas Verkauf coachen lassen, weil – wie er sagt – *„alle so wenig motiviert und die Auftragsbücher leer sind"*. Beim Vorgespräch mit dem Vorstand als Auftraggeber greife ich interessiert zu einem Bündel Stoffe (das Produkt des Hauses), das auf einer Fensterbank liegt und lobe die wunderbaren Farben. Der Chef reagiert erstaunlicherweise kaum und auf Nachfrage wird klar, dass auch er völlig demotiviert ist. Der Grund: Die Stoffe sind zwar wunderschön in den Farben, aber auf der Oberfläche nie ganz glatt, weil der Maschinenpark veraltet ist. Die Frage, ob sich nicht einfach neue Maschinen kaufen ließen, und statt durch Coaching der Mitarbeiter lieber durch eine Produktverbesserung das Stimmungstief aufgefangen werden könnte, verneint der Vorstand. Es steht seiner Aussage nach noch ein bescheidenes Budget für Mitarbeitermaßnahmen zur Verfügung, aber diese Summe reicht andererseits nicht für neue Maschinen. Nach einem weiteren Coachinggespräch mit dem Vorstand beschließt dieser, wenn auch zögernd, das Geld doch in ein vorgeschlagenes Denk-mit! Programm für die Mitarbeiter der Produktion zu investieren, und damit alle sinnvollen Vorschläge, die das Produkt verbessern helfen, mit einer Prämie zu belohnen. Nach nur vier Monaten gab es so viele gute Vorschläge, dass das Produkt deutlich verbessert werden konnte und der Chef mit seinen Vertriebsmitarbeitern zur Motivationssteigerung statt aufwändigem Coaching nur noch ein Glas Sekt auf die neuen Stoffe trinken musste. Ebenfalls waren die Mitarbeiter in der Produktion nun merklich effektiver. Sie hatten das erste Mal erlebt, dass sie zu ihrer Arbeit befragt worden waren, und auch die Unternehmenskultur hatte einen qualitativen Schritt nach vorn gemacht. Bisher hatte man noch nie Mitarbeiterbefragungen durchgeführt, da das Haus eine alte patriarchalische Tradition pflegte.

III. Beispiel

Ein Auftraggeber wünschte für seine Führungsmannschaft eine Work-Life-Balance Veranstaltung, da diese Mitarbeiter alle deutlich an ihrem Kräftelimit arbeiteten. Das Unternehmen wollte zeigen, dass man etwas für diese Mitarbeiter tut. Es handelte sich bei der Zielgruppe jedoch um Manager, die nach wie vor 10–12 Stunden am Tag arbeiten mussten, um die vorübergehende gute Auftragslage des Unternehmens in den Griff zu bekommen. Unserer Erfahrung nach würde ein solcher Workshop zu diesem Zeitpunkt eher den gegenteiligen Effekt haben – die Manager erleben bewusst ihre Überarbeitung, reflektieren eventuell ihre Bedürfnisse nach Familie und freizeitorientierter Lebensgestaltung und erfahren vielleicht, dass sie ganz andere Werte als Ziel haben, als sie im Moment leben können. All das kann für das Unternehmen äußerst negative Konsequenzen haben. Die geballte Artikulation der augenblicklichen Missstimmung und Überlastung hätte sämtliche Restmotivation im Keim erstickt.

Unser Vorschlag war in diesem Fall, gezielte Einzelcoachings bzw. Teachings zur individuellen Unterstützung beim persönlichen Zeit-/Stressmanagement anzubieten. Diese Maßnahme fand überraschend guten Anklang. Die Führungskräfte erhielten direkte, unbürokratische „Überlebenshilfe" für die stressvollen Monate. Einige stellten ihre Selbstorganisation komplett um, und andere nutzten die Coachingstunden zum Dampfablassen oder für das Erlernen von Entspannungs- und Meditationstechniken. Über den angedachten Zeitraum hinaus zeigten sich deutliche Effekte des verbesserten Selbstmanagements und eine daraus resultierende Entlastung der Führungskräfte.

Diese mit Experten-Know-How durchgeführten Analysen sind die Grundlagen sinnvoller Organisations- und Personalentwicklungsmaßnahmen. Als alleiniger externer Profi oder zusammen mit der Personalabteilung und den Führungskräften sollte die beste aller Maßnahmen entwickelt werden, um die gewünschten Ziele zu erreichen. Bei der Auftragsklärung geht es immer darum, die Maßnahme zu finden, die für das Unternehmen und seine Ziele ein möglichst preiswertes und optimales Ergebnis verspricht. Dabei kann sich ein Coachingauftrag in ein Consulting verändern, ein Training aus dem Consulting entstehen und ein Coaching in einem Seminarauftrag enden. Aus dem teuren Outdoor Training wird eine Indoor Maßnahme, aus unübersichtlichen Großgruppenvorträgen werden effektive Einzelteachings. Immer im Sinne der systemischen Veränderungsarbeit, die nicht nur das Erreichen eines Ziels, sondern auch das Erreichen eines gewünschten systemischen Effekts im Auge behält. Denn gut gemeint ist nicht immer gut.

„Für jedes Problem gibt es eine Lösung, die einfach, sauber und falsch ist."
Henry L. Mencken

2.2.3 Geheime Wünsche – verdeckte Motive

Beim Businesscoaching gibt es häufig die Konstellation, dass Auftraggeber und Klient nicht identisch sind. Das bedeutet, in der Coachingssituation gibt es drei, vier oder mehr beteiligte Personen oder Instanzen. Da ist z.B. der Abteilungsleiter, der ein Coaching für einen seiner Mitarbeiter möchte, der Sachbearbeiter der Personalentwicklung, der den Coach aussuchen soll, die Chefin der Personalabteilung, die das Projekt Coaching im Unternehmen betreut, der Hauptabteilungsleiter, der das Budget für das Coaching bewilligen soll und dann noch der Klient selbst, der eigentlich meint, der Kollege solle statt seiner gecoacht werden.

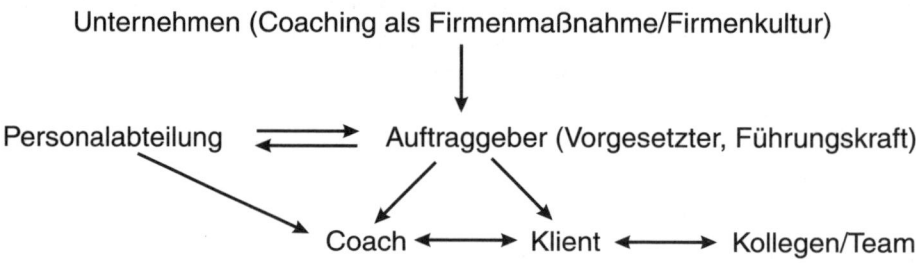

Dabei kommt es zu Konstellationen, die zu vielfältigen offenen und verdeckten Zielen führen, je nach Abhängigkeitssituation.

Folgende Bedingungen können mehr oder weniger zu Verwicklungen beitragen:
→ Ist der Coach extern, d.h. von außen kommend, oder intern, d.h. ist der Coach selbst Mitarbeiter der Firma/Organisation?
→ Steht der interne Coach außerhalb der Hierarchie, z.B. als Mitarbeiter der Sozialberatung, als Change-Agent, interner Trainer oder Betriebspsychologe oder ist er direkt weisungsbefugt/weisungsempfangend (der Vorgesetzte als Coach, ein Kollege mit Sonderausbildung) oder karrierebeeinflussend (z.B. der Personalentwickler)?
→ Wurde das Coaching auf freiwilliger Basis angeboten, der Coach selbst ausgewählt und gewünscht, oder ist es ein „verordnetes" Coaching mit einem für die Geschäftsleitung arbeitenden Coach?
→ Ist das Coaching eine Pflichtveranstaltung für defizitäre Mitarbeiter oder eine angebotene Investition in potente Arbeitskräfte?
→ Wie ist der Zusammenhang zwischen Klient (Wer wird gecoacht?) und Geldgeber (Wer bezahlt das Coaching?). Gibt es inhaltliche Verwicklungen?

Alle Beteiligten in einem Auftragssystem haben offene und verdeckte Ziele, die häufig im Widerspruch zueinander stehen und zu Konflikten oder Reibungsverlusten beim Coaching führen können. Die inhaltlich und beziehungsmäßig meisten Freiheitsgrade gibt es in der selbst gewählten und eventuell selbst bezahlten Beziehung zu einem externen Coach. Die anderen Konstellationen beinhalten in der einen oder anderen Form mögliche Beziehungsschwierigkeiten.

„Hypothesen sind Netze; nur der wird fangen, der auswirft."
Novalis

Der Auftraggeber versucht einen Coach zu finden, der seine Wünsche optimal erfüllt – jemand, der ein optimales Input-Output Verhältnis realisiert und zur Unternehmenskultur passt. Der Klient sucht jemanden, der nur für ihn da ist, seine Belange vertritt, ihn verlässlich unterstützt – jemanden, dem er vertrauen kann. Der Coach hat den Balanceakt zwischen seinen eigenen Bedürfnissen (z.B. Geld, Anerkennung), den inhaltlichen/rahmenmäßigen Vorgaben durch den Auftraggeber und den Ansprüchen an eine ethisch vertrauensvolle Berufsausübung zu bewerkstelligen. In diesem Spannungsfeld gibt es eine Vielzahl sich widersprechender Anforderungen, Bedürfnisse und Zwänge. Die nach außen genannten „politisch korrekten" Ziele sind in den seltensten Fällen identisch mit den eigentlichen Wünschen.

Beispiele für offene und verdeckte Motive

Auftraggeber:
Offiziell: Wollen durch Coaching die Selbstreflexion und Kommunikation im Unternehmen fördern.
Verdeckt: Mitarbeiter sollen im Coaching erkennen, ob sie den Anforderungen gewachsen sind und von selbst kündigen, falls dies nicht der Fall ist.

Coach:
Offiziell: Will mit Kurzzeitcoachings effektiv helfen und schnelle Problemlösungen vorantreiben.
Verdeckt: Möchte eigentlich längerfristige Trainings akquirieren.
Braucht ein langes Coaching, um seine Miete zu bezahlen.

Offiziell: Coach ist emotional unabhängig und selbstbewusst. Verhält sich auch „unpopulär", wenn es den Klienten weiterbringt.
Verdeckt: Will unbedingt weiterempfohlen werden und buhlt um die Anerkennung und Empfehlung des Coachees. Braucht die Anerkennung des Coachees für sein Selbstwertgefühl.

Team als Coachingfall:
Offiziell: Mitglieder des Teams wollen den Informationsfluss im Team verbessern.
Verdeckt: Das Team will eigentlich einen höheren Status in der Gesamtprojekt-Hierarchie und ein anderes, besseres Projekt zugeteilt bekommen.

Einzelklient:
Offiziell: Will Schwierigkeiten in der Zusammenarbeit mit einem Kollegen beheben.
Verdeckt: Will im Coaching beweisen, dass der Kollege eigentlich schuld ist und der Chef unfähig.

Personalabteilung:
Offiziell: Abteilung will guten externen Coach für das Unternehmen einkaufen.
Verdeckt: Abteilung will durch „Versagen" des externen Coaches beweisen, dass die internen Coaches besser sind.

Offiziell: Die Abteilung kauft das Seminar „Der Vorgesetzte als Coach" ein, damit Führungskräfte coachen lernen.
Verdeckt: Die Führungskräfte sollen erkennen, dass sie Mitarbeiter nur eingeschränkt coachen können. Sie sollen eigenen Coachingbedarf bei sich selbst erkennen und Coaching bei der Personalabteilung anfordern.

Abteilungsdirektor:
Offiziell: Will seinen Mitarbeiter durch Coaching stärken.
Verdeckt: Will den Coach erst mal durch seinen Mitarbeiter „vortesten" lassen, da er selbst ein Coaching braucht.

Was bedeuten diese Komponenten im Feld des Coachings – wie wirken sie sich aus?

> „Es gibt keine Fakten, nur Interpretationen."
> Friedrich Nietzsche

Der Coach bekommt Informationen vom Auftraggeber, woran es fehlt und was die „eigentlichen" Probleme sind und was durch das Coaching für ihn, als Auftrag- und Geldgeber, erreicht werden soll. Auch der Klient gibt dem Coach Informationen, was seiner Einschätzung nach das Problem sei und was er gern für sich persönlich erreichen würde. Manchmal hat auch die Personalabteilung noch eine Fallanalyse und einen Änderungsplan in petto. Der Coach muss wissen, dass bei all dem, was gesagt wird, es sich nicht um „die" Wahrheit oder eine „richtige" Information handelt. In der Regel differieren all diese Analysen und Vorschläge erheblich. Alle Informationen der Beteiligten sind Möglichkeiten, die Situation für sich selbst gewinnbringend zu gestalten. Der Coach als Experte sollte daher eigene, zusätzliche Ideen zu den Ursachen, Zusammenhängen und Vorgehensweisen haben und nicht vorschnell einer gewünschten Vorgehensweise folgen.

Nachfolgend einige Beispiele und die sich daraus ergebenden Auswirkungen auf das Coaching selbst:

Erstes Beispiel: Ein großes Unternehmen schickt Führungskräfte nach einem so genannten „Management-Audit" (Beurteilungsgesprächen) mit ausgefüllten Diagnosebögen ins Coaching. Auf den Bögen können die Führungskräfte ersehen, wie sie eingestuft werden: z.B. Führungskraft ohne Potenzial, Führungskraft mit Potenzial, Führungskraft mit Megapotenzial, Spezialist ohne Führungsverantwortung. Die Defizite sind in einer Extraspalte eingetragen. Eine Gruppenleiterin kam zum Coaching und überreichte mir ihren „Defizitschein" mit den Worten: *„Kriegen Sie das hin? Davon hängt ab, ob ich am Jahresende meine Zielerreichung vorweisen kann und mir eine Tantieme ausbezahlt wird. Ich weiß aber noch nicht mal, was die von mir wollen, wie ich jetzt sein soll. Auch mein Vorgesetzter findet mich o.k.. Aber alle mit einem schlechten Audit bekommen von der Personalabteilung ein Coaching angeboten. Das »Angebot« abzulehnen ist nicht sehr ratsam."*

Auf dem Bogen waren folgende Defizite beschrieben: *„Frau Z. ist zu wenig sophistiziert und hat zu wenig körperlich-raumgreifende Präsenz."* Die Diagnose war in ihrer Wolkigkeit erheiternd, aber wenig hilfreich, weder für den Coach noch für die Klientin. Die Klientin kündigte übrigens.

Auch bei externen Coachings ergibt sich oft ein triadisches Beeinflussungssystem:

Zweites Beispiel: Ein Manager einer Chemiefirma sucht einen Coach für seine Tochter (Studentin) mit Prüfungsangst. Er beauftragte ohne weitere Definition des Problems mein Institut. Einen Tag vor dem verabredeten Coaching mit einem männlichen Kollegen, spezialisiert auf Präsentations-/ bzw. Performancecoaching, ruft der Vater erneut an: *„Meine Tochter hat es sich überlegt, sie möchte unbedingt eine Frau als Coach. Ich denke, meine Tochter hat ein Männerproblem."* Auf Wunsch des Vaters/Geldgebers fand das Coaching dann auch mit mir statt. In der Sitzung fragte ich die Tochter: *„Sie wollten nun doch lieber eine Frau als Coach?"* – Antwort: *„Eigentlich war es mir egal, aber mein Vater glaubt immer, dass meine Mutter nicht so richtig aus sich herausgeht und ich sollte Sie kennen lernen als Vorbild für eine erfolgreiche Frau. Mir war es egal, wer mich coacht, Hauptsache mein Vater kümmert sich um mich. Seit der Scheidung von meiner Mutter vor 3 Jahren habe ich ihn nur viermal gesehen. Seit ich diese Prüfungsangst habe, ruft er mich vor jeder Prüfung an und fragt, wie es mir geht. Und jetzt bezahlt er sogar das Coaching. Mehr will ich gar nicht."*

Jeder Beteiligte hat andere Vorstellungen davon, was der Coach „für ihn" am besten tun sollte. Die Aufgabe des Coaches ist es, zu sehen, ob daraus eine gemeinsame Arbeit entwickelt werden kann, mit der Prämisse, dass der Coach inhaltlich dem Klienten verpflichtet ist. Der Coach muss für sich die Position des Experten besetzen – und nicht des Handlangers, der irgendwen, irgendwie, irgendwas repariert.

2.2.4 Neun Stolperfallen für den Coach

In betrieblichen Zusammenhängen kommt es häufig vor, dass der Vorgesetzte für eine bestimmte Person oder sein Team ein Coaching wünscht. Zwischen den Zielen des Vorgesetzten und der Auffassung von Coaching durch den Coachee gibt es manchen Unterschied. Die Situationen, die daraus entstehen, führen immer in ein Dilemma und sind vom Coach vorher aufzulösen oder zu meiden, denn ohne eine vertrauensvolle Beziehung zum Coach wird es kein effektives Coaching geben. Dieses Vertrauen muss manchmal, je nach Ausgangssituation, länger erarbeitet werden. Coaching ist inhaltlich unabhängig. Je abhängiger sich der Coachee und der Coach von bestimmten inhaltlichen Vorgaben fühlen, umso ineffektiver kann das Coaching werden. Zu wissen oder zu ahnen, dass der Coach irgendwelche geheimen Aufträge des Geldgebers erfüllt, den Klienten bewertet und Informationen weitergibt, belastet die Beziehung zum Klienten bis zur Arbeitsunfähigkeit. Besonders die Abhängigkeit des Coaches von bestimmten inhaltlichen Weisungen (*„Motivieren Sie den mal!"*) oder Spionageaufträgen (*„Schauen Sie mal, ob der ein Team führen kann"*) führt zu inhaltlichem „Involviertsein" und „Geschickt-worden-sein", das für eine Coachingbeziehung kontraproduktiv ist und berechtigtes Misstrauen beim Klienten hervorruft. Misstrauen dem Coach gegenüber ist jedoch keine gute Grundlage für eine vertrauensvolle Arbeitsbeziehung, in der sehr persönliche Dinge besprochen werden können. Diese im Vorfeld des Coachings auftretenden Dilemmata bestimmen die Menge des Vertrauensvorschusses für den Coach. Alle Störvariablen dieser Art sollten vom Coach daher früh genug bemerkt, und wenn notwendig, möglichst im Vorfeld geklärt werden. Ist dies nicht möglich und die Coachingbeziehung soll für diverse Bedürfnisse zweckentfremdet oder missbraucht werden, muss die Freiheit, ein Coaching gegebenenfalls abzulehnen, eine grundsätzliche Wahlmöglichkeit des Coaches sein. Ist die Ablehnung eines Auftrages für den Coach aus wirtschaftlichen oder persönlichen Gründen ein Problem, ist kein unabhängiges, nicht-manipulatives Coaching zu erwarten.

Häufige Stolpersteine und Störvariablen fürs Coaching, auf die man bei der Auftragserteilung achten sollte:

> *„Das Wertvollste im Leben ist die Entfaltung der Persönlichkeit und ihrer schöpferischen Kräfte."*
> Albert Einstein

Entscheidungen werden verlagert

Führungskraft zum Coach:
→ *„Wenn Sie nach dem Coaching auch meinen, dass Herr A. der Aufgabe nicht gewachsen ist, dann werde ich das auch so entscheiden. Bitte informieren Sie mich doch im Interesse des Unternehmens."*

Delegation von Führungsaufgaben

→ „Und wenn Sie sie schon coachen, könnten Sie ihr noch sagen, dass sie ein Deo benutzen soll."
→ „Motivieren Sie den doch mal ein bisschen. Sie können das doch bestimmt gut."

Wohlmeinende Spionage

→ „Schauen Sie doch mal, ob die Frau G. eine Gruppe leiten kann oder ob wir sie damit überfordern. Das wollen wir natürlich nicht."
→ „Wichtig ist vor allem, dass Herr T. mit seiner Scheidung klarkommt. Bitte informieren Sie mich doch, falls das nicht der Fall ist, dann können wir ihm doch besser helfen."

Stille Post

→ „Zeigen Sie ruhig im Unternehmen, dass Sie Herrn G. coachen, damit alle sehen, dass auch was getan wird."

Problematisierungswunsch

→ „Können Sie Herrn X nicht mal klar machen, dass er ein Coaching braucht. Wenn er sich nicht verändert, kann ich das Projekt dicht machen. Aber er sieht bei sich gar keinen Handlungsbedarf. Vielleicht können Sie da ein bisschen Druck machen."

Zielunklarheit

→ „Sie können ja mal schauen, ob so ein Coaching bei Frau N. irgendetwas nützt."
→ „Wir wollen das mit dem Coaching auch mal bei unseren High Potentials ausprobieren. Das soll ja gut sein."

Kommunikative Umwege

→ „Ich habe den Eindruck, Frau B. hat ein Problem mit mir als Abteilungsleiter. Wenn das so ist, sagen Sie es mir bitte schnell, damit wir da eine neue Lösung finden können. Und falls sich noch andere wichtige Informationen ergeben sollten, können Sie mich gern ansprechen. Ich regle das dann."

Verdecktes Outplacement

→ *„Und es wäre schön, wenn Herr P. vielleicht selbst feststellen würde, dass er hier bei uns fehl am Platz ist."*
→ *„Coachen Sie doch mal so, dass Frau L. mehr Mut hat, sich auch woanders zu bewerben, sie ist doch so qualifiziert und findet bestimmt was Anderes."*

Bestechung

→ *„Und wenn dieses Coaching zu dem gewünschten Ergebnis führt, haben wir sicher noch viele andere Aufträge für Sie."*
→ *„Wenn Frau L. ohne Abfindung gehen würde, hätten wir noch etwas mehr Budget, um auch die anderen Mitarbeiter von Ihnen coachen zu lassen."*

(Anmerkung zum letzten Thema: Dem Versuch, den Coach mit anderen Aufträgen zu ködern, meist um den Preis zu senken, ist mit Vorsicht und nicht mit allzu viel Blauäugigkeit zu begegnen. Ein Vorgesetzter lässt selten zu, dass *sein* Coach auch seine Mitarbeiter coacht. Und auch als Tipp für die Kollegen auf gleicher Ebene wird man nur bei sehr vertrauensvollen Verhältnissen weitergereicht. Die Situation, dass ein Trainer als Coach angefragt wird, ist häufiger als die Anfrage an einen Coach, ein Training zu machen. Der Coach wird gern exklusiv und persönlich in Anspruch genommen – auch „zufriedene" Kunden empfehlen jemanden, der so viel über sie weiß, nur sehr gezielt weiter.)

Umgang mit Stolpersteinen und Störvariablen

Was mache ich, wenn ich als Coach mit solchen Rahmenbedingungen konfrontiert bin? Die Störvariablen müssen nicht in jedem Fall negative Auswirkungen haben, sind aber stets zu beachten und gegebenenfalls zu thematisieren. Die im Hintergrund bestehenden Bedürfnisse des Auftraggebers werden ernst genommen und es wird versucht, eine andere Lösung dafür zu finden. Denn viele dieser Ansinnen werden nicht aus böser Absicht heraus gestellt, sondern aus partieller Unwissenheit, Bequemlichkeit oder Zielunklarheit. Beim Problem der Delegation von Führungsverantwortung kann man z.B. dem Vorgesetzten selbst ein Coaching vorschlagen, bei dem er dann lernt, das „Problem mit dem Deo" selbst zu lösen. Ich spreche den Auftraggeber an und frage ihn z.B.: *„Wie geht es **Ihnen** denn mit der Schwierigkeit, dieses Deo»problem« anzusprechen? Manchmal ist es ja sinnvoll, an zwei Schrauben zu drehen, um etwas wieder ans Laufen zu bringen, und vielleicht empfinden Sie es ja auch als hilfreich, so etwas in Zukunft selbst in die Hand nehmen zu können, ohne immer das viele Geld für den Coach auf den Tisch legen zu müssen."*

Eine andere Situation entsteht, wenn es aus irgendwelchen Gründen (Budget, Bereitwilligkeit) nicht möglich ist, mit dem vom Vorgesetzten definierten „Problemmitarbeiter" zu arbeiten – in diesem Fall kann ich als Coach den Auftraggeber fragen: *„Sind Sie sehr interessiert an einer Veränderung dieser Situation? Sind Sie so daran interessiert, dass Sie sogar bereit wären, <u>sich</u> zu verändern, auch wenn Sie eigentlich denken, der andere müsste etwas tun? Bedenken Sie: Wenn sich in einem System ein Teil verändert, dann ändert sich alles. Wollen Sie das probieren?"*

Auch bei dem Problem der kommunikativen Umwege können Sie anbieten, etwas für den besseren Informationsfluss in der gesamten Abteilung oder Firma zu tun und vielleicht über ein Training oder ein moderiertes Gruppenmeeting sinnvollere Veränderungsarbeit zu leisten als über ein Einzelcoaching. Es empfiehlt sich, dass der Coach noch einmal höflich, aber klar seine Position und den Sinn von Coaching erklärt. Mit *Offenheit* und *Direktheit* werden die Bedingungen benannt, unter denen Coaching stattfinden kann. Häufig ergibt sich im Erstgespräch die Notwendigkeit, vorschnelle Diagnosen, Analysen und daraus resultierende Aufträge im Konjunktiv zu benennen und die starren „Realitäts(ein)sichten" der Beteiligten ein wenig aufzuweichen. Das kann der Coach am besten, indem er elegant mit der Sprache operiert und die Annahmen des Auftraggebers – wie gesagt – in den Konjunktiv setzt. Beispiel: *„Sie sehen das also so ... und so ... Aha, Sie haben als eine Idee, dass es daran liegen **könnte**. Ihr Ziel bzw. Ihr Wunsch **wäre** dann folgender ... ."*

Das heißt, wenn der Coach dem Auftraggeber dessen Vorstellung zurückspiegelt, wird alles im Konjunktiv formuliert. Anschließend fährt der Coach fort: *„Wir werden sehen, ob das so ist. Es kann sein, wenn ich mit dem Mitarbeiter im Coaching spreche, dass wir noch auf andere Aspekte kommen. Von Ihnen brauche ich das Ok für den Rahmen, d.h. für Honorar, Dauer und Häufigkeit der Termine, den Ort und die Namen der involvierten Personen. Der Klient gibt das inhaltliche Ok und formuliert das inhaltliche Ziel. – Wenn die Ziele von Auftraggeber und Klient sich als deutlich konträr herausstellen sollten, muss umgehend geklärt werden, wie weiter verfahren wird. Ist das für Sie in Ordnung? Und wenn ich nach dem ersten Gespräch den Eindruck habe, es geht nicht, dann reden wir erneut."*

> „Betrachte einmal die Dinge von einer anderen Seite, als du sie bisher sahst – denn das heißt ein neues Leben zu beginnen."
> Marc Aurel

2.2.5 Auftragsklärung mit dem C.L.E.E.R. I.T.-Format

Als hilfreiches Raster für die Strukturierung der Informationsfülle bei Akquisitionsgesprächen gibt das C.L.E.E.R. I.T Format maximale Unterstützung. Es ermöglicht, mit präzisen Fragen einen systematischen und systemischen Überblick über relevante Meinungen, Wünsche, Analysen und Fakten zu bekommen. Haupteinsatzbereich ist die Auftragsklärung. Alle Fragen können im Erstgespräch abgearbeitet werden und ergeben für Coach und Auftraggeber ein umfassendes Bild von den möglichen Maßnahmen.

Mit den Fragen des C.L.E.E.R. I.T. Formats decken Sie ab, was Sie für ein Happy Beginning wissen müssen und entwickeln gleichzeitig professionelle Diagnosefähigkeiten für den sinnvollen Einsatz des Instruments „Coaching". – Der Zeitbedarf hierfür beträgt etwa eine Stunde. Das Format kann man auch mit Pinnwandkarten oder auf dem Flipchart vorbereiten und bei Bedarf für den Kunden als Struktur sichtbar machen. Ansonsten nutzt der Coach es als Gesprächsführungsleitfaden für sich selbst.

Zielsetzung: Der Coach ist nicht nur Durchführer von Coachings, sondern auch Experte für den sinnvollen Einsatz von Coaching. Durch die strukturierte Vorgehensweise von C.L.E.E.R. I.T. ist eine präzise Diagnose der Auftragssituation möglich. Ein Effekt von C.L.E.E.R. I.T. ist manchmal auch, dass vom Coach eine andere Vorgehensweise zur Zielerreichung vorgeschlagen wird, z.B. Training, Vorträge, Teaching, Strukturänderungen. In so einem Gespräch zeigt sich die Expertise des Coaches in der Analyse von Coachinganfragen.

Das C.L.E.E.R. I.T.-Format

C. =	Contact	*Wie?*
L. =	Leiden, Symptome	*Was?*
E. =	Entwicklungsgeschichte	*Woher?*
E. =	Effekt der Veränderung	*Wozu?*
R. =	Ressourcen	*Womit?*
I. =	Identifizierte Person	*Wer?*
T. =	Target, Ziel	*Wohin?*

C. = Contact: Wie wollen wir im Klärungs-/Akqusitionsgespräch vorgehen?

Bei diesem ersten Punkt geht es um Wörter mit C (Coffee, Chat, Confidence, Connection, Contract), d.h. um die Etablierung einer positiven, klar definierten Gesprächssituation. Hier wird kurz der Arbeitsrahmen für dieses Gespräch festgelegt:

→ *Wie viel Zeit ist vorgesehen?*
→ *Mit wem spreche ich eigentlich?*
→ *Sind die richtigen Partner (Auftraggeber, Geldgeber, Inhaltsgeber) anwesend, um entsprechende Entscheidungen zu treffen?*
→ *Was ist das Ziel des Gesprächs, z.B. der Auftrag für eine konkrete Maßnahme – oder sollte der Coach sich nur mal vorstellen?*

Ist der Arbeitsrahmen für das Gespräch geklärt, rückt das konkrete Anliegen des Gesprächspartners in den Mittelpunkt.

L. = Leiden: Was ist das konkrete Problem?
→ *Was ist (sind) das (die) augenblickliche(n) Symptom(e), das offensichtliche Leiden, die momentan schwierige Situation?*
→ *Welche Auswirkungen hat das Problem?*
→ *Was/Wer ist zusätzlich noch negativ dadurch beeinflusst?*

„Den Fortschritt verdanken wir Nörglern. Zufriedene Menschen wünschen keine Veränderung."
H.G. Wells

Bei diesem Punkt wird direkt nach den Schwierigkeiten gefragt. Ohne Analysen sollen zunächst nur die „beklagenswerten" Zustände geschildert werden. Zum Beispiel, dass die ganze Abteilung nicht mehr miteinander spricht, die Motivation immer schlechter wird, alle im Verkaufsteam aggressiv und ungeduldig sind. Diese Beschreibungen beinhalten stets Vergleiche, darüber hinaus werden Informationen getilgt, generalisiert und verzerrt. Hierbei wird eine Differenz beschrieben – denn um ein Problem zu haben, muss man einen Unterschied wahrnehmen. Der Stellenwert des Leidens in der Wahrnehmung hat immer einen Bezug zu dem, wie es einmal war oder sein könnte. Und manchmal ist die Wahrnehmung des Unterschieds das Problem und nicht die Situation selbst, d.h. manchmal liegt das Leiden an einer glorifizierten Sicht auf die Vergangenheit („... denn damals, als xy noch Vorstand war, war alles ganz toll") oder an einer überidealisierten Sicht auf die Zukunft.

E. = Entwicklungsgeschichte: Woher?
→ *Welche Vermutungen gibt es über die Ursache des Problems?*
→ *Wo rührt das Problem her, wodurch und wie ist es entstanden?*
→ *Wie lange existiert das Problem schon?*
→ *Was wird als Auslöser für die Symptome angenommen?*
→ *Welche Kausalitäten bei der Problementstehung werden angenommen?*

Auch hier variieren die Erklärungen deutlich nach Betrachtungsstandort. Manchmal ergeben sich hier erste Hinweise, dass das Problem nicht zwingend über Coaching gelöst werden müsste. Bei der Frage nach den vermuteten Kausalitäten gibt es oft die entscheidenden Informationen. Beispiel: Nach einer Fusion wurden dringend Coaches gesucht, die einen Teil der „demotivierten" Belegschaft coachen sollten. Als Ausgangspunkt der Schwierigkeiten wurde dann ermittelt, dass nach der Fusion der Teil der „hinzufusionierten" Belegschaft die Anweisung hatte, nur über den Hintereingang zur Kantine zu gehen, um die anderen Kollegen im Hauptgebäude nicht zu stören. Zur Klärung dieses Problems mussten keine Mitarbeiter gecoacht werden!

E. = Effekte: Wozu soll die Veränderung führen?
→ *Was sollen die Auswirkungen der Maßnahme sein?*
→ *Welche Effekte sollen damit erreicht werden?*

→ *Sollen außer dem gewünschten Effekt auf den Coachee noch andere Effekte eintreten?*
→ *Woran würden die Auftraggeber erkennen, dass die Maßnahme erfolgreich ist?*
→ *Wie würde sich das auswirken? Wofür ist das wichtig im Unternehmen?*
→ *Gibt es noch andere, eventuell negative Effekte, die auftreten könnten?*

Hier werden im Gegensatz zum Ziel die längerfristigen Auswirkungen fokussiert. Die Frage, die sich hier immer wieder stellt ist, ob die gewünschte Maßnahme den gewünschten Effekt bringt? Oft gibt es sogar einen negativen Zusammenhang zwischen geplanter Maßnahme und gewünschtem Effekt – z.B. die Idee, 12 untereinander verkrachte Führungskräfte für einen gemeinsamen Segeltörn zu gewinnen, damit anschließend wieder Harmonie und Eintracht in der Firma herrschen. Solch ein Versuch geht meist schief.

R. = Ressourcen: Womit soll die Veränderung stattfinden?

→ *Was ist bisher schon unternommen worden?*
→ *Wurden schon andere Maßnahmen in Betracht gezogen, wie z.B. Coaching, Training, Unterricht, Gespräche?*
→ *Gibt es Vorstellungen über die Art des Vorgehens?*
→ *Wessen Idee war das Coaching/Training? Was war der Auslöser hierfür?*
→ *Welche Ressourcen stehen zur Verfügung? Wie viel Zeit, Geld, Engagement und Bereitschaft sind zur Veränderung vorhanden?*
→ *Welche Vorstellungen über den Zeitbedarf für diese Veränderung gibt es?*
→ *In welchem Zeitfenster soll die Veränderung vonstatten gehen? Ist das realistisch?*

„Wer scharf denkt, wird Pessimist. Wer tief denkt, wird Optimist."
Henri Bergson

Achtung: Vielleicht sind die Ziele auch ganz anders zu erreichen, z.B. über eine Gehaltserhöhung, einen Titel, mehr Mitarbeiter, ein neues Projekt, eine Kompetenzerweiterung, durch Erweiterung der Weisungsbefugnis oder eine Betriebsbefragung. Viele Ziele sind mit den bereitgestellten Ressourcen (Coaching/Training) nicht realisierbar. Unternehmen erhoffen sich jedoch oft Wundertaten durch die Arbeit externer Berater. Bedenken Sie bitte: *Einsatzbereitschaft und der Veränderungswille sind nicht delegierbar.*

I. = Identifizierte Person: Wer?

→ *Wer wird als „Symptomträger" identifiziert?*
→ *Bei welcher(n) Person(en) soll(en) die Veränderung(en) stattfinden?*
→ *Wieso verdichtet sich das Problem auf xy?*
→ *Gibt es noch jemanden, der beteiligt ist?*
→ *Liegt es am Menschen oder am System?*

Beispiel: Ein Produktionsbetrieb hat wöchentliche Teambesprechungen eingeführt und fühlt sich damit sehr fortschrittlich. Zum Erstaunen der Leitungsebene finden diese Gespräche jedoch nicht statt. Ursache dafür waren jedoch nicht unwillige Mitarbeiter, sondern die Tatsache, dass es gar keine Besprechungsräume für die Teams gab. Die Teams hatten selbstverständlich angenommen, die Leitungsebene wisse das, und sie hatten geduldig auf die Bereitstellung der Besprechungsmöglichkeiten gewartet.

Oft „müssen" auch die „falschen" Personen gecoacht werden, damit überhaupt etwas geschieht. Das Coaching wäre vielleicht für die Sachbearbeiter-Ebene sinnvoll, das Budget der Firma für solche Maßnahmen ist aber nur für Führungskräfte freigegeben. Oder der Gruppenleiter wird gecoacht, obwohl es mehr Sinn machen würde den Vorgesetzten zu coachen – dieser aber will nicht, da die Coachingkultur defizitorientiert ist und er durch die Maßnahme einen Prestigeverlust fürchtet.

T. = Target, Ziel: Wohin soll es gehen?
→ *Was soll jetzt konkret geschehen? Was ist das Ziel? Und mit wem?*
→ *Gibt es ein wohlformuliertes Ziel oder ist das Ziel lediglich die Abwesenheit der Symptome?*
→ *Worin konkret soll die jetzt einzuleitende Maßnahme bestehen? Coaching, Consulting, Training, Umstrukturierung?*

Ein wohlformuliertes Ziel sollte mindestens **„fünf Freunde"** haben:
→ eine positive Formulierung;
→ einen klaren Kontext, in dem das Ziel realisiert werden soll;
→ die realistische Erreichbarkeit des Ziels für die Person/das System;
→ Kriterien, an denen die Zielerreichung erkannt werden kann;
→ ausreichend Ressourcen (Zeit, Geld, Engagement und die Unterstützung für die Umsetzung).
(Mehr zum Thema Zielformulierungen siehe auch Abschnitt 2.5.3.)

„Fast alles ist leichter begonnen als beendet."
J.W. von Goethe

Voraussetzungen beim Coach für den sinnvollen Einsatz von C.L.E.E.R. I.T. sind die Fähigkeit, den Gesprächsfaden in der Hand zu halten und bei den Antworten zwischen den Zeilen lesen zu können sowie ausgezeichnete Wahrnehmungsfähigkeiten, um bei mehreren Gesprächspartnern auch die non-verbalen Kommentare mit zu berücksichtigen und damit ein umfassendes Bild des Auftrags zu bekommen. Den Abschluss des C.L.E.E.R. I.T. Gesprächs bildet eine Einigung auf eine Maßnahme mit einem realistischen Ziel-Erreichungsrahmen – zudem wird Klarheit für den Coach und den „Kunden" bezüglich der Rahmenbedingungen erzielt.

2.2.6 Wann lehne oder gebe ich ein Coaching ab?

Wie im Abschnitt 2.1.3 beschrieben, ist es nicht sinnvoll, alles mit dem Wunderwerkzeug Coaching bearbeiten zu wollen – zudem ist nicht jeder Coach für jedes Ziel oder jeden Klienten der Richtige. Ein professioneller Coach kennt die Möglichkeiten und Unmöglichkeiten von Coachingkontrakten und Kontakten. Und es gibt viele gute Gründe, ein Coaching nicht zu machen:
Die Ablehnung eines Auftrags ist oft professioneller als seine Durchführung.

Manchmal stellt der Coach jedoch erst im Coaching fest, dass es sinnvoll wäre, das Coaching zu beenden oder die Aufgabe an jemand anderen weiterzugeben. Er ist vielleicht selbst zu stark in die Problematik involviert, nicht wirklich kompetent für das konkrete Thema oder emotional zu stark gefordert. Ich erinnere mich an ein Coaching vor 20 Jahren, als ich als ganz junge Diplompsychologin ein 19-jähriges Mädchen begleitete, dessen Mutter in dieser Zeit an Krebs starb. Das Mädchen bezahlte mich stets mit zwei zusammengerollten, klebrigen 20 DM-Scheinen, die die Mutter die Woche über in einer Zuckerdose sammelte, um dem Mädchen meine Unterstützung zu ermöglichen. Dieses Coaching war eine deutliche emotionale Herausforderung für mich. Die Bedürftigkeit des Mädchens berührte mich sehr – und das Thema „Gespräch gegen Geld" hat mich gerade in diesem Fall sehr beschäftigt. Ich hätte damals lieber ohne Bezahlung gearbeitet, habe aber das Geld nach jeder Sitzung entgegengenommen, damit die Klientin mir auf keinerlei Weise verpflichtet war. Ich war nicht ihre Freundin, und sie wäre emotional in meine Schuld gekommen, hätte ich diesen Kontakt entprofessionalisiert.

„Der Mensch wird am Du zum Ich."
Martin Buber

Ihnen als Coach wird im Coaching oft ein immenses Vertrauen geschenkt. Wie immer Sie entscheiden, ob Sie einen Auftrag übernehmen oder ob Sie im Coaching feststellen, dass es mit Ihnen nicht weiter geht, würdigen und danken Sie dem Klienten immer für sein Vertrauen und seine Bereitschaft, mit Ihnen zu arbeiten.

Es kommt auf das „Wie" der Ablehnung bzw. der Beendigung eines Coachingkontakts an. Hier einige Formulierungen als Hilfe für Sie – sagen Sie z.B.: *„Ich müsste jetzt etwas Schlaues sagen, aber mir fällt nichts ein. Ich bin sehr berührt von dem, was Sie mir erzählt haben, ... und denke es wäre gut, eine kleine Pause zu machen und gleich darüber zu sprechen, wie wir weitermachen wollen. Ich bin hier mit meinen Kompetenzen am Ende. Ich selbst kann Ihnen professionellerweise dabei nur bis zu einem gewissen Punkt helfen. Ich kann Ihnen jedoch einen hervorragenden Kollegen empfehlen, der sich auf solche Fragestellungen spezialisiert hat. Und ich möchte mich noch einmal ausdrücklich für Ihr Vertrauen und Ihre Offenheit bedanken."*

Mögliche Gründe für die Nicht-Annahme eines Coachingauftrags:

→ ein eigenes, die Coachingarbeit behinderndes Thema steht zu stark im Vordergrund (z.B. Verluste, eigene Erkrankung, Sinnkrisen, Burn-out ...);
→ zu große Affinität zum Thema (Kinderwunsch, Auswandern, Seitensprung ...);
→ unauflösbare Übertragung oder Gegenübertragung (Klient verhält sich wie mein alter Lehrer, spricht wie meine Mutter ...);
→ nicht auflösbare Projektion (Klient wirkt absolut unsympathisch oder zu sympathisch, Verliebtsein);
→ Missbrauch des Coachingauftrages durch Dritte (inhaltliche Weisungen);
→ temporäre Inkompetenz (eigener Stress, Ausbildungsdefizite, Überlastung, körperliche Probleme ...);
→ thematische Inkompetenz (Essstörungen, Inzest, traumatische Erlebnisse, schwere Psychosomatik, Gewalt, Mobbing, Alkoholismus, schwere Erkrankung ...).

Lehnen Sie aber nicht zu früh ab. Wagen Sie sich weit ins Leben hinein und haben Sie keine Angst vor Emotionalität – weder vor der des Klienten, noch vor Ihrer eigenen. Lernen Sie als Coach abwartend dabeizubleiben, auch wenn Sie nicht wissen, was Sie tun sollen. Niemand weint, schreit, tobt erfahrungsgemäß länger als 15 Minuten im Coaching. Und bei längeren Krisen geht es nicht immer darum, Probleme zu „managen", sondern auch darum, beteiligt und zugewandt bei jemandem zu sein und ihn zu begleiten. Und geben Sie ab, wenn Sie nicht mehr kompetent sind – *das ist Professionalität.*

„Solange man selbst redet, erfährt man nichts."
Marie von Ebner-Eschenbach

2.3 Die erste Sitzung

Sind alle Hürden der Auftragsklärung genommen und sind sich alle Beteiligten einig über den Rahmen, die Personen und besteht Klarheit darüber, dass Coaching die für das Ziel geeignete Maßnahme ist, dann kann die Arbeit mit dem eigentlichen Kontakt zwischen Coach und Klient beginnen.

Besondere Bedeutung hat dabei immer die erste Sitzung, bei der bewusst oder unbewusst entschieden wird, ob es gut weitergehen kann. Viele Coaches wissen das und wünschen sich deshalb mehr Sicherheit für diese erste „richtige" Begegnung. Nach dem Motto: *„At all costs, make a good first impression."* Nachfolgend einige Hilfestellungen für den Rahmen (die ersten 10 Minuten) und das Z.E.N.T.R.A.L. Format für einen optimalen Start, wenn Sie gern mit Strukturen arbeiten.

2.3.1. Damit der Start stimmt

In der **ersten Sitzung** sollten vor Arbeitsbeginn noch einmal die wichtigsten Dinge angesprochen werden, damit auch ***wirklich*** alles klar ist. Wichtig sind:

→ Wer ist der Coach? Kurze Vorstellung der Person – keine langen Lebensläufe und absolvierte Spezialausbildungen „runterbeten". Der Klient geht davon aus, dass der Coach kompetent ist, sonst hätte sein Unternehmen ihn nicht eingekauft!
→ Wie wird gearbeitet? Information über Art des Vorgehens (z.B. Reden, Aufstellen, Schreiben. Gefühle sind erlaubt/erwünscht!).
→ Informationen über den Zeitrahmen (Länge der Sitzung, Abstände, Anzahl der Termine).
→ Frage klären, an wen und in welcher Form die Rechnung gehen soll (Personalabteilung, Fachabteilung, an Vorgesetzten, persönlich). Dabei klären, ob der Terminus Coaching auf der Rechnung stehen darf/soll!
→ *Verschwiegenheit* des Coaches nochmals erläutern.
→ Inhaltliche Verpflichtung den *Zielen des Klienten* gegenüber und Unabhängigkeit von inhaltlichen Weisungen durch Dritte klarstellen.

→ Den emotionalen *Metarahmen* erfragen. Ist Coaching für den Klienten eine Entwicklungsmaßnahme, eine Strafe, ein Inkompetenzbeweis, eine Förderung, ein Alibi oder einfach Glück?

All diese Fragen, wie der Klient das Coaching sieht und welche Bedeutung er dem Ganzen beimisst, sollten auf jeden Fall nochmals gestellt werden. Bei kontakterschwerendem Metarahmen muss zunächst daran gearbeitet werden. Denn vor jeder Intervention steht eine tragfähige Beziehung zum Coach.

Danach geht es ans „richtige" Arbeiten. Der Coach kann als Einstieg einfach auffordernd schweigen und es dem Klienten überlassen zu beginnen, oder er stellt eine der folgenden Fragen und nutzt bereits eine deutliche Fokussierung in eine bestimmte Richtung (in Klammern die wahrscheinlichen Leadings):

→ *Was kann ich für Sie tun?* (Aktivitätsfokus auf den Coach)
→ *Was möchten Sie gerne für sich tun?* (Ziel, Aktivitätsfokus auf den Klienten)
→ *Was ist Ihr Problem?* (Problemfokus, Sache)
→ *Womit kommen Sie nicht klar?* (Problemfokus, Person)
→ *Was ist Ihr Ziel für diese Stunde?* (Zielfokus, kleine Zeiteinheit)
→ *Wozu sind Sie hier?* (Ziel, größerer Rahmen)
→ *Woran möchten Sie gern arbeiten?* (Präsupposition: der Klient arbeitet)
→ *Wobei soll ich Ihnen helfen?* (Präsupposition: der Coach hilft, der Klient braucht und bekommt Hilfe)
→ *Was möchten Sie gerne verändern?* (Ziel, Identitätslevel)
→ *Worum geht es Ihnen heute?* (Fokus Coachee, kleine Zeiteinheit)

2.3.2 Themenklärung mit dem Z.E.N.T.R.A.L.-Format

Wenn Sie als Coach in der ersten Sitzung gern einer Struktur folgend arbeiten möchten, dann kann sich an die Klärung der o.g. Punkte in der ersten Sitzung das Z.E.N.T.R.A.L. Format anschließen. Wie schon beim C.L.E.E.R. I.T. Format, gibt es damit für den ersten Coachingkontakt ein sinnvolles, strukturiertes Vorgehen. Das Format ist auch zur Informationssammlung am Telefon dienlich, sollte dann aber für eine kurze (!) Beantwortung der Fragen 15 Minuten nicht überschreiten. Für das Telefonat gilt: Der Klient beantwortet die Fragen, der Coach interveniert nicht! Geben Sie sich als Coach ruhig die Erlaubnis zu unterbrechen, wenn der entsprechende Punkt klar ist, sonst ist die erste Stunde überflüssig, und Sie müssen alles noch einmal erfragen.

„Unlösbare Probleme entstehen durch Generalisierung, Tilgung und Verzerrung. Damit sie gelöst werden können, muss man sie spezifizieren, vervollständigen bzw. konkretisieren."
Richard Bandler & John Grinder

Das Z.E.N.T.R.A.L.-Format

Z. =	Ziel der Maßnahme	*Wohin?*
E. =	Effekte der Zielerreichung	*Wozu?*
N. =	Nutzen/Gewinn des Problems	*Warum noch immer?*
T. =	Tiefe bzw. vermutete Ursache des Problems	*Woher?*
R. =	Bisheriger Ressourceneinsatz	*Womit?*
A. =	Auswirkungen des Leidens	*Was noch?*
L. =	Leiden, die Symptome selbst	*Was?*

Die Fragen werden in der *umgekehrten* Reihenfolge zu den Buchstaben oben gestellt:

L. = Leiden
→ *Was ist Ihr Problem/Leiden/Symptom?*
→ *Was bewegt Sie?*
→ *Beschreiben Sie konkret alles, worunter Sie leiden.*

A. = Auswirkungen
→ *Wie wirkt sich das Geschilderte auf Ihre Lebens-/Arbeitssituation aus? Oder welche Auswirkungen befürchten Sie?*
→ *Was (Wie) denken Sie darüber, dass Sie dieses Problem haben (Metagefühl zum Problem – z.B. Klient fühlt sich schuldig oder schämt sich dafür)?*
→ *Wie geht es Ihnen damit, dass Sie das über sich denken? Kennen Sie das?*

R. = Ressourceneinsatz
→ *Was haben Sie schon probiert? Mit welchem Ergebnis? Was soll jetzt passieren?*
→ *Welchen Stellenwert hat das Coaching, welchen soll es haben?*
→ *Wie sind Sie auf mich gekommen? Was soll wie helfen?*

T. = Tiefe
→ *Was denken Sie, ist die Ursache des Problems?*
→ *Wie lange gibt es dieses Problem schon?*
→ *Was denken Sie, wie es entstanden ist bzw. woher es kommt?*
→ *Was glauben Sie, wie lange Sie für die Veränderung brauchen?*

N. = Nutzen
→ *Was denken Sie, warum das Problem trotz Ihrer Bemühungen noch besteht?*
→ *Gibt es etwas, das möglicherweise wichtig oder sinnvoll daran ist oder war?*
→ *Wie wäre es, wenn dieses Thema Sie nicht mehr beschäftigen würde?*
→ *Womit würden Sie sich dann beschäftigen müssen?*

E. = Effekt der Zielerreichung
→ Was wollen Sie erreichen? Für sich, für andere, für die Arbeit?
→ Welche Effekte soll das Coaching haben? Ist das realistisch?
→ Was soll die Lösung des Problems bewirken?

Z. = Ziel
→ Gibt es ein konkretes Ziel?
→ Welches Ziel wollen Sie als erstes im Coaching bearbeiten?
→ Was wäre ein guter Anfang?
→ Was wäre Ihnen zunächst am wichtigsten?
→ Wo ist die meiste Energie?
→ Was bringt am meisten (sog. Triggerveränderung, die weitere Veränderungen automatisch nachzieht)?

Als komplettes Format dient es vor allem der Strukturierung der ersten Coachingsitzung und dauert dann ca. 50 Minuten, wenn der Coach bereits an einigen Stellen nachfragt bzw. interveniert.

2.3.3 Veränderungsüberzeugungen – WAGE ES

Ein Coaching zu beginnen oder mit dem Z.E.N.T.R.A.L. Format einen Veränderungswunsch zu formulieren, ist oft nicht schwer. Der Wünsche sind da viele, es fehlt auch nicht am Wollen, aber dann gestaltet sich das Verändern doch irgendwie als harte Arbeit. Was macht es eigentlich so schwer? Warum ist es so umständlich, ungünstige Gewohnheiten einfach gegen erwünschte auszutauschen?

„Viele Male schaut der Wille durchs Fenster, ehe die Tat durch das Tor schreitet."
Erasmus von Rotterdam

Genetisch ist der Mensch auf Variabilität seiner Verhaltensweisen angelegt. Aber so lange die Dinge funktionieren und das eigene Verhaltensrepertoire einen in die Lage versetzt, die Grundbedürfnisse zu befriedigen, läuft alles wie gehabt. Verändert wird sich erst, wenn es so nicht mehr geht. Aber auch dabei beweisen Menschen eine hohe Leidens- bzw. Gewöhnungsschwelle: Eine Coachingklientin harrte bereits seit zehn Jahren in der Situation aus, dass am Arbeitsplatz niemand mit ihr sprach. Sie hatte sich damit abgefunden, nur noch schriftlich zu kommunizieren. Ein Großteil der Menschen erträgt auch schlechteste Bedingungen, weil man sich ja irgendwann auch an das größte Unglück gewöhnt. Da wir die Wahrnehmung eines Unterschiedes brauchen, um ein Problem zu erkennen, geht es vielen Leuten schlecht, aber immer nur ein wenig, bis sie sich wieder an den Zustand gewöhnt haben. Nach und nach wird die Situation immer schlechter, aber immer nur ein wenig. Die Veränderungsenergie sinkt und Vorstellungen, wie etwas anders sein könnte, lassen immer mehr nach. Der Klient ist wunschlos unglücklich und empfindet sich als „normal". Er fühlt sich nicht richtig schlecht und nicht richtig gut und die Sehnsucht nach dem vitalen, erfüllten Leben wird oft gar nicht mehr bemerkt. Es stellt sich eine resignative Arbeits-, Beziehungs- und Lebenszufriedenheit ein, bei der die Symptome auszuhalten sind. Im Coaching ist man jedoch nicht nur mit Gewöhnungseffekten und sinkender Sehnsuchtsenergie konfrontiert, sondern auch mit unausgesprochenen, oft unbewussten Einstellungen, die Veränderungen erheblich erschweren.

Diese Überzeugungen sind oft kulturgeprägt und/oder wurden von relevanten Beziehungspersonen der eigenen Biografie übernommen. Sie werden als Realität erlebt und selten hinterfragt. Ihre fatale, hemmende Wirkung auf die eigene Lebensgestaltung wird selten erkannt.

Kennen Sie solche Sätze?

„So etwas wie Klavier spielen gibt es gar nicht. Ich habe es mehrfach versucht."
Mark Twain

→ *Es bleibt sowieso alles so, wie es ist.*
→ *Einen alten Baum verpflanzt man nicht.*
→ *Schuster bleib bei deinem Leisten.*
→ *Was Hänschen nicht lernt, lernt Hans nimmer mehr.*
→ *Nur junge Pflanzen sind biegsam.*
→ *Es ist sowieso alles genetisch vorgegeben.*
→ *Das ist mein Charakter, so bin ich nun mal.*
→ *Kinder, die was wollen, kriegen was auf die Bollen.*
→ *Wer morgens schon pfeift, den holt abends die Katz.*
→ *Das war bei uns in der Familie schon immer so.*
→ *Anderen geht es noch viel schlechter als mir.*
→ *Wenn der liebe Gott es anders gewollt hätte, wäre es ja anders.*
→ *Wenn ich das ändere, bin ich ja nicht mehr ich selbst.*
→ *Sollen die Anderen sich doch verändern. An mir ist alles richtig.*
→ *Wenn ich mich jetzt ändere, heißt das, dass ich die Schuld akzeptiere an der Misere.*
→ *An mir liegt's nicht.*
→ *Das ist doch normal. Anderen geht es auch nicht besser.*

Das bedeutet, die erste große Veränderung, die oft gemacht werden muss, ist zu akzeptieren, dass Veränderungen möglich sind, nicht nur generell, sondern auch persönlich, und dass diese Veränderungen erlaubt und gut sind.

Die drei Freiheiten der Veränderung

1. Es ist generell möglich, sich zu verändern. Es ist mir möglich, mich zu verändern.
2. Es ist erlaubt, sich zu verändern. Es ist mir erlaubt, mich zu verändern.
3. Es ist gut, sich zu verändern. Es ist gut für mich, mich zu verändern.

Der Weg zu dieser ressourcenmobilisierenden inneren Einstellung ist manchmal die Hauptarbeit im Coaching. Der Coach unterstützt den Klienten darin:
→ zu erkennen, was er wirklich fühlt und möchte;
→ zu akzeptieren, dass es in Ordnung ist, das für sich zu wollen;
→ aktiv etwas für die Realisierung der Veränderungswünsche zu tun oder um die Erfüllung der Wünsche bitten zu können;
→ die Realisierung, das Erreichen zu genießen und Freude dabei zu empfinden.

Jede Zielerreichung wird durch diese Basisvariablen maximal unterstützt. Die WAGE ES Kriterien können als Gerüst für den Coachingprozess als Ganzes genommen werden. An den einzelnen Punkten wird immer wieder gearbeitet und die positive Beantwortung bezüglich der Realisierung der Punkte wird immer wieder als Evidencekriterium für den Erfolg herangezogen. In jeder Sitzung können ein oder mehrere dieser Punkte zum Thema werden. Ist der Klient mit Hilfe des Coaches in der Lage, in Bezug auf seine Ziele bzw. sich selbst diese Variablen umzusetzen, kann man von einem erfolgreichen Coachingprozess ausgehen.

Kleine Schule der Veränderung: Die W A G E - E S -Kriterien für Veränderungen

Arbeiten Sie mit Ihren Klienten an den WAGE-ES-Kriterien. Jenseits aller Inhalte werden Sie feststellen, so bald ein Klient alle Punkte emotional bejahen kann, sind gewünschte Veränderungen in der Umsetzung kein Problem mehr. Dann kann der Klient sich selber coachen.

W ünsche und persönliche Veränderungsziele überhaupt zu fühlen:
→ *Ich spüre meine Wünsche, Träume, Ziele, Sehnsüchte.*
A kzeptanz zu empfinden für diese persönlichen Wünsche und Ziele:
→ *Ich bejahe meine Wünsche, Träume, Ziele, Sehnsüchte.*
G estaltwerdung ermöglichen oder selbst realisieren können:
→ *Ich kann aktiv etwas zur Realisierung beitragen.*
E ngagement und Energie bei der Realisierung zu erleben:
→ *Ich will es tun und setze mich dafür ein.*
E rfüllung und Stolz nach der Zielerreichung erleben dürfen:
→ *Ich darf den Weg und das Erreichte genießen.*
S inn empfinden über die eigene Weiterentwicklung:
→ *Ich bin richtig und wichtig.*

„Selbstliebe ist der Beginn einer lebenslangen Romanze."
Oscar Wilde

Hindernisse durch unterschiedliche Selbstwirksamkeitserwartungen

Oft gibt es das ein oder andere Veränderungshindernis in den unterschiedlichen Bereichen und Konstellationen, in denen Menschen Probleme empfinden oder Ziele realisieren wollen. Denn je nach Bereich gibt es unterschiedliche Vorstellungen darüber, ob diese Probleme *veränderbar* sind und wie *schwierig* oder *einfach* es ist, sie zu verändern. Kompetenzen und gute Strategien werden oft *kontextbezogen* erlebt und die Selbstwirksamkeitserwartung variiert in den verschiedenen Veränderungsfeldern.

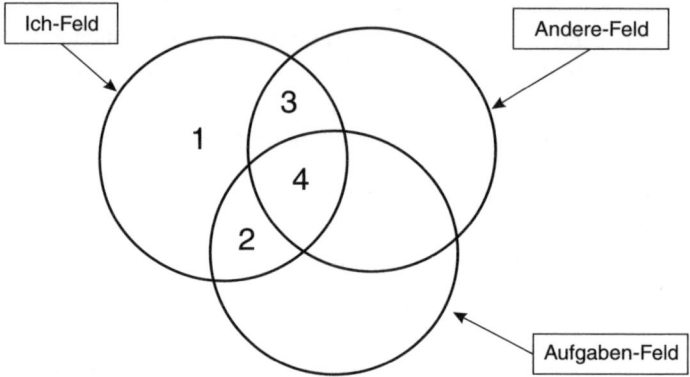

Die unterschiedlichen Veränderungsfelder:
1. Probleme mit sich selbst als Person (z.B. melancholische Stimmungen, körperliche Probleme, Sinnkrisen, Selbstzweifel);
2. mit sich in der Beziehung zu einer Aufgabe (z.B. etwas Präsentieren, eine Leistung erbringen, ein bestimmtes Ziel erreichen, eine Aufgabe lösen);
3. mit sich und Anderen (z.B. allgemeine Sozialkompetenz, Durchsetzungsvermögen, Schüchternheit, Autoritätsprobleme, Beziehungsprobleme);
4. mit sich, einer Aufgabe und Anderen (z.B. das Zusammenleben in einer Beziehung/Familie, Teamarbeit, Führungsverantwortung).

Für all diese Bereiche gibt es unterschiedliche Veränderungsüberzeugungen und angenommene Schwierigkeiten in Bezug auf die WAGE- ES-Kriterien. Während einige Bereiche veränderungsfähig und in der eigenen Kontrolle erlebt werden, sind andere oft unter „gottgegeben" und dauerhaft unveränderbar abgespeichert. Schwierigkeiten in diesen Bereichen werden oft als Schicksal erlebt. Erfolgreiche Strategien in Teilbereichen des Lebens wie der beruflichen Organisation sind scheinbar nicht in andere Bereiche, z.B. Kindererziehung übertragbar. Oder, die in jedem Geschäftsabschluss charismatisch überzeugende Geschäftsfrau schafft es nicht, einen Mann als Partner von ihren Qualitäten zu überzeugen. Die Klärung, wo welche Ressourcen und Veränderungsmöglichkeiten vorhanden sind und gegebenenfalls in andere Bereiche als Strategie transferierbar sind, ist Aufgabe eines guten Coaches.

2.4 Der Coachingprozess

Im Folgenden finden Sie einige Ordnungsvorschläge und Strukturierungsangebote fürs Coaching. Der Einsatz der angebotenen diagnostischen Elemente soll keiner inhaltlichen Etikettierung dienen, sondern eine Möglichkeit geben, die eigene Arbeit selbst besser zu strukturieren und die Auswahl der Interventionen gezielter zu treffen. Entscheiden Sie selbst, was Sie an hilfreichen Denkansätzen verwenden wollen. Die klaren Abgrenzungen und Einteilungen durch die angebotenen Strukturen sind lediglich Metaphern, die einen Nützlichkeitszweck erfüllen.

Die Informationen im Abschnitt 2.4.2 über das Thema Veränderung/Lernen und Gehirnchemie sind neuste Forschungsergebnisse. Das jahrelange Paradigma, dass die Hirnentwicklung im Erwachsenenalter abgeschlossen ist und sich strukturell nichts mehr verändern kann, kann als widerlegt angesehen werden. Das Neuroduale Coaching (NDC) berücksichtigt diese naturwissenschaftlichen Erkenntnisse und versucht, diesen in psychologisch sinnvollen Vorgehensweisen zu entsprechen.

Gehirngerechtes Coachen wird eine der wichtigsten Forderungen in der individuellen Entwicklungsarbeit der nächsten Jahre sein.

Die alte Vorgehensweise: Besprechen, Erkennen, Ändern wird in den nächsten Jahrzehnten durch neurophysiologisch und energetisch adäquate Techniken stark modifiziert oder gänzlich abgelöst werden.

Jeder Coach tut gut daran, die Erkenntnisse der Naturwissenschaft mit in seine Arbeit zu integrieren, in anderen Ordnungsstrukturen zu denken und sich neuen Interventionsmöglichkeiten zu öffnen.

2.4.1 Energiediagnose – Tun, Denken, Sein

Die von Klienten im Coaching vorgebrachten Ziele bzw. Probleme lassen sich neben den Veränderungsfeldern (siehe S. 66) noch in folgender energetisch-hierarchischer Struktur betrachten. Es gibt Themen auf der Ebene des Verhaltens (Doing), des Denkens (Thinking) und des Seins (Being). Die Darstellung der Themen und der Umgang damit lassen sich im Coaching gut am non-verbalen bzw. paraverbalen Verhalten des Klienten erkennen.

Energetisch-systemische Struktur von Coachingthemen

Sein (Being)
Zusammenhang, Zugehörigkeit und Sinn

Denken (Thinking)
Identität, Werte, Einstellungen

Tun (Doing)
Verhalten, Fähigkeiten

© M. Schmidt-Tanger 2004

Ebene 1 (Doing)

Auf der Ebene des Tuns schildern Klienten konkrete Verhaltens- oder Fähigkeitsprobleme in engagierter, aktiver Art und Weise. Meist ist der Klient emotional so nah dran, dass sich das Problem deutlich im nonverbalen Verhalten hier und jetzt zeigt (Gestikulieren, erhobene Stimme, Weinen ...).

Typische Äußerungen auf dieser Problemebene sind:
→ *„Und dann bin ich total eifersüchtig und weiß gar nicht, wie mir geschieht."*
→ *„Mir fehlen dann die Worte, und ich kann nichts sagen."*
→ *„Ich bin richtig ärgerlich und stelle mich im Meeting ungeschickt an. Mein Kollege ist viel gelassener."*
→ *„Ich dreh' mich im Kreis und bin nicht fähig, die Dinge strukturiert zu betrachten."*
→ *„Diese Traurigkeit ergreift mich dann einfach, und ich stehe da und weine."*
→ *„Ich kann nicht gut vortragen und schäme mich, obwohl es völlig unnötig ist."*

Veränderungswünsche auf der Ebene 1 sind am ehesten auf Symptome bezogen. Ein augenblickliches, emotionales Leiden soll minimiert, ein neues Verhalten ausprobiert, neue Fähigkeiten eingeübt werden. Der Klient möchte oft nicht in tiefgreifenden Analysen sein Problem hinterfragen, sondern schnelle Hilfe im konkreten Tun bzw. Erleben erreichen. Seine Veränderungswünsche sind doing-orientiert.

Techniken auf dieser Ebene können sein:
→ konkrete Handlungsstrategien entwickeln;
→ in Rollenspielen etwas ausprobieren/einüben;
→ etwas Neues lernen/sich abschauen/übernehmen;
→ Zeit-/Verhaltenspläne entwerfen;
→ Fähigkeiten aus anderen Bereichen übertragen;
→ Anker etablieren, Anker löschen, Kontexte ändern;
→ inneres symptombezogenes Erleben ändern (z.B. Submodalitäten).

Ebene 2 (Thinking)

Auf einer zweiten Ebene werden Probleme benannt, die etwas mit Einstellungen, Werten, Glaubenssätzen und Identitätsdefinition zu tun haben. Sie werden oft in scheinbar abgeklärter, distanzierter Betrachtungsweise vorgetragen. Das heißt nicht, dass das Leiden geringer ist, die Art der Problemmitteilung ist aber eher ein „darüber reden". Probleme dieser Ebene ergeben sich aus dem Nachdenken über etwas, dem Vergleichen, dem Kommentieren und Bewerten. Innere Konflikte entstehen durch emotionale Loyalitätsverpflichtungen und sich widersprechende Einstellungen und Werte. (Manche dieser Probleme entstehen auch erst durch das „Drübernachdenken" – und wie der Existenzanalytiker Viktor Frankl einmal sagte, „... *ist die Hyperreflexion genau so schädlich wie die Hyperintention*".)

Typische Äußerungen auf dieser Ebene sind:
→ *„Und dann sitze ich da und denke, ich sollte mich schämen, wo ich es doch objektiv gesehen so gut habe."*
→ *„Dann frage ich mich: Ist das eigentlich richtig, was ich tue – oder verrate ich da meine Werte?"*
→ *„So diskutieren wir und diskutieren und ich weiß nicht, auf welcher Seite ich stehen soll und denke die ganze Nacht daran."*
→ *„Und meine Erfahrung ist, dass man Liebe nur bekommt, wenn man etwas dafür tut."*

Auf dieser Ebene werden vor allem die Bewertungen und Bedeutungen von etwas erarbeitet und gegebenenfalls kognitiv umstrukturiert. Der emotionale Teil des Erlebens ist dabei oft abgespalten und muss vom Coach wieder angeboten werden. *(Wie geht es Ihnen damit, dass ...? Was fühlen Sie dabei, wenn Sie mir erzählen, dass ...?)* Die Arbeit auf dieser Ebene führt zu neuen Erkenntnissen und Einsichten. Es wird primär etwas Neues „gedacht" und erkannt. Dann hoffentlich auch etwas Neues gefühlt und getan, sonst bleibt es bei einer rationalen Erkenntnis (der sogenannten **Ein**-sicht).

Techniken auf dieser Ebene sind am ehesten:
→ Arbeit an Einstellungen, Überzeugungen;
→ Klärung von Werten;

- → kognitive Umstrukturierung und Logikhinterfragungen, sokratischer Dialog;
- → Re-Ankopplung an Emotionen, z.B. durch Pro-vocatives Coaching;
- → Nutzung philosophischer Ansätze zur Etablierung eines geistigen Metarahmens;
- → Arbeit mit inneren Teilen (Versöhnung, Integration, Ressourcengenerierung);
- → kreative Ansätze (Malen, Visualisieren, Körperarbeit).

Ebene 3 (Being)

Die dritte Ebene sind Fragestellungen, die das Ich in einen größeren Zusammenhang stellen. Es sind Themen, die oft philosophisch-existenziellen Charakter haben und sich mit Zugehörigkeit, Sinn und Sehnsüchten beschäftigen – es sind zugleich spirituelle Reflexionsebenen, die oft an Scheidepunkten oder in Krisen erreicht werden. Die Sensibilität eines Coaches für existenzielle Fragen (Tod, Einsamkeit, Sinn des Lebens, Freiheit) beeinflusst die Qualität der Beziehung zwischen Coach und Klient enorm und wirkt sich auf jede einzelne Coachingsequenz aus. Es ermöglicht tiefgründige Erlebens- und Betrachtungsweisen, auch wenn sie vielleicht nur in einfachen Worten beschrieben werden.

Typische Fragestellungen:
- → *Will ich noch dazu gehören – zu dieser Ehe, dieser Firma, diesem Land?*
- → *Wozu das alles (nach Scheidung, Arbeitslosigkeit, Tod des Partners)?*
- → *Was will ich jetzt (nach Trennung, Insolvenz, Verlusten)?*
- → *Was ist mir eigentlich wichtig?*
- → *In welchen Zusammenhängen will ich mein Leben gestalten?*
- → *Wo, mit wem, wie und wozu will ich arbeiten/leben/lieben?*
- → *Was ist der Sinn? Mein Sinn? Gibt es einen Gott?*

„Wichtige Fortschritte werden mit der Formulierung neuer Fragen erzielt."
Antonovsky

Die Veränderungen hier sind oft spiritueller Art und enthalten Neudefinitionen des Selbstkonzepts. Neue Zusammenhänge werden gesehen, andere Personen und Lebenskontexte werden wichtig. Philosophische, existenzielle Fragen werden gestellt (auch ohne Antworten zu erwarten). Es geht um Bejahung von Seinserfahrungen (Tod, Krankheit, Einsamkeit, Trennung), Durchleben menschlicher Reifungsprozesse und manchmal die Anerkennung von Schicksalen. Systemische Bewusstseinsebenen bringen hier neue Erkenntnisse und ermöglichen Akzeptanz, Versöhnung und Integration. Ebenen werden erreicht, auf denen das Problem manchmal keines mehr ist und im besten Fall das Erleben von Erfüllung, Zugehörigkeit und Dankbarkeit Raum bekommt.

Anzustrebende, zu entwickelnde Ressourcen sind hier:
- → das *Vertrauen in die eigenen Fähigkeiten* (Wissen, Intuition, Kompetenz);
- → das *Vertrauen in die Fähigkeiten Anderer* (Bindungsfähigkeit, Vertrauen);
- → das *Vertrauen in vorgestellte Kräfte* (Religiosität, Spiritualität).

Auf dieser Ebene ist stärkere Begleitung von philosophischer, lebenserfahrener Art gefragt als wildes „Herumintervenieren mit der Toolkiste". Sinnvoll ist hier die Arbeit mit Imagination und Kontemplation, um den inneren Reichtum in den drei Bereichen zu entdecken und zu entwickeln.

Oft vermischen sich Probleme der Ebenen 1 und 2 und beide Herangehensweisen sind sinnvoll und notwendig. Auch Krisen der Ebene 3 lösen manchmal Probleme von Typ 1 und 2 aus. Bei der Arbeit ist es sicher sinnvoll, darauf zu achten, mit welcher kleinen Intervention bereits eine Wirkung zu erzielen ist. Die Art der Intervention muss nicht immer dramatisch und spektakulär sein, manchmal reichen Kleinigkeiten. Dramatische und spektakuläre Arbeiten sind oft viel Lärm um nichts, und die Kunst besteht eher darin, mit wenig viel zu erreichen.

Die vom Coach verwendeten Interventionen sollten den Ebenen angemessen sein.

Wenn jemand vergisst, seine Blumen zu gießen, muss er nicht immer ein *„spirituelles Problem mit allem Lebendigen"* haben. Auch die Schwierigkeiten beim Bedienen eines Overheadprojektors spiegeln nicht immer ein schweres Familienschicksal wider. Wenn jemand gerade vor einer Woche seinen Ehepartner verloren hat, ist es jedoch respektlos, ein Flirttraining auf der Verhaltensebene anzubieten und den „guten" Ratschlag zu geben: *„Sie müssen im Karneval mal wieder unter Leute gehen."*

Manchmal macht es auch Sinn, das Ziel/Problem des Klienten auf eine andere Ebene zu führen. Stark assoziierten und immer rettungslos in ihre Verhaltensprobleme „verliebten" Klienten (ohne jegliche Emotionskontrolle) kann eine kühlere, distanziertere Betrachtung größerer Zusammenhänge zu neuen Wahlmöglichkeiten verhelfen. Ist jemand jedoch eher ein Meister des „Darüberredens", soll er von der kognitiven, distanzierten Ebene zu einem Erleben geführt werden, das weg vom Reden eine verstärkte emotionale Beteiligung im Hier und Jetzt ermöglicht. Auch in schweren Zeiten und tiefen Sinnkrisen werden einfache Lösungen (wie komme ich von A nach B) im Alltag verlangt, und Klienten fühlen sich wieder lebendig in Kleinigkeiten involviert und dort kompetent und handlungsfähig. – Angemessen reagieren zu können und das Problem nicht „problemiger" zu machen als es ist, bedarf manchmal auch der Zurückhaltung des Coaches.

Als Zusammenhangsraster zwischen Art und Feld des Kliententhemas dient die folgende Übersicht:

Themenmatrix der Coachingfelder

Art / Feld	Ich	Andere	Aufgabe
Doing	Ich singe nicht gern.	Ich kann nicht mit Frauen flirten.	Ich kann kein Vogelhäuschen bauen.
Thinking	Singen ist albern.	Liebe bekommt man nur, wenn man etwas dafür tut.	Man sollte nur etwas anfangen, was man auch gut kann.
Being	Sänger stehlen dem lieben Gott den Tag.	Unsere gesamte Familie lebte immer sehr zurückgezogen.	Als Frau habe ich andere Aufgaben im Leben.

© M. Schmidt-Tanger 2004

2.4.2 Hirnforschung fürs Coaching – Thema Emotionalisierung

Das „emotionale Beteiligtsein", d.h. die Betriebstemperatur ist der Gradmesser der Wirksamkeit eines Coachings und die Grundlage jeder stabilen Veränderungsarbeit. Ohne emotionale Relevanz und wirkliche Beteiligung des Coachees ist es nur „gut, dass man drüber geredet hat". Aber das reicht nicht für ein befriedigendes Ergebnis. Diese Gespräche sind „Pseudo-Coachings", die der Klient so auch mit einem Kollegen am Bartresen führen könnte. Nettes Geplauder, das in der gleichen Form schon Dutzende Male ähnlich verlaufen ist. Im Coaching sollte dies anders sein. Neue Bahnungsprozesse im Gehirn laufen nur dann ab, wenn es eine entsprechende Emotionalisierung gibt. Ohne emotionale Erregung spielt unser Gehirn bei gewünschten Veränderungen nämlich nicht mit. Die Erregung des limbischen Systems (als spezifische Hirnstruktur für die Emotionsverarbeitung zuständig) ist die Grundlage für Veränderungen und ermöglicht erst bei angeregter Ausschüttung neuroplastischer Signalstoffe die Neubildungen und Neustrukturierungen von synaptischen Schaltungen.

Neurophysiologische Veränderungskurve

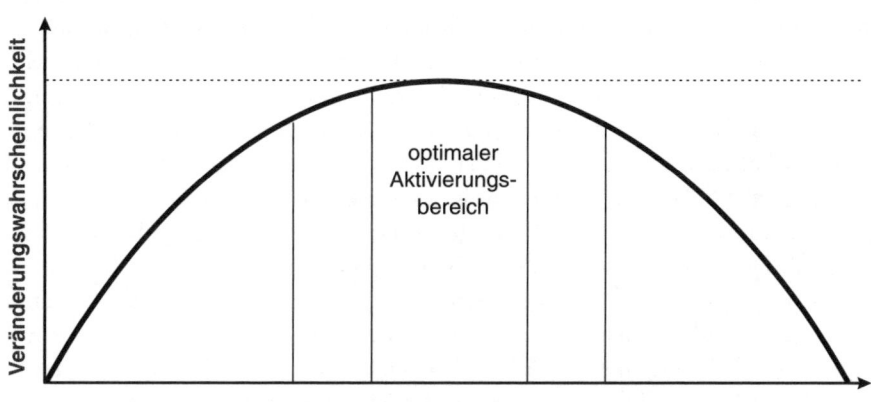

© M. Schmidt-Tanger 2004

Genau wie bei der bekannten Kurve zur Leistungserbringung, gibt es zwischen der Wahrscheinlichkeit einer Veränderung und der emotionalen Erregung einen umgekehrt U-förmigen Zusammenhang. Das heißt, die **Veränderungswahrscheinlichkeit ist dann am größten, wenn die Erregung ein mittleres Niveau hat.**

Ist zu wenig Aktivierung da (in der Abbildung links), fühlt der Klient sich nur „sicher, behütet und hat alles im Griff und kann prima analytisch über die Dinge reden". Diese kühle, distanzierte, lediglich verbale Vorgehensweise im Coaching bringt keinerlei Veränderungen.

Auch ein Übermaß an Aktivierung (in der Abbildung rechts) ist schlecht, es werden dabei lediglich Ur-Impulse mobilisiert und es kommt bei gleichzeitig hoher emotionaler Erregung und Hilflosigkeit lediglich zu entwicklungsgeschichtlichen alten Handlungsmustern wie Flucht und Kampf, schlimmstenfalls bei dauernder Wiederholung der Situationen durch Erzählen (inneres Wiederholen) oder Nacherleben zu einer Re-Traumatisierung.[*]

Zusammenfassend kann man sagen: Mit passender emotionaler Beteiligung, d.h. durch Erhöhung – oder manchmal auch, bei sehr erregten Klienten, durch Reduzierung der Betriebstemperatur – wird eine wesentliche Voraussetzung für gewünschte neuronale Aktivitäten gegeben. Bedenken Sie deshalb stets:

---

[*] An dieser Stelle lohnt sich ein Nachdenken über das in einigen Psychotherapien immer noch verwendete Gedankenmodell der emotionalen Kartharsis. Nach neuesten neurophysiologischen Erkenntnissen ist diese Vorgehensweise eher schädlich und das Modell des „Ausagierens eines aufgestauten Gefühlsreservoirs" unter viel zu hoher Betriebstemperatur ein veraltetes Modell.

Nur wenn es „emotional" wird, wird Neulernen des Gehirns möglich!

Die notwendige emotionale Erregung braucht jedoch, damit sinnvolle Dinge passieren können, als Basis das Gefühl der Kontrolle, Orientierung bzw. der sicheren Bindung. Ist die Erregung zu groß und die Bindung und Kontrolle nicht gegeben, reagiert der Mensch lediglich mit Handlungsmustern, die seit Jahrtausenden bereits gebahnt sind und im Coachingkontext als Widerstand, Gefühlskälte und durch den Abbruch der Beziehung oder Höflichkeitsrapport deutlich werden (siehe Abschnitt 2.6.3). Die im Coaching angestrebten differenzierteren Veränderungsbereiche (Einstellungen, Werte, Identität) werden vom Coachee nur bei einem Gefühl von Sicherheit und Orientierung angenommen. Sicherheit, die, wenn der Coachee sie nicht hat, über die Bereitstellung einer vertrauensvollen Beziehung bereitgestellt werden muss. (Hier unterscheidet sich auch das Coaching von der Therapie, die bei starken psychischen Störungen und Orientierungslosigkeit lange, stabile und verlässliche Beziehungen anbieten und einhalten muss.)

Auf welcher Ebene unser Gehirn angesprochen wird, hängt vom Grad der erlebten *Sicherheit (Bindung)* und dem Grad der *Erregung (Aktivierung)* ab.

Organisationsstufen des Gehirns (Hirnrinde) nach Prof. Dr. Gerald Hüther*

Ebene	mit den handlungsleitenden Bereichen
4. *Selbstbilder, Meta-Repräsentanzen*	„Ich" Funktion
3. *Motivation*	Leitbilder, Ziele und Orientierung
2. *sozial-emotionale Kompetenz*	Haltung, Verantwortung, Empathie
1. *Impulskontrolle*	Handlungsplanung und Folgeabschätzung

Die Stufen, auf denen unsere handlungsleitenden Muster („innere Bilder") im Gehirn angeordnet sind, lassen sich nach Hüther folgendermaßen definieren:

Die *„unterste"* **Ebene** ist die Ebene der **reinen Impulskontrolle** mit ihrer *Handlungsplanung* und *Folgeabschätzung*. Befinden wir uns in Überaktiviertheit auf dieser Stufe, ist lediglich eine wenig differenzierte Kampf- oder Fluchtaktion möglich. Jeder kennt den Zustand, wenn bei übermäßiger Erregung – ohne emotionale Sicherheit – steuerungslos der „Neandertaler" in einem durchbricht.

---

* NLP-kundige Leser erkennen hier, dass die logischen Ebenen nach Bateson und Dilts hier fast eine neurophysiologische Entsprechung finden – siehe auch Abschnitt 2.4.3.

Auf der **zweiten Ebene** folgt die *sozial-emotionale Kompetenz* mit *Verantwortung*, *Empathiefähigkeit* und *sozialer Werthaltung*. Für die Nutzung dieser Ebene braucht es bereits ein ausgeglicheneres Verhältnis zwischen Erregung und Sicherheit, sonst verliert der Mensch hier sein Mitgefühl und die Fähigkeit, sich in jemand anderen hineinversetzen zu können.

Die **dritte Ebene** umfasst dann die *Motivation* mit *Leitbildern*, *Zielen* und *Orientierung* und führt bei Bindungsstörung und zu starker Erregung zu motivationalen Inkongruenzen, Handlungsverwirrung und Ziellosigkeit.

Die **vierte** und „**oberste**" **Ebene** enthält die so genannten „*Selbstbilder*" und bildet als „*Ich*"-*Funktion* die Ebene der Meta-Repräsentanzen mit Selbstwirksamkeitskonzepten und Selbstwertgefühlen. Gibt es hier Störungen, wird das komplette Selbstbild und das „in der Welt sein" in Frage gestellt. Voraussetzung für die Arbeit auf „passenden" Ebenen ist die neuroduale Vorgehensweise mit der Bereitstellung einer hierfür notwendigen, sicheren emotionalen Beziehung (Rapport, Präzision) und aktivierender Erregung des limbischen Systems (Betriebstemperatur, Pro-vocation).

(Anhand der Ebenen kann auch „unpassendes" psychotherapeutisches Vorgehen beschrieben werden, wenn z.B. bei mangelnder sicherer Beziehung zu Coach/Therapeut bzw. bestehender „mitgebrachter" Bindungsstörung des Klienten – siehe auch Grawe 2004 – mit stark aktivierenden Interventionen gearbeitet wird und dadurch eventuell psychische Störungen ausgelöst werden. Beim Coaching geht man häufig davon aus, dass die Coachees psychisch gesund – im Sinne von „bindungssicher" – sind, doch dies ist oft ein Irrtum. Coaches tun sich demnach keinen Gefallen und handeln ignorant, wenn sie notwendige psychotherapeutische Kenntnisse als nicht zum Coaching gehörend abtun.)

2.4.3 Die Steuerung der Betriebstemperatur – Neuroduales Vorgehen

Die Grundlage des Neurodualen Coachings (NDC) ist die Tatsache, dass es ohne emotionale Aktivierung keine hinreichende Erregung des limbischen Systems gibt. Diese Fähigkeit zur Generierung der emotionalen Relevanz hat nicht jeder Coach und deshalb passiert in Coachings oft nichts, außer einem netten Gespräch.

In unseren Coaching-Audits, die wir für Firmen mit dem Wunsch nach Auswahl bzw. Überprüfung ihrer Coaches durchführen, ist neben der Überprüfung überdurchschnittlicher sprachlicher Kompetenzen (siehe auch Abschnitt 2.5) die Fähigkeit emotionale Relevanz zu erzeugen die wichtigste, wenn es um die Bewertung von Coaches bzw. Coachings geht.

Mit dem Neurodualen Coaching (NDC), den beiden Vorgehensweisen beziehungsweise den Werkzeugen der Präzision und Pro-vocation, ist der Coach jederzeit in der Lage, die emotionale Betriebstemperatur zu steuern und Veränderungen zu ermöglichen.

Der Coach benötigt dazu die Fähigkeit, jederzeit zu wissen, an welcher Stelle sich der Coachingprozess gerade befindet und mit welcher Temperatur gearbeitet wird. Es geht darum, den emotional roten Faden zu halten, ein mögliches Ausweichen von Seiten des Coachees zu registrieren und die gezielte Erregung des limbischen Systems anzustreben.

„Was hilft alle Erkenntnis, wenn die Kraft fehlt?"
Theodor Storm

Mit zwei Variablen kann man sich im Coaching dabei sehr gut orientieren: die eine ist das ***„Feld der Intervention"***, die andere die ***„Betriebstemperatur"***.

Unabhängig vom jeweiligen Inhalt kann ich feststellen, ob der Klient über sein Problem (P), sein Ziel (Z) oder über Ressourcen (R) spricht. Das Feld der Interventionen (PZR) lässt sich dabei gut mit den Kochplatten eines Herdes vergleichen. Auf welcher Platte steht der Topf?

Beispiele für die Felder – Klient:
→ *„Ich weiß nicht, was ich machen soll. Es ist alles so schwierig."* (Problemfeld)
→ *„Ich will unbedingt weiterkommen an diesem Punkt."* (Zielfeld)
→ *„Ich habe schon mit einem Freund darüber gesprochen, der das vor drei Jahren auch geschafft hat."* (Ressourcenfeld)

Die andere Variable ist die „Betriebstemperatur" des Prozesses und die Frage, um im Kochplattenbild zu bleiben, wie „heiß" ist diese Platte – d.h. wie emotional bewegt, engagiert, involviert ist der Klient? Mit wie viel innerer Beteiligung wird das Thema erlebt? Kann sich etwas verändern, etwas „Neues gekocht" werden, oder wird lediglich die Küche besichtigt bzw. das Rezept vorgelesen?

Beide Variablen kann der Coach durch gezielte Fragen steuern. So wird z.B. das Feld „Problem (P)" durch eine Frage nach dem „Ziel (Z)" oder den „Ressourcen (R)" verlassen. Die Erhöhung oder Senkung der „Betriebstemperatur" geschieht ebenfalls über Fragen bzw. Anweisungen oder Vorschläge. Alles, was die Person stärker zum Thema hinführt, erhöht die innere Beteiligung. Alles, was die Person das Thema mit Abstand erleben lässt, kühlt den Prozess ab. Die Wahl des richtigen Arbeitsfeldes und der richtigen Temperatur machen einen guten Prozess aus. Wichtig ist das Bewusstsein des Coaches über das jeweilige Feld, um einen Wechsel des Klienten zu bemerken oder anzuregen. Manche Töpfe stehen ewig auf der falschen Platte oder haben die falsche Temperatur. Sie sind viel zu kalt, so dass nichts passiert, oder sie sind viel zu heiß, so dass das Thema zu emotional ist und anbrennt (Re-Traumatisierung).

Manchmal sind noch keine oder die falschen Zutaten im Topf. Die wichtigsten Ressourcen (Salz, Zucker) sind noch nicht aufgebaut (innere Stabilisierung) oder werden in unpassenden Mengen zu ungünstigen Zeitpunkten in die falschen Töpfe gegeben.

Als Coach im Business besteht selten die Anforderung, die Betriebstemperatur senken zu müssen, es ist eher eine Herausforderung, eine relevante Betriebstemperatur bei Klienten zu erreichen, die oft genug unbeteiligt sagen: *„Mir geht es normal, ich fühle nichts. So weit ist alles ganz in Ordnung ..."*

Zum wichtigen Punkt der *Verstärkung der emotionalen Relevanz* nachfolgend einige nützliche Hilfestellungen:

Was kann der Coach zur Steigerung der Betriebstemperatur tun?

Stabilisieren und Verdichten von kurzen Intensitätsmomenten

Augenblicke der Nachdenklichkeit/Zentriertheit/Beteiligung werden verlangsamt, fokussiert und verstärkt:
Klientin: *„Nein so ist es nicht, aber ich muss schon aufpassen ..."*
Coach: *„Bleiben Sie dabei ... für einen Moment ... und lassen sich noch einmal wissen, wie Ihr Erleben ist, wenn Sie sagen: ‚Ich muss schon aufpassen' – ... was passiert da in Ihnen? Welches Gefühl haben Sie dann? Bleiben Sie einmal dabei."*

Re-Orientieren mit Hilfe des eigenen Zitates

Aussagen werden wiederholt, so dass der Klient noch einmal die emotionale Wirkung seines Satzes spüren kann:
Coach: *„Halten Sie mal für einen Moment inne und vergegenwärtigen Sie sich noch einmal, wie Sie eben gesagt haben »Zitat, verbal und nonverbal« ... und in dem Moment, wo Sie »Zitat« sagen, was erleben Sie da ... jetzt ... hier ... ?"*
„... gibt es da, jetzt, in diesem Moment, etwas, das in einer bestimmten Weise im Vordergrund ist, und wo Sie innerlich in Kontakt kommen mit einem bestimmten Gefühl ... ?"
Dies sind hypnotische Sprachmuster, um eine bestimmte Intensität zu erreichen – Sie können aber auch einfach den Satz wiederholen und abwarten:
Klient: *„Ich bin mit allem immer allein."*
Coach: *„Ich bin mit allem immer allein."* (Schauen, warten, sacken lassen.)

Perspektivenwechsel und Mustersuche

Sich wiederholende Muster werden gesucht, um den Zusammenhang zu eventuellen Auslösesituationen oder übergreifenderen Themen herzustellen:

Klient: *„Ich fühle mich von mir selbst in eine Richtung gedrängt."*
Coach: *„Woher kommt diese metaphorische Beschreibung? Wo gab es mal eine Situation in Ihrem Leben, in der Sie etwas erlebt haben, das zu tun hatte mit ‚Richtung', ‚Drängen', mit ‚ich wurde gedrängt', ‚in eine Richtung gedrängt' (der Coach kombiniert die Worte und Begriffe als Suchinstruktion für den Klienten) …?"*

Psychogeografie nutzen/Externalisierung von Zusammenhängen

Der Coach versucht mit Hilfe von Gegenständen, die im Raum ausgelegt werden, Zusammenhänge in Systemen und Beziehungen zwischen Menschen, Themen, Kategorien etc. zu visualisieren. Der Klient oder der Coach legen dazu Steine, Papierkreise oder Gegenstände auf den Boden oder machen Zeichnungen auf dem Tisch oder an der Wand:
Coach: *„Lassen Sie uns das, was Sie gerade erzählt haben, einmal im Raum deutlich werden. Nehmen Sie diese Steine und legen Sie sie so im Raum aus, dass die Beziehungen zwischen den Beteiligten durch den Abstand der Steine zum Ausdruck kommen. Lassen Sie sich beim Auslegen ganz von Ihrem Gefühl der Nähe und des Abstands führen …"*

Beziehung zum Coach nutzen

Der Coach meldet seine eigenen Gefühle im Hier und Jetzt des Coachingkontextes zurück. Nicht als Wahrheit, sondern als neugierige, interessierte Anfrage an den Klienten (Achtung: kein Blaming, keine Schuldzuweisungen etc. dabei!):
Coach: *„Wenn Sie mir jetzt so darüber berichten, wie Sie sich dem Thema bisher angenähert haben und auch, wie Sie jetzt im Moment damit umgehen, empfinde ich eine gewisse Resignation und erlebe Sie mir gegenüber dennoch als ungeduldig. Können Sie mit dieser Beschreibung etwas anfangen?"*

„Heilige Momente" erlauben und aushalten können

Die Intensivierung von Coachingkontakten hat viel damit zu tun, dass der Coach in der Lage ist, „heilige Momente" auszuhalten und durch Warten, Nicken, Schauen und Schweigen das Ansteigen der emotionalen Relevanz erlaubt und nicht durch vorschnelles Dazwischenreden und den Drang „was-machen-zu-müssen" diesen Prozess unterbricht.

„Begreifen ändert nur bei gleichzeitiger Ergriffenheit."
M. Schmidt-Tanger

Drei Minuten Schweigen und Dabeibleiben ist eine phantastische Intervention. Mit dem Punkt „Schweigen und Warten" haben vor allem Coaches Schwierigkeiten, die die inneren Antreiber „beeil dich" und „streng dich an" haben und meinen, bei einer Pause sofort mit einer neuen Intervention kommen zu müssen. Üben Sie Zurückhaltung!

2.4.4 Wichtige Grundlagen für einen guten Coach

Folgende Kriterien machen einen *professionellen Coach* aus und sind neben guter Ausbildung, Erfahrung, mutiger Unkonventionalität und psychologischer Selbsterfahrung wichtige Grundlagen für erfolgreiches Coaching:

1. flexibles Beherrschen der unterschiedlichen Wahrnehmungspositionen
2. Steuerungsfähigkeit für Rapport und Betriebstemperatur
3. mentale Flexibilität und kreative Ausdruckskraft
4. Kontaktstärke und emotionale Schwingungsfähigkeit

1. Flexibles Beherrschen der drei Wahrnehmungspositionen (paralleles Bewusstsein)

Das heißt, es sollte ein möglichst paralleles Bewusstsein geben über die eigene Person (ich-assoziiert), das emphatische Einfühlen in den Klienten (du-assoziiert) und über den Prozess bzw. die Beziehung zwischen Coach und Klient (Metaposition). Das Einnehmen dieser verschiedenen Wahrnehmungspositionen erlaubt das Kontrollieren des Prozesses und das Verstehen der auftretenden Kommunikationsmuster.

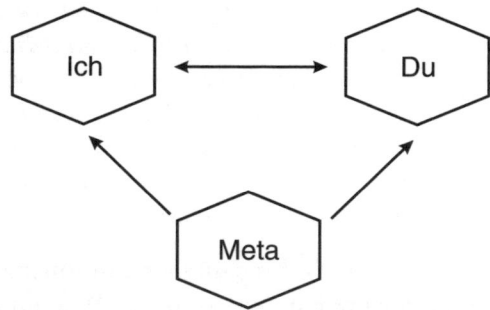

„Was wir tatsächlich mit Information meinen – die elementare Informationseinheit –, ist der Unterschied, der einen Unterschied macht."
Gregory Bateson

Um das parallele Bewusstsein zu üben, kann man immer wieder zwischen den einzelnen Wahrnehmungspositionen wechseln.

Ich-Assoziation
Bin ich in der Ich-Assoziation bedeutet das: Ich wende mich ganz meinen Gefühlen, Gedanken, Assoziationen und Ideen zu, die ich im Augenblick habe – z.B. mit der Frage: *„Wie geht es mir gerade, was empfinde ich, wenn ich das sehe und höre? Welche Informationen in mir, aus meinem Erleben, kann ich für den Coachingprozess nutzen? Welche verrückten Ideen, Bilder, Gefühle steigen beim Zuhören in mir auf?"*

Über diese Innenbetrachtung und das Wahrnehmen meiner emotionalen Resonanzen bzw. „Mitschwingphantasien" erhalte ich Hinweise auf Unausgesprochenes, Inkongruentes oder Verstecktes und kann diese Elemente in den Prozess mit einbringen. Der Coach bringt sich in Verbindung mit seiner erfahrenen Wahrnehmungsfähigkeit, seiner unkonventionellen Kreativität und lässt Ideen aufsteigen.

Du-Assoziation

Die Position der „Du-Assoziation" entsteht durch Empathie: *„Was fühlt, denkt, erlebt mein Gegenüber wohl? Wie würde es mir an seiner Stelle gehen? Welche Wahrnehmungen machen in seiner Landkarte Sinn? Wie mag es ihm mit mir, mit der Situation gehen?"*

Dieses Hineinfühlen und Verstehenwollen erleichtert den Rapport, da der Klient sich maximal angenommen und verstanden fühlen kann. Das Nachfühlen und Mitschwingen in der „Realität" des Klienten ermöglicht tiefes Verstehen des Ungesagten und auch das Nachempfinden körperlicher Zustände (deshalb sollte es auch nicht zu lange gemacht werden).

Meta-Position

„Klar sieht, wer von Ferne sieht – nebelhaft, wer Anteil nimmt."
Laotse

Die Metaposition kann ich üben, indem ich während des Prozesses geistig z.B. ab und an an die Zimmerdecke schwebe und das Ganze von einer anderen Warte aus betrachte: *„Was passiert da unten zwischen diesen beiden Personen? Was gibt es konkret sinnesspezifisch wahrzunehmen? Was kann man sehen und hören? Wie gehen diese Personen miteinander um? Welche Metapher passt, und gibt es andere, gegen die man sie eintauschen kann? Woran erinnert mich die Interaktion (Mutter-Kind, Beichtvater-Sünder)? Gibt es irgendwelche Reiz-Reaktionsketten (kalibrierte Schleifen)? Auf welche Weise wird das Problem des Klienten in der Interaktion mit dem Coach re-inszeniert und kann auf diese Weise besser erkannt werden? Wie kann der Coach diese Beziehungsinformationen nutzen, um einen Pattern Break zu ermöglichen? Welche Ideen über die Art des Problems gibt es aus dieser Position?"*

Alle drei Positionen ergeben eine Wahrnehmungsschnittmenge, die die Informationen aus allen drei Bereichen vereint und somit den Weg zur genauen Erfassung des wirklich Wichtigen ermöglicht.

Deshalb an dieser Stelle meine Empfehlung: *Trainieren Sie die Positionen einzeln erst in längeren, dann in immer kürzeren Sequenzen. Ein wunderbares Übungsfeld für die unterschiedlichen Wahrnehmungspositionen sind auch langweilige Meetings oder unvermeidliche Familienfeiern.*

2. Steuerungsfähigkeiten der Betriebstemperatur

Hierbei geht es darum, dass der Coach in der Lage ist mit „Gas und Bremse" umzugehen und wahrzunehmen, welche Wirkungen seine verschiedenen Interventionen haben. Es geht ja nicht um „autistisches Vor-sich-hin-arbeiten", sondern um einen emotional relevanten, verändernden Interaktionsprozess. Der Coach hat die Erfahrung und Kompetenz, die Betriebstemperatur zu steuern, Wirkungen zu verstärken, aufzufangen und produktiv zu verwerten. Die Verwendung von Interventionen, die „schwierige/heftige" Reaktionen mit starken Gefühlen auslösen, erfordert persönliche und methodische Kompetenz im Umgang mit verbalen und vor allem nonverbalen Reaktionen des Coachee (siehe Abschnitt 2.6.4).

Dafür sollte immer wieder das Thema Wahrnehmungsgenauigkeit vertieft und geübt werden und sich nicht nur großformatig auf die Beantwortung der Frage „*Atmet der Klient noch?*" beziehen.

Auch hier meine Empfehlung: *Werden Sie Wahrnehmungsprofi. Üben Sie genaues Hinsehen und Hinhören und die Einschätzung der Betriebstemperatur. Trainieren Sie den gezielten Umgang mit Gas und Bremse (neroduales Vorgehen). Erzeugen und gestalten Sie relevante Momente in Ihrem Alltag! Riskieren Sie sich und schauen Sie, was passiert.*

3. Mentale Flexibilität und kreative Ausdruckskraft

Aktives, mentales Zustandsmanagement bedeutet, die Fähigkeit zu haben, jederzeit Einfluss auf seinen eigenen inneren Zustand, seine Gedankengänge nehmen zu können. Üben Sie, sich selbst in verschiedenen gedanklichen Zuständen wahrzunehmen, zu kontrollieren und sich gedanklich aktiv zu verändern.

Haben Sie den Eindruck, Sie bewegen sich im Coaching inhaltlich in einer „Wahrheit", einer zutreffenden „richtigen" Bewertung, ermöglichen Sie sich sofort ein Höchstmaß an mentaler Flexibilität, indem Sie denken: *„Alles könnte auch ganz anders sein!"* Überwinden Sie eigene Blockaden und gestatten Sie sich gedanklich emotionale Grenzüberschreitungen. Spielen Sie mit Übertreibungen – einfach weiterdenken, querdenken und nicht bange werden. Diese mentale Variationsbreite hat enorme Auswirkungen auf Ihre Kreativität: Nutzen sie „andere", auch „verrückte" Elemente und Ideen und bringen Sie diese zum Ausdruck.

Meine Empfehlung: *Beschäftigen Sie sich mit ungewöhnlichen und neuen Dingen und erweitern Sie Ihre Eindrucks- und Ausdrucksfähigkeit. Lesen Sie Bücher, die wenig oder gar nichts mit Ihrer Tätigkeit zu tun haben (vielleicht etwas über Biochemie, Religion, Architektur, Geographie), stellen Sie Zusammenhänge zum Coaching her und finden Sie neue Lebens- und Interventionsideen.*

„Der Geist soll sich gewöhnen, seine Freuden aus sich selbst zu schöpfen."
Demokrit

4. Kontaktstärke und emotionale Schwingungsfähigkeit

Als Coach sollte man sich bewusst sein, dass man oft der einzige Zuschauer bei großen Dramen, starken Gefühlen und tiefem Kontakt des Klienten mit sich selbst ist. Man sollte dies würdigen und es sich nicht allzu oft hinter professionell-stereotypen Lehrbuchinterventionen bequem machen, sondern die erhöhte Betriebstemperatur dieser Art von Arbeit auch bei sich selbst zulassen. Die Kompetenz bzw. Erfahrung, auf emotionaler Ebene dabeibleiben zu können, eignen Sie sich am besten über Eigenerfahrung als Klient an. Die Teilnahme an Selbsterfahrungsseminaren, Coachings oder Therapiestunden in den unterschiedlichsten Bereichen ist dafür sehr hilfreich. Der Umgang mit eigenen und fremden starken Gefühlen kann hierbei am besten erlebt und „ausgehalten" werden. Denken Sie hin und wieder an die Metapher: *Wer auf dem Meeresboden war, hat keine Angst mehr vor Pfützen.*

Am sinnvollsten ist es, diese Erfahrungen in Gruppen zu machen, da auch über das Erleben und Beobachten der Prozesse bei anderen Teilnehmern die gesamte Variationsbreite des emotionalen Verhaltens erfahren werden kann.

Daher meine Empfehlung: *Nehmen Sie selbst Therapie-/Coachingstunden – immer wieder. Die eigene Erfahrung als Coachee macht jedes Ihrer Coachings besser. Nehmen Sie an Gruppencoachings teil, um anderen Coaches bei der Arbeit zuzusehen.*

2.5 Sprache als wichtigstes Prozesswerkzeug

Jeder Mensch lebt in einer ganz persönlichen Welt, die durch Wahrnehmungsselektion, Tilgung, Verzerrung und Generalisierung sehr individuell ausgestaltet ist. Unsere einzigartige genetische Ausstattung und die für jeden unterschiedliche persönliche Entwicklungsgeschichte führt zu sehr differenzierten subjektiven inneren Gegebenheiten. Daher stellen sich in jedem Coaching folgende entscheidende Fragen: *In welcher Welt lebt der Klient eigentlich? Wie denkt er, welche Kausalitäten stellt er her? Was sind seine Werte und Ziele? Welche Bedeutungen erlebt er für bestimmte Zusammenhänge? Welche Identitätsdefinition hat er?*

Der Coach hat die Aufgabe, die individuelle Landkarte des Klienten zu explorieren und mit dem Klienten zusammen zu entscheiden, inwieweit seine Art der Wahrnehmung, seine Einstellungen und Denkfilter nützlich für die Erreichung seiner persönlichen Ziele und seine Entwicklung sind.

Zusätzlich zu allen hilfreichen Formaten der präzisen Bearbeitung von Problemen und Zielen der Klienten ist eine der wichtigsten Voraussetzungen für verändernde Arbeit – neben der Herstellung emotionaler Relevanz – der *exzellente Sprachgebrauch des Coaches*. Im Coaching müssen immer wieder lösungsfördernde Neuformulierungen angeboten werden, um Ressourcen zu aktivieren, auf die bisher noch kein Zugriff besteht.

„Eine Sprache mit Geschick handhaben heißt, eine Art Beschwörungszauber treiben."
Charles Baudelaire

2.5.1 Change-Talk – Sprache der Veränderung

Wir sprechen dauernd über uns, unser Leben, kommentieren unsere Gedanken und unsere Handlungen. Eine kleine Veränderung in diesem äußeren und natürlich auch inneren Gespräch kann einen entscheidenden Unterschied bringen für die Art, wie wir denken und fühlen. Es ist wichtig, Klienten darin anzuerkennen, wo sie zurzeit stehen und dies zu akzeptieren. Das reicht aber nicht aus, um gewünschte Veränderungen zu erwirken. Change-Talk umfasst verschiedene Möglichkeiten, Sprache zu verwenden, um ans Tageslicht zu holen, was Klienten bewusst und unbewusst wissen und können und so Wandlung zu ermöglichen. Diese für den Klienten neue Art der Kommunikation in Bezug auf sein Problem/Ziel bringt häufig schon so große Veränderungen hervor, dass man sich komplexe Modelle und Formate sparen kann.

Eine neue Aufmerksamkeitsfokussierung ist immer der Schlüssel für neue Lösungen! Immer wieder erlebe ich bei der Auftragserteilung, dass Vorgesetzte beispielsweise sagen: *„Wir sind ein Team, das so wie es ist keine Ergebnisse produzieren kann. Das ist eben so."* Dann ist es Aufgabe des Coaches, diese Diagnose kompetenzorientiert umzuformulieren – zum Beispiel: *„Sie sind ein Team, das im Moment noch nicht in ausreichendem Maße kommuniziert."* In diese Aussage ist bereits als kleine Veränderung eine Vorannahme eingebaut, nämlich dass das Team nur noch nicht ausreichend kommuniziert, und dass sich das ändern kann. Verwendet der Coach Change-Talk konsequent, erschließen sich dabei immer neue, kleine, sprachliche Unterschiede, die dann immer größer werden und durch die Flexibilisierung des inneren Dialogs neues Handeln ermöglichen. Bieten Sie Ihren Klienten Lösungstrance an – statt Problemtrancen zu vertiefen. Mit Change-Talk Mustern wird den Coachees geholfen zu erkennen, dass Veränderungen möglich sind. Sie bekommen ein Gefühl dafür, wie es ist, wenn Schwierigkeiten gelöst sind – und sie kommen in Kontakt mit Ressourcen, um die konkreten Schritte zu gehen, die notwendig sind, um die gewünschten Veränderungen zu bewerkstelligen.

Im Folgenden finden Sie eine unverzichtbare Auswahl von Change-Talk Mustern:

Akzeptieren Sie keine festen Diagnosen oder Etikettierungen!

„Nur das Wort gibt den Dingen Realität."
Oscar Wilde

Diagnosen sind illusorische Versuche Genauigkeit zu schaffen, wo diese weder möglich noch wünschenswert ist. Etikettierungen verleiten dazu, alle Informationen auf diesem festgelegten Hintergrund wahrzunehmen und selektiv andere Informationen auszublenden oder dem Etikett anzupassen. Eine Fremd- oder Selbst„diagnose" verengt das Gesichtsfeld und mindert die Chancen, den Coachee als komplexen Menschen zu erleben. Die Aufgabe eines Coaches ist daher „Verflüssigung" dieser Zuschreibungen durch Umformulierung von Traits (Persönlichkeitszügen/Eigenschaften/ Diagnosen) zu States (situationsbezogenen Zuständen, komplexen Verhaltensweisen). Aus einer problembezogenen „Charaktereigenschaft" kann eine <u>veränderungsfähige</u> „Situationsbeschreibung" werden.

Kl.: *Ich bin beziehungsunfähig.*
C.: *Heißt das, es ist Ihnen bisher noch niemand begegnet für die Beziehung, die Sie führen möchten?*

Kl.: *Das ist alles mein frustrierter Egoismus.*
C.: *Was heißt das genau? Hört sich so an, als ob im Augenblick Ihre Wünsche nur schwer erfüllt würden? Sehnen Sie sich nach etwas?*

Kl.: *Ich glaube, meine Mitarbeiter haben ein Aufmerksamkeits-Defizit Syndrom oder ein Autoritätsproblem mit mir.*
C.: *Ihnen hört niemand richtig zu?*

Kl.: *Meine Schlaflosigkeit muss unbedingt bekämpft werden.*
C.: *Sie sagten, Sie gehen ins Bett und liegen dann ein Weile wach und regen sich auf, oder was passiert dann genau?*

Kl.: *Diese Melancholie habe ich von meiner Großmutter.*
C.: *Sie sind im Augenblick sehr niedergeschlagen?*

Hierbei geht es nicht darum, ernsthafte Angelegenheiten herunterzuspielen, sondern vor allem um die Wiederherstellung der eigenen Handlungsfähigkeit und das Betonen der Einzigartigkeit der Erfahrung eines jeden Individuums, die oft nach erfolgter Kategorisierung nicht sehr veränderungsfähig erscheint. Meiden Sie als Coach dabei medizinischen Jargon, Kategorisierungen des Klienten und eigentlich alle Nominalisierungen (Depression, Verantwortungslosigkeit, Unzuverlässigkeit etc.), die eine Unveränderbarkeit des Zustandes suggerieren. Verwandeln Sie diese Etiketten wieder in eine Abfolge körperlicher und seelischer Prozesse. Machen Sie aus scheinbar feststehenden Dingen wieder veränderbare Handlungen.

Kommunizieren Sie die Erreichbarkeit von Zielen

Das Vertrauen des Coaches in die Erreichbarkeit von Zielen bzw. in die Veränderungsfähigkeit des Klienten ermöglicht einen Großteil des Erfolgs. Diese positive Grundhaltung wird deutlich bei der Verwendung von Wörtern wie „wird", „werden", „dann" (siehe auch HEPP Kriterien in meinem Buch *„Veränderungscoaching"*).

Kl.: *Ich bin zu schüchtern, um mich um einen neuen Job zu bewerben.*
C.: *Wenn Sie sich beworben haben, ist das dann ein Zeichen dafür, dass die Dinge in die richtige Richtung laufen?*

Kl.: *Ich habe heute gedacht, dass diese Lustlosigkeit schon ewig dauert.*
C.: *Woran werden Sie bemerken, wenn Sie wieder „lustvoller" werden? Wenn Sie beginnen, sich langsam besser zu fühlen, werden Sie dann wieder mehr Sport betreiben so wie früher oder eher neue Freunde besuchen? Was wird genau passieren?*

Lassen Sie Zustände skalieren und quantifizieren

Häufig hilft eine Einschätzung des Leidens auf einer Prozentskala, dem Ganzen einen anderen Rahmen zu geben. Die Veränderungen sind quasi messbar und auch die rigide Einteilung in zwei Zustände (gut – schlecht, Depression – Glück) wird aufgeweicht. Die Veränderung wird eher als Prozess begreifbar, bei dem man sich auf dem richtigen Weg befindet und einen Trend, eine Richtung erkennen kann.

Kl.: *Meine Arbeit ist eine Katastrophe, da muss alles anders werden.*
C.: *Wie viel Prozent Ihrer Arbeit sind zur Zeit o.k., mit wieviel Prozent können Sie leben und wie viel Prozent wollen Sie sofort verändern?*

Kl.: *Ich fühle mich einfach nur miserabel, wenn ich an den bevorstehenden Vortrag denke.*
C.: *Wo stehen Sie da bei einer Skala von 1 bis 10, wobei 10 „völlig fertig" bedeutet? Wo befinden Sie sich da mit Ihrem Gefühl?*

Kl.: *Bei Sieben.*
C.: *O.k. – doch die drei Anteile, die noch übrig sind, was ist das? Vielleicht doch etwas Vorfreude oder das Wissen um Ihre Kompetenzen oder die Erfahrung, dass es schon zweimal gut gegangen ist. Was sind diese 30 Prozent und wollen Sie das noch weiter ausbauen?*

> „Ein Mensch bleibt stehen und schaut zurück und sieht, sein Unglück war sein Glück."
> Eugen Roth

Wechseln Sie den Bezugsrahmen und die Bedeutung

Wird eine Klage in einen anderen Bezugsrahmen gesetzt, gibt das die Möglichkeit, an anderen Stellen weiterzudenken. Wählen Sie einen Rahmen, der eine zusätzliche Kompetenzdiagnose beinhaltet – mit Zuschreibungen anderer Absichten, Änderungen in der Kausalkette oder nützlicheren Erklärungen als vorher. Wird dies vom Klienten angenommen, haben wir ein Reframing (Neudeutung) erreicht.

Kl.: *Ich traue mich nicht, meine Gefühle zu zeigen.*
C.: *Sie sind also sehr sparsam und dosieren Ihre Energien wohlüberlegt.*

Kl.: *Mein Mann sagt, ich mache total den falschen Job.*
C.: *Es scheint so, als ob Ihr Mann auf andere Dinge achtet als Sie, um Entscheidungen zu treffen. Dann ergänzen sich ja wahrscheinlich Ihre Einschätzungen.*

Kl.: *Mein Team kann sich keine 10 Minuten in Ruhe zuhören.*
C.: *Da haben Sie wahrscheinlich eine sehr aufgeweckte, engagierte Gruppe.*

Präzisieren und hinterfragen Sie Aussagen

Lassen Sie Klienten genau beschreiben, um was es geht. Schwammige Probleme und wolkige Ziele führen zu Nachtwanderungen im Nebel, d.h. der Coach taucht dann oft in seine eigenen Vorstellungen ab und interveniert in seinen eigenen Phantasien. Präzision in der Beschreibung verhindert Generalisierungen, löst Tilgungen und Verzerrungen auf und führt zu einem differenzierten Erleben von Einmaligkeit.

Kl.: *Mein Chef kann mich nicht leiden.*
C.: *Was genau sehen oder hören Sie? Was passiert genau, bevor Sie zu dieser Einschätzung kommen?*

Kl.: *Mein Job würde ja viel besser laufen, wenn meine Frau nicht komplett chaotisch wäre.*
C.: *Denken Sie da an eine bestimmte Situation, wo das Verhalten Ihrer Frau Auswirkungen auf Sie und Ihren Job hatte? Was war das genau?*

Kl.: *Immer bin ich irgendwie innen so unkreativ.*
C.: *Was heißt innen? Was heißt unkreativ? Was heißt irgendwie?*

Fördern Sie die Toleranz für Mehrdeutigkeit

Ermöglichen Sie dem Klienten den Wechsel vom Entweder-Oder zum Sowohl-als-auch. Weichen Sie starre Positionen auf, in denen der Coachee in rigider Weise daran festhält, dass nur eine Sicht/Einschätzung/Beurteilung etc. möglich ist und er sich im Hin und Her zwischen Alternativen quält. Viele Menschen sind alles andere als eindeutig und oft ist die Energie für die verschiedenen Alternativen gleich groß. Wirken Sie daraufhin, dass im Leben viele Dinge nebeneinander stehen können und es nicht immer eindeutige Informationen gibt, um etwas entscheiden zu können. Erhöhen Sie die Ambiguitätstoleranz des Klienten, d.h. die Fähigkeiten, mit widersprüchlichen Informationen zu leben, Mehrdeutigkeiten auszuhalten und unterschiedliche Optionen – statt als Bedrohung – als Bereicherung erleben zu können.

„In der Wirklichkeit erkennen wir nichts, die Wahrheit liegt in der Tiefe."
Demokrit

Oft ist das Erleben flexibler emotionaler Zustände und die Erlaubnis zur Widersprüchlichkeit der Schlüssel, um wieder Bewegung ins innere System zu bringen.

Kl.: *Im Job muss man sich halt entscheiden, ob man Karriere machen will und sich reinhängt oder ob man seiner Lust folgt.*
C.: *Wie wäre es für Sie, wenn beides möglich wäre – welche Art von Position schwebt Ihnen dann vor?*

Kl.: *Man kann seine Eltern nicht lieben, wenn man soviel erlebt hat wie ich. Aber ohne seine Eltern wenigstens ein bisschen zu lieben, kann man ja auch eigentlich nicht wirklich glücklich werden.*
C.: *Ich höre daraus, dass Sie nach einem inneren Modell suchen, bei dem der Respekt für sich selbst und gleichzeitig die Liebe zu Ihren Eltern möglich werden?*

Aktivieren Sie Ressourcen über Wunder-, Zauber-, Traumfragen

Die resignative Energielosigkeit von Klienten äußert sich oft darin, dass sie keine Vorstellung mehr von dem entwickeln können, wie es besser sein könnte, d.h. was Träume, Ideen oder Wünsche sind. Oftmals ist es nur noch die Abwesenheit des Problems, des Symptoms, was angestrebt wird. Wenn es schwierig wird für Klienten, Veränderungen überhaupt zu denken, setzen sie einen „Als-Ob-Rahmen". Mit der Zauber-, Wunder-, Feenfrage (vgl. de Shazer) kann manchmal motivierende Klarheit in eine Situation gebracht werden, oder das Explorieren des „Wolke-Sieben-Zustands" bringt längst vergessene Ideen, Lebensträume und Lebenskräfte wieder hervor. Spielen Sie mit allen möglichen und unmöglichen Szenarien.

Kl.: *Ich möchte endlich ein harmonisches Leben mit meiner Familie führen.*
C.: *Angenommen eine Fee erfüllt Ihnen diesen Wunsch, und Sie kommen abends nach Hause und schauen sich um, was genau ist dann passiert? Schildern Sie mir das einmal ganz detailliert. Was finden Sie vor, wie sind Sie selbst, was tun Sie genau in dieser ersten halben Stunde, die Sie nach Hause kommen?*

Kl.: *Es läuft eigentlich gar nichts mehr richtig. Der Job nicht, die Beziehung nicht.*
C.: *Lassen Sie uns einmal so tun, als ob Ihre wildesten Träume wahr wären, Ihre verrücktesten Phantasien, Ihre sehnsuchtsvollsten Vorstellungen. Wie genau sähe dann Ihr Leben aus?*

Fokussieren Sie auf gewünschte Effekte

Oft formulieren Klienten statische, abstrakte Zustände als Ziele (Karriere im Job, schlanke Figur, Selbstbewusstsein). Oftmals hilft eine Frage nach dem gewünschten Effekt, ein Ziel stärker zu präzisieren. Vielen Klienten geht es gar nicht um die konkrete Zielerreichung, sondern um den daraus erhofften Effekt (Selbstbewusstsein – um sich dann für einen anderen Job zu bewerben; Karriere im Job – um dann die Anerkennung des Vaters zu bekommen). Oft lassen sich die Effekte auch auf anderen Wegen erzielen als über die Erreichung des ausgewählten Ziels.

„Glück besteht aus einem soliden Bankkonto, einer guten Köchin und einer tadellosen Verdauung."
Jean-Jacques Rousseau

Kl.: *Ich suche immer den perfekten Job, dann hätte ich es nämlich geschafft.*
C.: *Was genau hätten Sie dann geschafft? Auf welcher Suche befinden Sie sich? Was wäre sichergestellt, wenn Sie diese Art von Job hätten?*

Kl.: *Ich möchte unbedingt beweisen, dass ich das kann.*
C.: *Was ist so wichtig daran? Was würde dieser Beweis für Sie bedeuten?*

Formulieren Sie verhaltensbezogen

Lassen Sie Klienten so oft es geht verhaltensbezogene Beschreibungen von Zielen vornehmen, damit die Klarheit und der Aufforderungscharakter der angestrebten

Veränderung bestehen bleiben. Zu große, sprachlich abstrakte Ziele bleiben Ideale, während pragmatische, verhaltensbezogene Teil- und Zwischenziele helfen, die Aufmerksamkeit zu fokussieren und spezifisch vorzugehen.

Kl.: *Ich möchte eine Vorzeigeehe führen.*
C.: *Und nun: Come to Reality-Country. Was sind die Dinge, die Ihnen zeigen würden: „Wir sind als Paar auf dem richtigen Weg"? Was würden Sie konkret tun?*

Kl.: *Ich werde komplett mit der Schlamperei und Unzuverlässigkeit aufhören.*
C.: *Ein großes Ziel. Woran werden Sie heute Nachmittag schon erkennen, dass Sie auf dem Weg sind? Und was wird morgen früh das erste Anzeichen der fortschreitenden Zielerreichung sein?*

Betrachten Sie Schwierigkeiten und Probleme als Phasen

Manche Menschen, besonders diejenigen, die eher ein „Punktzeitgefühl" haben und deutlich gegenwartsbezogen leben, haben oft den Eindruck, die Dinge würden sich nie verändern. Sie fühlen sich jetzt schlecht und – so ihre Sicht – das wird auch so bleiben. Hier besonders, aber natürlich auch in anderen Fällen, ist es sinnvoll, die Schwierigkeiten lebensabschnittsbezogen zu rahmen, so dass das was geschieht immer einen Phasencharakter hat. Die Wörter „bisher" oder „bis jetzt" können hilfreich sein oder auch die Verwendung der Vergangenheitsform in der Problembeschreibung.

„Die Rede ist die Kunst, Glauben zu wecken."
Artistoteles

Kl.: *Ich glaube, ich kann kein Team führen.*
C.: *Bisher haben Sie noch keine Erfahrungen gemacht, wie Sie sie sich gewünscht hätten?*

Kl.: *Seit dem Examen bin ich total lustlos, habe überhaupt keinen Antrieb mehr und werde so wohl nie eine Stelle bekommen.*
C.: *Oh je, dass hört sich an nach der 3-Monats-Zielerreichungs-Depression der Jungakademiker.*

Kl.: *Erst habe ich so hoffnungsvoll den Job gewechselt, und jetzt werde ich wohl wieder 10 Jahre Enttäuschung erleben.*
C.: *Da kennen Sie sich ja schon bestens aus. Was müssten Sie denn tun, um diese Phase um die Hälfte abzukürzen?*

Kl.: *Ich werde nie ein guter Trainer. Jetzt habe ich schon fünf Trainings gegeben und bin immer noch total aufgeregt vor einer neuen Gruppe.*
C.: *Ich kenne Profis, bei denen hat es 10 Jahre gedauert, bis dieses Lampenfieber nachließ. Sie arrangierten sich damit und fingen an, es zu lieben. Wäre das was für Sie?*

Machen Sie den Klienten zur handelnden Person

Stellen Sie immer den Klienten in das Zentrum der Aktivität, besonders wenn es um kompetenzbezogene Handlungen geht. Was hat der Klient dazu beigetragen, etwas zu verändern, welche (alte) Strategie hat er genutzt, welche Hilfe hat er sich geholt, welche positiven Denkmuster aktiviert? Diese Vorgehensweise macht neben der inhaltlichen Zielerreichung deutlich, dass der Klient handlungsfähig und handlungswillig ist, und dass nichts ohne sein Zutun einfach so passiert. Diese Überzeugung wirkt der Hilflosigkeit und Hoffnungslosigkeit, den Stuck States der Veränderungsarbeit, immer wieder in homöopathischen Dosen entgegen. Der verbal immer wieder angebotene internale locus of control (interne Kontrollüberzeugung) verhilft zum Gefühl der Selbstwirksamkeit, einer Grundvoraussetzung für Veränderung.

Kl.: *Und dann wurde es einfach großartig zwischen der Kollegin und mir.*
C.: *Was von all dem, was Sie getan haben, hat am meisten dazu beigetragen, dass es besser wurde?*

Kl.: *Als ich das erste Mal diesen Kundenkontakt in den Sand gesetzt habe, habe ich mich schrecklich gefühlt.*
C.: *Und was haben Sie getan, um trotzdem wieder hingehen zu können?*

Kl.: *Mein Chef bringt mich dazu, dass ich in den Meetings direkt losschreien könnte.*
C.: *Und wie haben Sie das hingekriegt, bis nach dem Meeting zu warten?*

Machen Sie aus Vorwürfen Wünsche – die Revers-Strategie

„Wenn du eine weise Antwort willst, musst du vernünftig fragen."
J.W. von Goethe

Vorwürfe sind oft unausgesprochene Wünsche und Probleme, sie sind die Soll-/Ist-Abweichung, an deren anderem Ende ein Ziel steht. Die sprachliche Fokussierung des Wunsches oder Ziels ist der erste Schritt zu den Möglichkeiten ihrer Erreichung. Die Umformulierung bringt oft einen deutlichen Wechsel der emotionalen Stimmung mit sich, ohne dass die Klienten selbst schon etwas tun müssten. Dies ist besonders hilfreich in Konflikt-Coachings mit mehr als einer Person.

Kl.: *Ich fühle mich unendlich verlassen in meinem Arbeitsteam.*
C.: *Heißt das, Sie möchten gern wieder den Zustand der Zugehörigkeit und Unterstützung erleben?*

Kl.: *Das habe ich alles schon hundertmal gehört, und es hat sich nicht verändert.*
C.: *Und jetzt möchten Sie, dass sich wirklich was ändert, dass Sie wirklich glauben können?*

Kl.: *Alles was sie tut, ist nur auf sich bezogen.*
C.: *Möchten Sie mehr wahrgenommen werden, oder was ist Ihr Wunsch?*

Finden Sie Kompetenzen und weiten Sie sie aus

Häufig scheinen bestimmte Kompetenzen der Klienten ihnen nur in bestimmten Situationen zur Verfügung zu stehen. Der Klient ist noch nie auf die Idee gekommen, diese bestimmten Fähigkeiten als generalisierte situationsübergreifende Kompetenzen zu betrachten, da in der speziellen Problemsituation der Zugang dazu völlig fehlen kann. Je stärker ein Klient in die Problemsituation involviert ist, umso schwieriger ist es, überhaupt etwas anders denken zu können, was nicht zu diesem Problem gehört. Diese enge Kontextualisierung von Fähigkeiten lässt sich aufheben, indem der Coach den Zusammenhang zwischen unterschiedlichen Kontexten anbietet oder erleben lässt.

Kl.: *Ich weiß nicht, was ich da tun soll.*
C.: *Sie haben mir doch vor einer Weile erzählt, dass Sie sehr gut mit dem Hausmeister klarkommen, weil Sie quasi seine Sprache sprechen. Vielleicht wäre das auch eine Strategie mit diesem Kollegen?*

Kl.: *Ich hab es aufgegeben, die verstehen sowieso nicht, was ich meine.*
C.: *Sie haben doch früher in einer PR-Agentur gearbeitet. Wie haben Sie da die Menschen von Ihren Ideen überzeugt?*

Fokussieren Sie das „Andere"

Finden Sie im Gespräch die Dinge, die funktionieren, machen Sie auf Ausnahmen aufmerksam und verdeutlichen Sie die Strategien in den problemfreien Abschnitten. Hier erlebt der Klient die Möglichkeit, sich selbst zu modellieren aus Kontexten, in denen er bereits etwas kann bzw. erlebt, dass das Gewünschte bereits da ist und nur noch verstärkt zu werden braucht. Auch der Rückgriff auf alte funktionierende Strategien kann angeregt werden. Manchmal ist die Kindheit eine Fundgrube für kraftvolle, unkonventionelle Muster. Oder es ist möglich, sich etwas von Modellen und Vorbildern abzuschauen und einfach nachzumachen. Wobei viele Klienten allerdings manchmal eine Erlaubnis brauchen, etwas einfach zu kopieren.

„Sprache ist das Haus des Seins."
Martin Heidegger

Kl.: *Seit meiner Trennung bin ich mit allem allein.*
C.: *Es scheint, dass Sie zurzeit etwas einsam sind. Gibt es Zeiten, in denen Sie allein sind, aber nicht wirklich einsam?*

Kl.: *Der Kontakt mit unserem wichtigsten Lieferanten ist sehr unerfreulich, und ich habe nur noch wenige Ideen, die Stimmung zu verbessern.*
C.: *Was von dem, was Sie bisher versucht haben, hatte denn einen Effekt und ließ Sie etwas Hoffnung schöpfen?*

Kl.: *Das war schon immer so chaotisch in unserem Team.*
C.: *Welche Aufgaben haben Sie in der Vergangenheit denn trotzdem gut erledigen können?*

Intervenieren Sie im übergreifenden Muster

Versuchen Sie bei all den Details, die Ihnen erzählt werden, Muster, generalisierte Verhaltensweisen bzw. Ablaufstrategien zu erkennen. Das Entdecken und Rückmelden dieser Generalisierungen führt beim Klienten oft zu Aha-Erlebnissen und setzt eine Welle von Erkenntnisprozessen frei. Intervenieren Sie dann lieber in diesem übergreifenden Muster. Diese Veränderungen sind weitreichender und dauerhafter.

Kl.: *Ich fange immer alles mit Feuereifer an, und dann lasse ich es versanden.*
C.: *Erzählen Sie mir mehr über diese perfekte „Versandungsstrategie", vielleicht können wir sie nutzen, um auch unerwünschte Gewohnheiten versanden zu lassen.*

„Gedenke zu leben, wage es, glücklich zu sein."
J.W. von Goethe

Kl.: *Ich habe so viel Respekt vor meinem Chef, dass ich manchmal gar nicht sprechen kann, wenn er mich etwas fragt.*
C.: *Das erinnert mich an Ihre Schulzeit und an das, was Sie mir von Ihrem Vater erzählt haben. Erleben Sie einen Zusammenhang zwischen diesen Situationen?*

Kl.: *Ich fühle mich einfach total unausgelastet im Job.*
C.: *Das hört sich so an, als ob Sie das Gefühl hätten, unter Ihren Möglichkeiten zu leben. Trifft das auch noch auf andere Bereiche Ihres Lebens zu?*

Die 15 CHANGE-TALK Muster

→ Akzeptieren Sie keine festen Diagnosen oder Etikettierungen.
→ Kommunizieren Sie die Erreichbarkeit von Zielen.
→ Lassen Sie Zustände skalieren und quantifizieren.
→ Wechseln Sie den Bezugsrahmen und die Bedeutung.
→ Präzisieren und hinterfragen Sie Aussagen.
→ Fördern Sie die Toleranz für Mehrdeutigkeit.
→ Aktivieren Sie Ressourcen über Wunder-, Zauber-, Traumfragen.
→ Fokussieren Sie auf gewünschte Effekte.
→ Formulieren Sie verhaltensbezogen.
→ Betrachten Sie Schwierigkeiten und Probleme als Phasen.
→ Machen Sie den Klienten zur handelnden Person.
→ Machen Sie aus Vorwürfen Wünsche. Die Revers-Strategie.
→ Finden Sie Kompetenzen und weiten Sie sie aus.
→ Fokussieren Sie auf das „Andere".
→ Intervenieren Sie im übergreifenden Muster.

2.5.2 Coachinghandwerk – unverzichtbare Fragetypen

Fragen sind im Coaching das wichtigste Werkzeug. Sie bewusst und professionell zu stellen, macht die Qualität einer guten Intervention aus. Fragen dienen neben der Informationssammlung vor allem dem Hineinführen in bestimmte innere Zustände. Fragen erzeugen geistige/emotionale Prozesse, sie vertiefen Physiologien. Dieses Vertiefen von Zuständen ermöglicht eine deutliche Wahrnehmung aller wichtigen Aspekte des Zustands – und zwar in allen Sinnessystemen. Durch das Suchen der jeweiligen Antworten muss das Gegenüber sich in den entsprechenden inneren Zustand hineinbegeben. Dieses Hineinbegeben wiederum lässt sich gezielt lenken. Die Verstärkung der Gefühle ist dabei ein erwünschter und steuerbarer Effekt. Deshalb ist es wichtig zu wissen, in welche Richtung ich frage – um mir diese Richtung immer wieder bewusst zu machen. Jenseits aller formalen Modelle und Formate lebt der Interventionsprozess von den richtigen Fragen zum richtigen Zeitpunkt.

12 wichtige Fragetypen fürs Coaching

Im Folgenden finden Sie die 12 wichtigsten Fragetypen für das Coaching – mit den entsprechenden Beispielen sowie Hinweisen für ihre Verwendung bzw. Wirkung.

1. Akzeptierende/klärende Wiederholung

Beispiel: *Habe ich Sie richtig verstanden, dass ... Aha, Sie denken also ... .*
Baut Kontakt auf, vermittelt Interesse und emotionale Akzeptanz. Zur Erkundung des Modells der Welt. Vermeidet Missverständnisse und zu frühe Einengung des Themas. Zum „Reinkommen" in den Prozess geeignet – auch zur Tempoverlangsamung und zum Vertiefen von Gefühlen durch das Rückspiegeln relevanter Aussagen.

2. Konkretisierungsfragen

Beispiel: *Wer? Was? Wie genau? Immer? Nie? Alle? Man sollte? Wer sagt das?*
Fragen, die Tilgungen, Verzerrungen, Generalisierungen auflösen. Zur Erforschung der Tiefenstruktur, d.h. des Erfahrungshintergrunds einer sprachlichen Äußerung, zur Klärung und Bewusstmachung von sprachlichen Inhalten.

3. Fragen, die ins Ziel führen

Beispiel: *Was möchten Sie erreichen? Wie genau soll die Lösung aussehen? Was ist Ihr Ziel? Wobei soll ich Ihnen helfen?*

Zur Vertiefung von Zielzuständen, d.h. des inneren Abbildens des Zielzustandes in allen Sinnessystemen.

4. Fragen, die Ressourcen aktivieren

Beispiel: *Wer/Was könnte Ihnen helfen? Welche Ihrer Fähigkeiten wären hier besonders nützlich? Worauf können Sie sich in herausfordernden Situationen immer verlassen? Was würde XY an Ihrer Stelle tun?*
Zur Aktivierung positiver, problemlösender, zielerreichender Zustände. Zur emotionalen Entlastung des Klienten durch Fokussierung auf Fähigkeiten.

5. Fragen, die hin zur Person oder weg von der Person führen

Fragen zur Aktivierung oder Beruhigung der emotionalen Beteiligung.
Beispiel-Fragen, die zur Person hinführen: *Und was bedeutet dieses Problem der Firma für Sie ganz persönlich? Und wie finden Sie persönlich diese Veränderungsvorschläge?*
Beispiel-Fragen, die von der Person wegführen: *Was bedeuten Ihre Schwierigkeiten für die gesamte Abteilung? Wie passt diese Veränderung in die allgemeine Lage Ihrer Organisation? Wie ist die allgemeine politische Haltung zu diesen Zielen?*
Zum Anheben oder Absenken der „Betriebstemperatur", d.h. der emotionalen Beteiligung.

6. Fragen auf unterschiedlichen logischen Ebenen

(Verhalten, Fähigkeiten, Einstellungen/Werte, Identität, Zugehörigkeit, Vision/Mission)
Beispiel: *Was genau tun Sie, wenn das passiert?* (Verhalten) *Welche Fähigkeiten brauchen Sie, um ... ?* (Fähigkeiten) *Was denken Sie über sich, die Welt und andere Menschen, wenn das eintritt? Was muss man glauben, um das zu können?* (Einstellung) *Was ist Ihnen wichtig dabei? Warum tun Sie das?* (Werte) *Wer sind Sie in solchen Augenblicken?* (Identität) *Zu wem gehören Sie, wenn Sie diese Entscheidung treffen? Wozu ist das wichtig? Was bedeutet das für Sie, für die Firma?* (Zugehörigkeit, Vision/Mission)
Zur Klärung der Gesamtheit des Problems, zur Diagnose der am stärksten beteiligten Ebene und zur Interventionsplanung. Zur Fokusverschiebung und zum Wechsel der vom Klienten gewählten Ebenen.

7. Fragen zum Wechsel der Denkprogramme und Filter

Das betrifft z.B. Fragen zur Wahrnehmungsgröße.
Beispiel: *Wie sieht der größere Zusammenhang aus? Wer ist noch beteiligt?* (groß) *Welche genauen Details sind noch zu klären? Womit beginnen Sie genau?* (klein) Erhöhung der geistigen Flexibilität. Fokuswechsel.

8. Reframing Fragen

Beispiel: *In welchem Zusammenhang könnte das Problem sogar nützlich sein? Haben Sie schon einmal an die Vorteile gedacht, die dieser Sachverhalt mit sich bringt? Und Sie wollen wirklich etwas verändern!? Wirklich?*
Geeignet zur Anhebung der Betriebstemperatur, des Energielevels durch Provocation. Versöhnung durch Fokuslenkung, Perspektivenwechsel.

9. Emotions Fragen

Fragen, die Emotionen klären und emotionale Wertungen abfragen.
Beispiel: *Und wie geht es Ihnen damit? Sie scheinen ärgerlich zu sein, kann das sein? Wie fühlen Sie sich bei dem Gedanken an ... .? Was ist bzw. war das vorherrschende Gefühl dabei?*
Wechsel von der analytischen Ebene zur stärkeren emotionalen Erfassung des Ziels/Problems.

10. Hier-und-Jetzt Fragen

Beispiel: *Wie geht es Ihnen gerade? Was ist für Sie gerade wichtig? Was fühlen Sie gerade? Wie geht es Ihnen jetzt, während Sie mir das erzählen?*
Rückführung aus der Vergangenheits-/Zukunftsarbeit ins Hier und Jetzt. Prozesspause. Zwischencheck, was im Augenblick, jetzt gerade für den Klienten wichtig ist, wichtig geworden ist. Zur weiteren Prozesssteuerung, eventueller Themenwechsel. Fokussierung bestimmter Inhalte. Klärung von Emotionen. Prozessinformation für den Coach.

11. Ökologie Fragen

Beispiel: *Was sagt Ihr(e) Frau/Mann/Familie/Chef(in) zu diesen Veränderungen? Gibt es einen Preis für Veränderungen – und sind Sie bereit ihn zu zahlen? Wer ist noch betroffen, wenn das Neue eingeführt wird? Welche Konsequenzen hat dieser Schritt?*
Zur Absicherung der geplanten Veränderung. Ausweitung des Fokus auf das gesamte System. Klärung von zu erwartenden Störungen, Einbeziehung von Hindernissen, Berücksichtigung von relevanten Informationen.

12. Transfer Fragen

Beispiel: *Welchen Schritt werden Sie jetzt konkret als ersten gehen? In welchen drei Situationen wird das, was Sie gerade hier erfahren haben, für Sie von Relevanz sein? Woran genau werden Sie erkennen, dass hier das alte und dort das neue Verhalten angebracht ist?*
Zur Verankerung des neuen Verhaltens. Probehandeln in der Zukunft. Konkretisierung, Spezifizierung von Situationen.

Zusammenfassend zum eben Gesagten sei festgehalten:
a) Der Coach sollte sich jederzeit bewusst sein, in welche Richtung er fragt, in welche Physiologien er führt, welche logische Ebene er anspricht und was sein/ihr Ziel ist.
b) Die Beantwortung von Fragen findet „innen" statt. Die Information, die dann für den Coach verbalisiert wird, ist zweitrangig.
c) Und für alle Antworten auf Fragen* gilt: *Höre auf das, was der Klient mitteilt – und nicht nur auf das, was er sagt!*

2.5.3 Gute Formulierungen sind Freunde des Ziels

Die Arbeit an Zielen ist ein Hauptfokus im Coaching. Oft kommen Coachees mit unklaren oder emotionslosen Zielen, manchmal sind die geäußerten Ziele auch nicht ihre eigenen, oder sie haben gar keine, sondern leiden „nur" unter einer bestimmten Situation, die einfach „anders" sein soll. Ziele, die wirklich die Mühe wert sind, an ihnen zu arbeiten, führen beim Klienten zu inspirierten und vitaleren Zuständen. Wobei eine deutliche Weg-von-Motivation, ein kraftvolles „So, Schluss, aus, das halt ich nicht mehr aus" durchaus Ziele mit der nötigen Veränderungsenergie ausstattet. Es muss nicht immer das viel gepriesene positive Ziel sein. Zu wissen, was man nicht will, erleichtert manche Veränderung schon enorm. Eine sehr nützliche Kombination ist eine starke „Weg-von-Energie" mit einer positiven Formulierung für den Zielzustand. Das Weg-von leistet Rückenwind und das Zielbild vermittelt eine Richtung nach vorn.

„Viele Menschen sind ja sehr zielstrebig, leider streben sie mehr als dass sie zielen."
Anonym

Folgende Schritte sollten bei der Zielformulierung berücksichtigt werden:

I. Zunächst ist bei allen gewünschten Zielen sicherzustellen, dass das Ziel **selbstinitiierbar** und aufrecht erhaltbar ist, d.h. die allererste Frage geht in die Richtung, eine realistische Eigenverantwortung und Eigenkontrolle für die Zielerreichung zu erkennen oder – falls noch nicht vorhanden – diese zu schaffen. Beispiel: Aus *„Mein Chef soll mich mehr loben"* wird *„Ich verhalte mich im morgigen Meeting so, dass ein Lob meines Vorgesetzten wahrscheinlich wird"*. Auch beim Wunsch nach einem Lottogewinn oder dem Traumjob gilt es immer, jene Anteile zu identifizieren, die selbst beeinflussbar sind wie Lottoschein ausfüllen oder Bewerbungen schreiben.

---

* Zusätzliche Informationen zum Thema Fragetechnik – mit zahlreichen konkreten Anwendungsbeispielen – finden Sie in meinem Buch *„Veränderungscoaching"*.

II. Alle Ziele sollten **klar** formuliert werden und möglichst **ohne Vergleiche** (besser, höher, schneller, weiter) auskommen – denn sobald sprachlich ein nicht erwünschter Anteil mit in der Zielformulierung versteckt ist, wird dieser beim Nachdenken über das Ziel automatisch mitaktiviert. Beispielsweise erschwert die Zielformulierung *„Wir wollen besser sein als die Konkurrenz"* die Konzentration auf die eigenen Stärken und bringt geistig immer das Bild der Konkurrenz ins Denken. Der Satz: *„Es soll mir besser gehen als vorher"* beinhaltet den Anteil aus der Vergangenheit, bei dem es mir schlecht ging – und dies aktiviert wieder die Gedanken und Gefühle dieses unerwünschten Zustandes.

Vergleichsformulierungen führen manchmal jedoch zu einer starken Weg-von-Motivation, so dass es sinnvoll sein kann, zu Anfang damit zu arbeiten, bis die Formulierung vom Klienten umgewandelt werden kann.

III. Dass die Zielformulierung eine **positive** sein sollte, ist sicherlich hinlänglich bekannt. Wenn ich weiß, was ich anstrebe, bündeln sich meine bewussten und unbewussten Energien automatisch. Es ist wesentlich sinnvoller zu formulieren: *„Ich möchte in der nächsten Geschäftsverhandlung mindestens dreimal das Wort ergreifen"* als das Ziel: *„Ich will nicht, dass man mich nicht zu Wort kommen lässt."*

IV. Das Ziel sollte sehr **konkret** auf der Verhaltensebene formuliert sein, damit der Coachee genau weiß, was zu tun ist und welche Ressourcen zu aktivieren sind. Viele Ziele oder besser Absichtserklärungen sind auf relativ hohem, abstraktem Niveau, z.B.: *„Ich möchte gesund und glücklich leben."* Bei dieser Formulierung gibt es keinerlei Handlungsanweisungen, und es ist schwierig zu überprüfen, ob ich eine im Sinne des Ziels richtige Handlung durchführe. Je konkreter die Handlungsanweisung, desto einfacher die Durchführung: *„Begrüßen Sie jeden Gast mit Namen"* ist klarer als die Formulierung: *„Seien Sie bitte an der Rezeption etwas dienstleistungsorientierter."*

V. Das fünfte Kriterium ist die **klare Definition des Kontextes** bzw. des Zusammenhangs, in dem das Zielverhalten gezeigt werden soll. Alles (angemessene) Verhalten bezieht sich immer auf einen spezifischen Kontext – und auch nur dort macht es Sinn. Die Klarheit bezüglich des Verhaltenskontextes ermöglicht das Erlernen einer situationsbezogenen Variabilität und beinhaltet als Zusatzziel, sich unabhängig von einem rigiden *„So bin ich nun mal"* flexibel verhalten zu können. So wie in einem Kleiderschrank ein Bikini, ein Abendkleid, Schwangerschaftskleider und ein Judoanzug hängen können, und ich diese zur passenden Gelegenheit trage, ohne meine Persönlichkeit zu verlieren (was manchmal beim Wechsel von Verhaltensweisen von Klienten befürchtet wird). Ziel ist es, sich ein reichhaltiges Verhaltensrepertoire anzueignen und zu wissen, in welcher Situation es adäquat ist.

2.5.4 Empowerment – mehr Kraft fürs Handeln

> „Man muss sie sehr behutsam ausfragen nach Knabenträumen (Mädchenträumen, d.V.), Knabenwünschen (Mädchenwünschen, d.V.) und danach, was sie wirklich gern tun möchten."
> Milton H. Erickson

Das Empowerment Modell zur Energetisierung von Zielen ist ein Format für Klienten, denen die Energie fehlt, ihre Wünsche zu realisieren.

Ziele werden im Coaching oft so emotionslos vorgetragen, wie die Börsenkurse im Radio. Die Klienten haben jeglichen emotionalen Bezug zu ihrem sprachlich geäußerten Ziel verloren. Sie sind nach wie vor an der Zielerreichung interessiert, aber die Inspiration und Vitalität, die sie vielleicht erlebten, als sie das Ziel das erste Mal formulierten, ist längst verschwunden. Das Ziel ist nur noch kognitive Absichtserklärung, aber kein handlungsrelevantes Streben mehr. Ludwig Wittgenstein macht hier den Unterschied zwischen Wunsch und Wille: der Wunsch als Absichtserklärung und der Wille, der sich letztendlich in der Handlung bzw. Nichthandlung offenbart. Oft hat man es im Coaching mit Wünschen, nicht mit Zielen zu tun.

Bei diesem Coachingmodell wird das Ziel durch alle Stufen des Empowerments geführt und durch die emotional involvierende Beantwortung der Fragen immer weiter energetisiert und wahrscheinlicher in seiner Umsetzung. Das Format wurde entwickelt aus dem Modell der logischen Ebenen nach Gregory Bateson und Robert Dilts.

Ausgangspunkt ist ein konkretes Verhaltensziel, das der Klient nennt. Dann geht es weiter mit der Energetisierung des Ziels: Auf sechs aufeinander aufbauenden Stufen werden dem Klienten Fragen gestellt. Nach jeder Beantwortung geht der Coach eine Stufe weiter. Der Coach sollte auf eine **emotional beteiligte Beantwortung** (limbische Erregung!) der Fragen achten. Das heißt: Zeit lassen und nicht diskutieren!

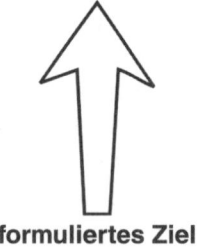

energetisch aufgeladenes Ziel

formuliertes Ziel

Mission/Botschaft/Metaziel
Zugehörigkeit
Identität/Selbstdefinition
Werte
Einstellungen
Fähigkeiten

Start

Die auf den jeweiligen Stufen gestellten Fragen können alternativ gestellt werden, sie sind Formulierungsvorschläge. Der Coach probiert einfach mehrere Varianten, bis deutlich wird, dass der Klient die Frage „emotional" verstanden hat und innerlich reagiert. Es geht bei dem Prozess nicht um eine Informationssammlung! Es ist relativ gleichgültig, was der Klient erzählt – wichtig ist vielmehr die emotionale Ankopplung an seine Wünsche. Der Coach kann als kleine Dienstleistung für den Coachee die Antworten mitschreiben. Viele Klienten, die sehr involviert waren, haben ihre Antworten hinterher vergessen und möchten sie gern noch einmal lesen.

Ein Beispiel aus einem Coaching mit einem Ingenieur: Ausgangspunkt war seine Klage: *„Niemand nimmt mich wahr. Meine Kenntnisse sollen mehr in Anspruch genommen werden."* Daraus entwickelte er das Zielverhalten: *„Ich möchte mich in meiner Firma zu Wort melden und einmal im Monat einen Vortrag über mein Spezialgebiet halten."*

Ablaufplan zum Empowerment

Stufe 1: Fähigkeiten
Angenommen Sie haben Ihr Ziel erreicht: Welche Fähigkeiten haben Sie dann? Welche Fähigkeiten, die Sie bereits jetzt schon haben, hätten Sie aktiviert, würden Sie (mehr) leben, um die Zielerreichung sicherzustellen? – Antwort: *„Meine Disziplin, mein Mut, meine gedankliche Klarheit, meine Freundlichkeit und Intelligenz."*

Stufe 2: Einstellungen
Was muss man über sich denken, um dieses Verhalten zu zeigen? – *„Ich weiß etwas Wichtiges. Ich kann gut reden."*
Was muss man über die Welt denken, über andere Menschen denken, um dieses Verhalten zeigen zu können? – *„Menschen hören mir gern zu, Kommunikation ist wichtig, meine Beiträge bringen der Firma etwas."*
Welche Einstellungen würden in Ihrem neuen Verhalten sichtbar, erkennbar? – *„Kontakt macht Freu(n)de. Wenn man etwas zu sagen hat, sollte man das tun. Ich traue mich, im Mittelpunkt zu stehen."*

Stufe 3: Werte
Welche Lebenswerte, die Ihnen wichtig sind, werden durch das Zeigen des Zielverhaltens unterstützt? (Alternative Formulierungen: Welche Werte, die Ihnen jetzt schon wichtig sind, werden durch Ihr Verhalten unterstützt und genährt? Oder: Welche Werte werden verstärkt und durch Ihr Verhalten aktiviert? Oder: Welche Werte würden durch Ihr Verhalten gelebt und sichtbar?) – *„Mut, Kontakt, Erfolg, Selbstüberwindung, Wertschöpfung, Weisheit."*

Stufe 4: Identität/Selbstdefinition
Wer sind Sie, wenn Sie dieses Verhalten zeigen? Welche Selbstdefinition über sich hätten Sie? – *„Ich bin ein guter Redner. Ich bin ein wichtiger Mensch für das Unternehmen. Ich bin ein guter Ingenieur."*

Stufe 5: Zugehörigkeit
Zu welchen anderen Menschen würden Sie zugehörig sein? – *„Zu allen Menschen, die etwas zu sagen haben und damit eine Bereicherung für andere sind."*
Welche anderen Menschen zeigen dieses Verhalten auch? – *„Mutige, kluge Menschen, deren Beiträge etwas bewegen."*

Stufe 6: Mission, Botschaft, Metaziel
Wenn es einen größeren Sinn geben würde, der über das persönliche Erreichen Ihres Ziels hinausgehen würde, was wäre das? Welche „Botschaft" für die Welt oder andere Menschen wird über die Erreichung dieses Ziels sichtbar? Wofür ist diese Zielerreichung ein Beispiel, das über die persönliche Zielerreichung hinausgeht? – *„Sei beteiligt, trau dich, deinen Beitrag zu leisten. Hinterlasse positive Spuren in deinem Leben."*

„When the Why is big, the How is easy."
Jim Rohn

Wichtig: Bei der Durchführung muss der Coach in der Lage sein, sich jeglicher verbal und nonverbal bewertender Kommentare zu enthalten, da die emotionale Energetisierung von Klientenzielen oft als sehr vertrauensvolle Arbeit erlebt wird, und Klienten sich manchmal scheuen, tiefe Beweggründe für ihre Ziele (vor allem auf den letzten Ebenen) auszusprechen. Passiert hier eine Trivialisierung des Gesprächs zum Schluss (Stufe 6), ist das ein „Kommentar" über die „triviale" Beziehung zum Coach ... und damit wichtiges Feedback für den Coach. Der Coach sollte daher die ganze Zeit ernsthaft, unterstützend und verstehend agieren. Eine Bewertung bzw. abschließende Kommentierung des Prozesses überlassen Sie am besten dem Klienten.

Nach diesen 6-Steps-to-Heaven gibt es entweder ein vitales, aufgeladenes Ziel oder der Coachee merkt, dass er etwas ganz anderes will. Auch das ist ein wunderbares Ergebnis der Arbeit! Denn nichts ist so hilfreich wie die Erkenntnis, Energie nicht weiter in ein falsches Ziel zu investieren: *„Es ist immer gut zu klären: Bin ich auf dem richtigen Dampfer, oder vergeude ich meine Zeit damit, um den besten Liegestuhl auf dem falschen Schiff zu kämpfen."*

Wenn es bei dem Ziel bleibt, ist das Ziel nach diesem Prozess spürbar energetisch aufgeladen und erfahrungsgemäß läuft es fast von selbst. Das „why" bekommt eine deutliche Stärkung und zieht die Energien förmlich mit. Fast alle Coachees wollen dann sofort loslegen – und das Ziel ist nicht weiter eine Absichtserklärung, sondern wird einfach umgesetzt.

Die Durchführung dauert in der Regel ca. 20–50 Minuten und kann auch im Raum mit Bodenankern (Stufen am Boden durch Karten markiert) oder als vom Coach gesprochene Visualisierungsübung (bei der der Klient nicht antwortet, sondern sich die Antworten innerlich gibt) durchgeführt werden.

2.6 Informationen jenseits des Inhalts

Die Hauptarbeit eines Coaches im Coaching besteht nicht nur darin, inhaltliche Informationen zu sammeln und das Problem mit dem Klienten durchzudiskutieren, sondern vor allem zu hören und zu sehen, was der Klient nicht sagt. Der Coach ist zuständig für die blinden Flecken des Klienten bzw. des Systems: Ein guter Coach braucht eine Wahrnehmung, die weit über das übliche Maß hinausgeht. Das muss er trainieren.

Ein Mönch gab einmal seinem Schüler einen Löffel mit Öl und beauftragte ihn, durch den Garten zu gehen und das Öl nicht zu verschütten. Als der Novize wieder kam, fragte der Mönch, was der Schüler alles im Garten gesehen habe. Der Schüler antwortete: „Nichts, ich habe ja auf den Löffel geachtet, damit ich nichts verschütte." Daraufhin gab der Mönch dem Schüler erneut einen Löffel mit Öl und wies ihn an, diesmal auf den Garten zu achten. Als der Schüler wiederkam, wusste er um alle Blumen in dem Garten, aber es befand sich kein einziger Tropfen Öl mehr auf dem Löffel. Da sagte der Mönch: „Weisheit ist, das Eine zu sehen – und das Andere auch."

Wenn man davon ausgeht, dass Kommunikation nur zu 7 Prozent aus inhaltlichen Informationen besteht, und der Rest – das heißt die Verpackung dieser Informationen – 93 Prozent beträgt, ist es erstaunlich, mit welcher Selbstverständlichkeit Menschen in Arbeitszusammenhängen nur auf die 7 Prozent fokussieren. Im Coaching sollte es genau umgekehrt sein: Das Schwergewicht der Wahrnehmung und Informationssammlung liegt auf den 93 Prozent. Diese 93 Prozent sind noch einmal aufgeteilt in 38 Prozent para-verbale Äußerungen und 55 Prozent nonverbale Äußerungen. (Das sind die Zahlen, die seit Jahren in der Literatur benutzt werden. Es können auch ein paar Prozent mehr oder weniger sein.)

„Immer wenn sich der Bewusstseinszustand ändert, ändert sich automatisch die Physiologie und die Körperhaltung."
Gunter Schmidt

Para-verbale Äußerungen sind all die kommentierenden und Bedeutung gebenden Strukturen um das gesprochene Wort herum – wie etwas gesagt wird, in welcher Tonalität, mit welcher emotionalen Färbung, wie es von verstärktem Ein- oder Ausatmen begleitet wird, welche Betonung gewählt wird. All die vielfältigen Modulierungsmöglichkeiten unserer Stimme kommen hier zum Einsatz. Die 55 Prozent nonverbale Äußerungen sind unsere gesamte Mimik, Gestik und Körperhaltung, wobei es dabei keine eins-zu-eins Übersetzung bestimmter Körperhaltungen gibt. Verschränkte Arme sind nicht unbedingt gleichzusetzen mit Verschlossenheit (wie das manche Bewerbungsratgeber behaupten), sondern können möglicherweise auch Rückschlüsse auf die Raumtemperatur zulassen oder einfach nur eine bequeme Haltung sein. Die Gestik, Mimik und Körperhaltung ist hauptsächlich dann für den Coach von Interesse, wenn sich etwas *verändert*.

Was ist der Unterschied, der einen Unterschied macht? Und wann passiert dieser Unterschied? Zu welchem Zeitpunkt ändert der Klient seine äußere Haltung und mit ihr eventuell seine innere? Welche Intervention des Coaches hat welche Folgen bei einem Klienten? Nur das ist interessant! Der Coach surft sozusagen mit der sich verändernden Physiologie des Klienten. Dafür bedarf es aber selbstverständlich einer gesteigerten Wahrnehmung und Aufmerksamkeit. Ein Coach, der die ganze Zeit an seinem Notizzettel klebt, um vermeintlich wichtige inhaltliche Informationen zu notieren, bekommt von den wirklichen Veränderungen wenig mit.

2.6.1 Mehr sehen & mehr hören

Da jede Reaktion im sichtbaren Äußeren eine Folge unserer (inneren) Regungen ist, sind das spontane Einnehmen einer neuen Körperhaltung, feuchte Augen oder eine ruckartige Bewegung der Fußspitze immer die Hypothese wert, dass sich jetzt gerade auch im Inneren des Klienten etwas verändert hat. *Es gilt also: wie außen, so innen.*

Als Coach ist es unser Ziel, Veränderung zu unterstützen – daher ist jeder Hinweis eine wichtige Information. Diese feingesteuerte Wahrnehmung heißt Kalibrieren, im Sinne von „Sich-eichen". „Sich-eichen" bedeutet, der ganz eigenen Körpersprache des Klienten genauso viel oder sogar noch mehr Beachtung zu schenken wie dem Inhalt. Innerhalb der ersten 15 Minuten eines Gespräches sollte ein guter Coach auf folgende Physiologien, d.h. Zustände seines Coachees geeicht sein und ein „inneres Photo" davon abgespeichert haben, um direkt zu bemerken, wenn sich etwas ändert.

Kalibrieren Sie sich:
Wie sieht mein Klient aus, wenn er im Zustand ...
→ *der Zustimmung ist?* – „Ja"-Physiologie
→ *der Ablehnung, des inneren Neins ist?* – „Nein"-Physiologie
→ *der Neuorientierung, der Beweglichkeit ist?* – Separator

- *des Sich-selbst-kommentierens ist?* – Dissoziationsphysiologie
- *des Analysierens ist?* – Metaphysiologie
- *des Bei-sich-seins und Innen-seins ist?* – Trancephysiologie
- *... wenn er an sein Problem denkt und davon erzählt?* – Problemphysiologie
- *... wenn er an seine Fähigkeiten und Möglichkeiten denkt?* – Ressourcenphysiologie
- *... wenn er an sein Ziel denkt und davon erzählt?* – Zielphysiologie

Einige der wichtigsten Zustände beschreibe ich nachfolgend etwas ausführlicher:

Problemphysiologie beschreibt den Zustand, in dem der Klient ist, wenn er an sein Problem denkt oder davon erzählt. Im Extremfall führt diese Physiologie in einen Stuck State, den Zustand des Festgefahrenseins. Dies ist ein Zustand, in dem keine Wahlmöglichkeiten mehr erkannt werden und alles, was gedacht und gefühlt wird, zum Problem gehört. Der Zugriff auf Ressourcen ist stark eingeschränkt. Dieser Zustand geht oft mit verstärkter Muskelspannung, extremer Blässe oder Röte und unregelmäßiger Atmung einher.

Ressourcenphysiologie charakterisiert den Zustand des guten Zugriffs auf Fähigkeiten und Möglichkeiten in Bezug auf ein bestimmtes Ziel/Problem oder den Zugriff auf allgemeine Fähigkeiten (sog. Blankoressourcen wie Mut, Ruhe, Humor). Ressourcen können auch über Modellieren von anderen Personen erzeugt werden. *„Was würde x an Ihrer Stelle tun? Kennen Sie jemanden, der dieses Problem gelöst hat?"* Ressourcenphysiologien lassen sich gut an „Beweglichkeit" (äußerer und innerer) erkennen.

Zielphysiologien entstehen immer dann, wenn der Klient an sein Ziel denkt oder darüber erzählt. Es ist der Zustand, an dem der Coach auch erkennen kann, ob die Veränderungsarbeit abgeschlossen ist. Sieht der Klient am Ende der Stunde so aus, wie er am Anfang aussah, als er sein Ziel formuliert hat?

Versöhnungsphysiologien treten dann auf, wenn der Coachee sich des Gewinns oder auch der Wichtigkeit des Problems bewusst wird und dieses für sich als sinnvoll erkennen kann. Sie werden häufig begleitet von spontanen Aha-Reaktionen, Lachen, Weinen sowie der entspannten Zunahme der Körpersymmetrie.

Trancephysiologie kennzeichnet den Zustand, in dem alles, was „innen" erlebt wird (Bilder, Geräusche, Gefühle, Gerüche etc.), wichtiger ist als das „Außen". Trance tritt spontan auf oder wird induziert. Dieser kreative Zustand der inneren Aufmerksamkeit ist wertvoll und schützenswert. Häufig geht der Klient dabei aus dem Augenkontakt oder defokussiert. Was nicht bedeutet, dass er unhöflich ist, sondern dass er damit beschäftigt ist, etwas zu verarbeiten. Wie die kleine Sanduhr am Computer, die auch anzeigt, dass keine Eingabe erfolgen kann, hat auch hier der Coach „Sendepause". Es sei denn, er unterstützt den Prozess mit hypnotischen

Sprachmustern (siehe auch die Sprachmuster-Box *„Milton!"* von Jens Tomas & Martina Schmidt-Tanger).

Separator Zustände sind Ereignisse, die verschiedene Physiologien voneinander trennen (separieren). Es handelt sich um Hier-und-Jetzt Orientierungen, die am besten dadurch erreicht werden, dass der Körper bewegt wird und die Haltung, sprich alle Körperwinkel sich ändern. Unterschiedliche Physiologien werden durch aktiv gesetzte Separatoren voneinander getrennt. Man kann z.B. darum bitten die Sitzhaltung zu ändern oder indirekt intervenieren, indem man einen Stift fallen lässt oder um das Öffnen des Fensters bittet.

Ist der Rapport gut, verändert sich die Sitzhaltung des Klienten oft einfach dadurch, wenn der Coach *seine* Haltung ändert.

2.6.2 Kontakt mit dem K.A.I.S.E.R.I.N.-Modell

Es gibt eine kleine Geschichte über eine Kaiserin, die entscheiden musste, wer als tüchtiger Seefahrer das Kommando über eines ihrer wertvollsten Schiffe erhalten sollte. Um dies entscheiden zu können, lud sie die beiden Männer zum Gespräch ein:

Nachdem der erste Seemann eine Stunde mit der Herrscherin geplaudert hatte und den Salon verließ, fragte eine Vertraute die Kaiserin: „Und Majestät, wie war er?" „Er ist ein faszinierender, wunderbarer Mann", antwortete sie lächelnd. Dann plauderte die Kaiserin auch mit dem zweiten Seefahrer eine ganze Stunde, und als er den Salon verließ, fragte die Vertraute wieder: „Und, Majestät, wie war dieser?" „Wunderbar", antwortete die Kaiserin verträumt, „in seiner Gegenwart war ich eine faszinierende Frau."

Wer das Schiff wohl bekommen hat? – Es geht nie darum, dass der Klient den Coach großartig findet, sondern immer um eine Beziehungsgestaltung, bei der der Klient mit den besten *seiner* Möglichkeiten in Kontakt kommt. Der Coach macht laufend Beziehungsangebote während des Coachings, um die inneren Prozesse beim Coachee bestmöglich zu begleiten. Hervorragender Kontakt auch auf der unbewussten Ebene ist über nonverbale Interaktion am leichtesten zu erreichen. Auf andere Menschen effektiv und angemessen zu reagieren, bedeutet, die nonverbale „Sprache" des anderen zu verstehen und auch sprechen zu können. Menschen lieben Menschen, die ihnen ähnlich sind, da dies Stress und Angst reduziert und eine sichere emotionale Bindung verspricht. Sicherer Kontakt ist die Basis jeder effektiven Kommunikation. Hier nun das K.A.I.S.E.R.I.N.-Modell als kleine Gedächtnisstütze für das, worauf man achten kann:

Das K.A.I.S.E.R.I.N.-MODELL

K = Körperhaltung
A = Atmung, Anspannung
I = Inhalt des Gesprächs
S = Stimme
E = Energieniveau
R = Repräsentationssysteme
I = Interesse am Anderen
N = emotionale Nähe

Körperhaltung, Atmung und Anspannung: Das Aufnehmen bzw. Spiegeln von Körperhaltung, Atmung und Muskelspannung ist der direkte Weg der Kontaktaufnahme über den Körper, kann aber für den Coach auch der anstrengendste sein. Durch das körperliche Abbilden des Klienten werden alle Anspannungen und Blockaden für den Coach spürbar, das Angleichen der Atmung spiegelt auch im Körper des Coaches die zugehörige Emotionalität wider. Dieser stark assoziierte Kontakt (besonders beim Atmen) ist am besten nur kurz zu Anfang oder bei besonders wichtigen Sequenzen zum emotionalen Einfühlen zu wählen.

Inhalt: Den Inhalt aufzunehmen und sich für Details und Zusammenhänge zu interessieren, ist die einfachste Variante und bekannteste Form des Kontakts. Hier geht es lediglich darum, über das Gleiche zu sprechen, was manchmal schon schwierig genug ist. Dieses Spiegeln des Inhaltes passiert am besten gekoppelt **mit den Repräsentationssystemen**, das bedeutet, die gleichen sprachlichen Sinnessysteme (visuell, auditiv, kinästhetisch) zu wählen wie der Klient. Schildert der Klient sein Problem eher visuell *(Ich habe keine Perspektive mehr – sehe alles schwarz)*, auditiv *(Ich weiß nicht, was ich sagen soll zu ... – ich muss das dringend mit jemandem besprechen)* oder kinästhetisch *(Ich habe keinen Boden mehr unter den Füßen, was ist der nächste Schritt?)*, dann ist es sinnvoll, im gleichen Kanal zu kommunizieren. Der Klient fühlt sich maximal verstanden, wenn der Coach ein ähnliches Wording nutzt wie er selbst. Das ist eine effektive Vorgehensweise, um vom Klienten verstanden zu werden und ihm besser in seine Welt zu folgen. Ist man in der Analyse der Sinnessysteme ungeübt, reicht es oft, wenn man einige der Schlüsselvokabeln einfach wiederholt *(„Sie fühlen sich wie »Zitat des Klienten« und denken darüber nach »Zitat des Klienten«.")*. Oft verwendete Vokabeln oder Metaphern kann man sich während des Coachings notieren, um sie bei passender Gelegenheit für die Veränderungsarbeit zu nutzen (z.B. *auf dem Meer treiben, einem Gewitter ausgesetzt sein, ein Autorennen fahren müssen, den Keller aufräumen, ...*), da man sicher sein kann, dass der Klient sie versteht und in seiner eigenen Innenwelt verwendet.

Energieniveau und Stimme bzw. Stimmung: Die Stimmung, Stimme und das Energieniveau des Klienten aufzugreifen ist besonders sinnvoll, um in einen gemeinsamen Rhythmus – der Musiker würde von „Groove" sprechen – zu kommen. Dies geschieht besonders über das Tempo und die mitschwingende Emotionalität in der Stimme. Die gleiche „Wellenlänge" ist eine gute Grundlage, um sich verstanden zu fühlen. Menschen reagieren sehr stark auf Rhythmus und Tonalität der Sprache. Sie gehen dabei in unterschiedliche geistig-emotionale Zustände – und ein versierter Coach, der sich damit gut auskennt, kann dies über seine Stimme steuern.

Interesse bedeutet das intensive Eingehen auf die gedanklichen Strukturen des Coachees. Der Coach, der wirklich vermitteln kann *(„Ich will dich verstehen und bin bereit in deiner Gedankenwelt zu denken")*, hat weitaus besseren Kontakt als der Veränderungshelfer, der sofort nach zwei Sätzen des Coachees in seinen eigenen Gedanken versunken ist und seine Interventionen oder Erwiderungen plant. Ein Coachee will sich keine vorgefertigten Lösungen abholen, die aufs Stichwort genau passend vom Coach präsentiert werden (dann kann er auch ein Buch lesen). Ein Coachee will für die eigene Lebensgestaltung und Lösungsgestaltung wirkliches Interesse spüren. Sobald der Kontakt im 0-8-15 Rapport versinkt, gibt es schlechtere Ergebnisse. Während beim Punkt „Interesse" ein geistiges Interesse an der gedanklichen Gestaltung der Welt durch den Klienten gemeint ist, bezieht sich der Punkt **Nähe** vor allem auf die Gabe emotionale Verbundenheit zu vermitteln, d.h. ein wirkliches Mitschwingen zu signalisieren. Dieses anteilnehmende Verstehen sollte nicht die eigene Emotionalität des Coaches bezüglich seiner persönlichen Geschichte mit den angesprochenen Themen im Vordergrund haben, sondern dem Coachee eines der Luxusgüter unserer Zeit vermitteln, „uneingeschränkte emotionale Aufmerksamkeit".

2.6.3 Rapport ist nicht gleich Rapport – 4-Stufen-Konzept

Bei allen Bemühungen des Coaches um eine gute Beziehung darf nicht vergessen werden, dass Rapport ein Interaktionsphänomen ist und nicht „gemacht" werden kann. Rapport entsteht als Ergebnis eines gegenseitigen Interaktionsangebotes der Gesprächsteilnehmer. Diese unbewussten/bewussten Angebote führen zu einer Beziehungsgestaltung, die sich dynamisch ändern kann. Oft gibt es einen Grundrapport und darüber hinaus zusätzliche situations- und themenabhängige Schwankungen der aktuellen Arbeitsbeziehung.

Machen Sie sich klar, welche Art von Grundrapport Sie mit Ihrem Klienten haben. Ich gliedere den Rapport dabei in mehrere Stufen:

Rapportrahmen nach M. Schmidt-Tanger (2004)

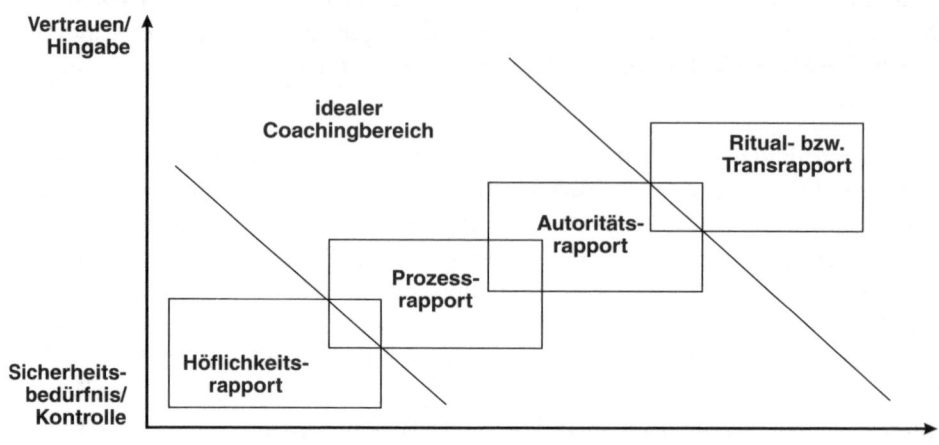

© M. Schmidt-Tanger 2004

I. Höflichkeitsrapport

Beim Rapport der ersten Stufe herrscht eine Beziehung, die durch konventionelle Höflichkeitsregeln bestimmt ist. Der Coachee folgt den Anweisungen und Vorgaben des Coaches aus Höflichkeit und beantwortet Fragen innerhalb des Austausches unter kultivierten Erwachsenen. Höflichkeitsrapport ist die schwächste Beziehung zwischen Coach und Coachee. Die Sitzungen wirken nach außen wie normale Gespräche. Diese Art von Beziehung kennzeichnet häufig Erstkontakte oder erste Minuten in jeder Sitzung. Beim Höflichkeitsrapport kommt es auch häufig vor, dass der Coach vom Coachee nach seinem Befinden gefragt wird, da diese Beziehung als gleichrangig definiert wird. Ist einem Coachee die (emotionale) Kontrolle über die Coachingsitzung sehr wichtig, wird oft der Höflichkeitsrapport nicht verlassen. Der Schritt, den gewohnten, sicherheitsgebenden Status nach und nach durch Vertrauen zum Coach zu ersetzen, findet dann nicht statt. Auch Coaches, die kein Risiko eingehen wollen, bleiben oft auf dieser Ebene. Den Höflichkeitsrapport gezielt verlassen zu können, unterscheidet übrigens einen schlechten von einem guten Coach.

II. Prozessrapport

Auf der zweiten Stufe, dem Prozessrapport, gibt es eine Zustimmung zur Art und Weise des Vorgehens, z.B. über die Methode des Coachings (Reden, Aufstellen, NLP, TA, Analyse etc.). Coach und Coachee teilen gemeinsame Einstellungen (z.B.: *Reden ist gut ... Menschen können sich verändern*) und/oder ähnliche Werte

(*Erfolg, Liebe, Gesundheit sind anzustreben*). Auf dieser Stufe werden auch zunächst unsinnig erscheinende Anweisungen des Coaches befolgt (z.B.: *Gehen Sie mal quer durch den Raum ... Atmen Sie stärker ... Schließen Sie die Augen etc.*), da der Coachee dem Vorgehen bzw. der verwendeten Methode vertraut. Der Coach wird als Experte, Techniker in der verwendeten Methode betrachtet. (Diesen Rapport findet man auch oft in Übungsgruppen von Ausbildungen, wo der Technik noch mehr vertraut wird als dem Durchführenden und der Klient sich mehr auf das zu übende Format einlässt, als auf den Coach.)

III. Autoritätsrapport

Der Autoritätsrapport entsteht, wenn der Coachee dem Coach als Person oder als Rolleninhaber vertraut. In dieser persönlichen Beziehung folgt der Coachee z.B. den Anweisungen und Vorschlägen, weil er der Person des Coaches Kompetenz und Vertrauen entgegenbringt und sich bereitwillig anvertraut. Dem Coach wird ein temporär höherer Status zugesprochen und der Coachee begibt sich in eine Art „(Neu-) Prägebereitschaft". Er ist dann empfänglich für Veränderungen und es ist zudem eine Art Imprint-Rapport aktiviert.

Während auf Stufe II – dem Prozessrapport – der Methode und dem Vorgehen die Wirksamkeit zugeschrieben wird, ist es hier auf Stufe III viel stärker die Person des Coaches. Die Methode, die er/sie verwendet, ist dabei oft unerheblich. Allen Methoden wird eine gute, zielführende Wirkung zugetraut. Auf dieser Stufe des Rapports ist es fast gleichgültig, welche Vorgehensweise gewählt wird – entscheidend ist vielmehr das Vertrauen in die Person. Auch die Symbolkraft von Handlungen wirkt auf dieser Ebene stark, wie das Handauflegen durch charismatische Menschen, Placebowirkungen bei Ärzten, Segnungen, aber auch bedeutungsvolles Schauen und Schweigen oder Geschenke. Autoritätsrapport wird dem Coach zugeschrieben. (Ich hatte vor Jahren einmal einem Klienten beim Abschied nach der letzten Stunde vor Weihnachten ungeplant eine kleine Kerze geschenkt, die ich kurz vorher in der Apotheke als Zugabe bekommen hatte. Im Januar berichtete mir der seit Jahren allein lebende Klient, dass er diese Kerze am Heiligen Abend angezündet hatte und mit dem Gedanken, dass er jemandem vertraut und sich alles zum Guten wenden würde, den Abend gut überstanden hatte. Die Kerze war sein einziges Weihnachtsgeschenk gewesen ... .)

IV. Ritual bzw. Transrapport

Die letzte Stufe von Rapport beschreibt eine Beziehung, die am ehesten mit „Eins plus Eins ist Drei" zu charakterisieren ist. Bei dieser Form von Kontakt wird von beiden angenommen, dass ein drittes Element während der gemeinsamen Arbeit hinzukommt und die eigentlich verändernde Variable ist. Man denke z.B. an verschiedene Energiesysteme wie z.B. Reiki, Chi, Kundalini für Heilungen, das wissende Feld in der Aufstellungsarbeit, Manitou bei indianischen Ritualen, göttliche Eingebungen, Engelenergien, Channeling, Auralesen u.v.a.m. Auf dieser Ebene ist der Coach/Therapeut/Heiler nur Mittler, Kanal oder Medium für das verändernde Element. Die gesamte Beziehung fühlt sich unterstützt und getragen durch ein zusätzliches Element, auf das der Coach und der Coachee vertrauen. Je „stärker" diese Unterstützung erlebt wird, desto wahrscheinlicher sind dauerhafte Auswirkungen. Der Coach kann diese Art von Beziehung nur anbieten, letztendlich bestimmt jedoch der Coachee den Grad der „Hingabe und des Vertrauens".

Zusammenfassend sei festgehalten: Rapport ist immer eine Sache der Beziehungsdefinition und spielt sich wie jede Beziehung zwischen den Polen **Vertrauen/Hingabe** und **Macht/Kontrolle** ab. Eine emotional sichere, aber dennoch inhaltlich unvorhersagbare, herausfordernde Interaktion ist die beste Möglichkeit der Entwicklung (neuroduales Vorgehen). Je größer die Hingabe bzw. das Vertrauen, um so „risikoreichere" Erhöhungen der „Betriebstemperatur" erlaubt sich der Coachee und somit auch mögliche Veränderungen. Viele Klienten – gerade im Business – haben Angst vor dem Verlust der emotionalen Kontrolle. Der Bereich der gelebten Gefühle erscheint ihnen als ein vermintes Feld mit der Gefahr, scheinbar unkontrolliert Schwächen zu zeigen – kurzum: Gefühle sind für viele Menschen hoch gefährlich ... . Die Ängste betreffen vor allem die mit dem „Weichwerden" vermeintlich verbundenen Statusverluste. Und häufig genug spüren Klienten, dass der Coach die gezeigten Gefühle des Klienten benutzt, um sich überlegen zu fühlen und sein eigenes Ego aufzubauen (*„So, den hab ich auch zum Weinen gekriegt."*). Coachees „testen" sehr genau, ob der Coach ein verstehender Begleiter ist und empathisch „da" ist oder selbst nicht mit Gefühlen umgehen kann. Traut der Coachee dem Coach bewusst oder unbewusst nicht, wird oft nur Höflichkeitsrapport angestrebt, wo alles kontrollierbar scheint und die Spielregeln bekannt sind. Diese Ebene bringt jedoch die unbefriedigendsten Ergebnisse, und letztendlich ist auch der Coachee enttäuscht, dass der Coach nicht kompetenter ist und ihm weiterreichende Arbeit ermöglicht.

Der Teil, den der Coach anbieten kann, damit der Klient sich „einlässt", ist seine Selbstsicherheit in Bezug auf die Methoden und ein stabiles, *auf den Klienten* bezogenes Beziehungsangebot. Je höher die Rapport Ebene, umso unabhängiger sollte der Coach von Egospielen und Eitelkeiten sein und sich „in Demut üben".

2.6.4 Rapporthilfen – starke Gefühle und Übertragungen

Dieses Kapitel ist für Coachinganfänger. Profis können es einfach überlesen.

Umgang mit starken Gefühlen

Viele Coachees testen den Coach, oft ohne dass dieser es merkt, mit kurzen emotionalen Betroffenheitsmomenten. Sie atmen schwer, schweigen, bekommen feuchte Augen und schauen dabei oft sehr genau hin, ob man diesem Coach vertrauen kann bzw. sich ihm anvertrauen kann. Unruhemoment Nummer 1 für unerfahrene Coaches ist dabei das Weinen. Dazu folgende kurze Anmerkungen:
→ Keine Angst: Niemand weint oder schreit länger als 15 Minuten. Werden Sie als Coach nicht hektisch und suchen Sie nicht übereifrig nach Taschentüchern – und laufen Sie auch nicht weg.
→ Bleiben Sie gelassen, halten Sie die emotionale Verbindung und vermitteln Sie: *„Es ist o.k. was passiert. Ich sehe Ihre Tränen. Ich bin da. Hier ist Raum dafür."*

Von nachfolgenden Formulierungen rate ich jedoch dringend ab:
→ *„Nun beruhigen Sie sich mal. So schlimm ist es ja auch nicht."*
→ *„Das kriegen wir wieder hin. Sie werden sehen, gleich geht es Ihnen schon wieder besser."*
→ *„So jetzt putzen Sie sich die Nase – und dann reden wir weiter."*
→ *„Möchten Sie vielleicht rausgehen oder allein sein und sich mal wieder ordentlich sammeln?"*
→ *„Das habe ich mir schon gedacht, dass Sie da zuviel verdrängen. Das muss jetzt alles erst raus."*

Mit jeder dieser zuletzt genannten Formulierungen disqualifizieren Sie sich als Coach. Lassen Sie den Klienten weinen (in der Polizeiarbeit werden bei Verhören 5–10 Sekunden vorgeschlagen – im Coaching darf es ruhig etwas länger sein). Denken Sie daran: Obwohl oder gerade weil jemand weint, registriert er genau, wie Sie reagieren. Warten Sie, bewerten Sie das Weinen nicht sofort in Ihrer Landkarte (*„Der Klient ist traurig, er braucht sofort Hilfe."*), steigen Sie nicht in Ihren eigenen Film (Trösten, Mitleid, Ärger, Wegmachen-wollen etc.) hinein! Fragen Sie nach dem Metagefühl (der Bewertung des Weinens) des Klienten:
→ *„Wie geht es Ihnen damit, dass Sie weinen?"*
→ *„Ist das in Ordnung für Sie, hier zu weinen?"*

Emotionen sind <u>keine</u> Stuck-States (!), sondern im Gegenteil häufig die Rückeroberung einer lange nicht genutzten Wahlmöglichkeit bzw. der länger unzugänglich gewesenen Ressourcen. Weinen oder Aggressivsein erhöht die Betriebstemperatur und ist oft hilfreich bei Klienten, die ihr Problem „erzähltechnisch" gut im Griff haben.

Weinen wird oft als körperlich angenehm erlebt. Ausagieren der Energie führt zum Nachlassen der Spannung und wird als befreiend und spannungslösend empfunden. Bedenken Sie: *Wer immer gefasst ist, für den ist Weinen eine wichtige Ressource. Wer jedoch immer weint, für den ist Gefasstsein die anzustrebende Ressource.*

Übertragung

Unabdingbar für den Coach ist das Wissen, dass die Interventionen nicht nur auf der inhaltlichen Ebene ablaufen, sondern sich das Problem/das Ziel auch in der Beziehung „materialisiert". Die zwischenmenschlichen Probleme des Klienten manifestieren sich in der Hier-und-Jetzt Beziehung zwischen Coach und Klienten, d.h. bestimmte Beziehungsmuster werden reinszeniert. *Daher müssen Sie ein empfindsames Hier-und-Jetzt Gespür entwickeln.*

Achten Sie auf Kleinigkeiten: Wie begrüßt der Coachee Sie, wie nimmt er Platz, wie beginnt er eine Sitzung, wie beendet er die Sitzung, wie verabschiedet er sich. Merke: *Eine Coachingstunde beginnt, bevor sie beginnt und endet erst dann, wenn der Klient die Tür hinter sich schließt.*

Die Übertragung des Themas, d.h. das Muster, um das es im Inhalt geht, manifestiert sich in der Interaktion als rekursives Muster. Folgende Probleme spiegeln sich z.B. erfahrungsgemäß fast immer in der Coach-Klient Beziehung wider:
→ Klient hat Autoritätsängste/Autoritätsprobleme;
→ Klient will lernen, sich abzugrenzen und „Nein" zu sagen;
→ Klient hat Angst vor Grenzüberschreitungen/Nähe.

Manche Übertragungen führen zu starken Interaktionsstörungen zwischen Klient und Coach. Diese Übertragungen können sich auf die *Person* des Coaches (z.B. Ähnlichkeiten mit Vater oder Mutter oder dem alten Mathematiklehrer) beziehen und/oder haben mit bestimmten *Themen* (wie Macht, Leistung, Hilflosigkeit, Übergriffigkeit, Verführung etc.) zu tun – Gegenübertragungen (die Übertragung des Coaches auf den Coachee) ebenso.

Bei Beziehungsproblematiken kann es sein, dass der Coach im Hier-und-Jetzt genau die Rolle übernimmt (bewusst oder unbewusst), die Gegenstand der Struktur der Beziehungsproblematik ist. Der Coach kann sich dabei manchmal in einem der folgenden „*Spiele*" wiederfinden:
→ Helfer/Hilfloser;
→ Eltern/Kind;
→ Verfolger/Opfer;

→ Dominanz/Unterordnung (Macht);
→ Verführer/Verführter (Sexualität);
→ Ankläger/Angeklagter (Schuld).

Diese „Rollen" und „Spiele", die sich in einer solchen emotionalen Konstellation ergeben, sollten vom Coach erkannt werden können. Diese Konstellationen aufzugreifen und zu bearbeiten oder für die folgenden Interventionen zu nutzen, z.B. auf paradoxe Art mit dem „Thema" zu spielen, setzt die Fähigkeit des Coaches zum Utilisieren solcher Prozesse voraus und erfordert Erfahrung und Fingerspitzengefühl.

Ebenso ist das Erkennen und Auflösen von Reiz-Reaktions-Mustern – sogenannten kalibrierten Schleifen zwischen Coach und Klient – wichtig und, wie bei der Übertragung und Gegenübertragung, die Fähigkeit, diese Schleifen wieder zu flexibilisieren und/oder zu nutzen. Möglichkeiten der Auflösung sind einerseits die sachliche Konfrontation des Klienten mit dem Geschehen und/oder dessen Nutzbarmachung für die Interventionen. Das bedingt eine gute Ausbildung und weitreichende Selbstkenntnis bezüglich der eigenen Muster.

3.

Teil II: Pro-vocation

Nach der Präzision geht es jetzt um den intuitiven, den herausfordernden und energievollen Teil im Coaching. Als weitere Quelle der neurodualen Veränderungsarbeit ist die Pro-vocation ein wichtiges, neues Werkzeug für das Businesscoaching. In der Psychotherapie wurde dieses Vorgehen von Frank Farrelly als erstem mit jahrelangem Erfolg eingesetzt. Pro-vocation – abgeleitet von pro-vocare im Sinne von Hervorrufen, Hervorlocken – ist eine „Anleitung zum Unverschämtsein". Das erfordert vom Coach den Mut zu Direktheit, Kraft und Klarheit. Das provokative Coaching ermöglicht eine enorme Flexibilisierung des eigenen Repertoires und setzt ungeahnte Kräfte und Energien beim Coach und Klienten frei. Mit dieser zweiten Säule des *Neurodualen Coaching (NDC)* wird dem Coach eine enorm bereichernde Sichtweise seiner Arbeit angeboten und auch detailliert vermittelt. Denn präzises Handwerk und intuitive, emotionale Kraft machen ein erfolgreiches Coaching aus.

Neuroduales Vorgehen zur Veränderung (NDC)

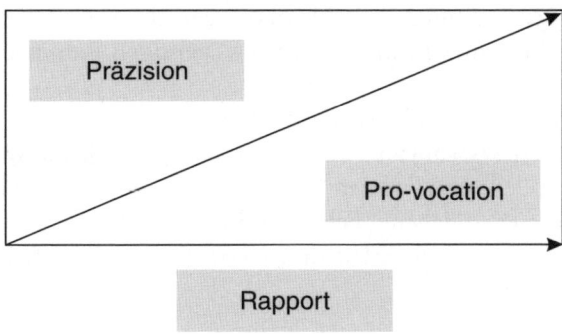

3.1 Der Coach und seine Wahlmöglichkeiten

Jeder Coach arbeitet an der Mehrung der Wahlmöglichkeiten, der Kongruenz und Ressourcenhaftigkeit seines Coachees. Aber wie authentisch, ressourcenhaft und „wahlmöglich" ist der Coach eigentlich selbst? Wie sehr taugt er als Vorbild für die geforderte Bereitschaft, sich auf das Risiko des „Anders-machens, des Anders-seins" einzulassen? Und wie offen ist das Setting der Coachingsituation für einen authentischen Umgang mit sich selbst und für mutige Veränderungsarbeit?

„If you always do, what you've always done; you always get what you've always gotten."
John Grinder

Die theoretischen Interaktionsmöglichkeiten zwischen zwei Menschen gehen gegen unendlich. Auch ein Coach und ein Klient könnten enorm viele unterschiedliche Verhaltensweisen miteinander zeigen. Sie könnten: gemeinsam Kaffee trinken, Kreuzworträtsel lösen, singen, sich Witze erzählen, sich die Füße massieren, sich küssen, schlagen, gemeinsam die Tapete bemalen, über Ausländer lästern, einen Suizid planen, Bleistifte anspitzen, für den Weltfrieden beten oder ein Baby zeugen.

Das wenigste davon passiert, da festgelegte Spielregeln die Interaktionen vorgeben. Limitierungen, die der Coach mitbringt (z.B. kein Sex mit dem Coachee zu haben), Limitierungen, die der Klient vermutet (lautes Schreien ist verboten) oder die durch den Kontext des Coachings (Klinik oder Businesshotel) vorgegeben werden.

Alle Vorgaben, die einen geistigen Rahmen herstellen, die Interaktion gestalten, schützen oder sogar erst möglich machen, bringen gleichzeitig mehr oder weniger nützliche Einschränkungen mit sich. Solche „geistigen Rahmen und Kontexte" sind z.B.:
→ sich dem Landkartengedanken verpflichtet zu fühlen;
→ anzunehmen, alles ist subjektiv konstruiert und sei nur intrapsychisch zu lösen;
→ zu denken, Modelle und Formate beschreiben sinnvolle Veränderungsarbeit;
→ den Glaubenssatz zu haben: „Fehler sind Feedback";
→ das Credo zu unterstützen, inhaltsfrei auf der Prozessebene zu arbeiten, sei besser als inhaltliche Arbeit.

Hierbei kann man *alle* Vorannahmen über menschliche Veränderungsprozesse einfügen, ob nun aus Kurzzeittherapien, NLP, humanistischer Psychologie, Konstruktivismus, Psychoanalyse, Aufstellungsarbeit oder anderen psychologisch/psychotherapeutischen Theorien und Modellen, die mit ihrem speziellen Weltbild die „Basics" der Interaktion vorgeben.

Kennen Sie die nachfolgende Situation? – Nicht von sich selbst natürlich, aber von irgendjemand anderem: Nach einem zähen, gefühlsarmen, langweiligen Coaching trifft der Coach einen Kollegen in der Teeküche, dem es in der letzten Sitzung ähnlich frustrierend ergangen war. Mit Lästern, Schimpfen, Kopfschütteln und einem befreienden Lachen bringen beide ihre Psychohygiene wieder in Ordnung. O-Töne in der Teeküche: *„Der kapiert's nie. Wenn ich mich so wie er durcheinander im Kopf machen würde, wäre ich auch depressiv."* Oder: *„Also ich glaube, so wie die rumläuft wird das nichts mit dem neuen Job. Ich bin wahrscheinlich schon der fünfte Coach, den sie so einwickelt."* Und: *„Selbstverantwortung ist für den ein Fremdwort, ich bin total geschafft. Mama Mia."*

Diese – normalerweise unter Ausschluss der Öffentlichkeit stattfindenden – posttherapeutischen Gespräche machte eine Therapieeinrichtung vor einigen Jahren für ihre Klienten öffentlich. Die Klienten durften bei der Nachbesprechung der Therapiestunde, die sie selbst gerade erlebt hatten, dabei sein und mit anhören, was der Therapeut in der Stunde alles nicht gesagt, aber gedacht und gefühlt hatte – und welche Kommentare die Kollegen dazu hatten. Die meisten der Klienten berichteten am Ende der Maßnahme von einem größeren Einfluss auf ihre persönliche Veränderung durch diese mitangehörten Gespräche als durch die eigentlichen Therapiestunden selbst.

3.1.1 Inhaltsabstinenz im Coaching?

In vielen Coaching- und Psychotherapiesystemen ist die heilige Kuh der Interaktion des Coaches mit dem Coachee die *Inhaltsfreiheit*. Jeder seriöse Coach soll die subjektiven Wirklichkeitskonstruktionen des Coachee erkunden, um dann ohne Wertung und ohne Ratschläge und so prozessorientiert wie möglich eine nützliche Umgestaltung „herbeizuintervenieren". Das bedeutet oft, den Klienten in mühevoller Kleinarbeit selbst darauf kommen zu lassen, wie und was er für sich tun müsste. Getreu dem Motto: Ich bin ja nicht hier, um Antworten zu geben, sondern um Fragen zu stellen.

Das Credo der Veränderungsarbeit ist nach wie vor: Was nicht selbst hart erarbeitet wurde, taugt auch nichts. So weit, so gut. Das ist richtig, würdigend und wahrscheinlich respektvoll. Der Coachee lernt dabei vor allem, die Verantwortung für seine persönliche Entwicklungsarbeit nicht an den Coach zu delegieren (der implizite pädagogische Aspekt dabei), obwohl diese Delegation bzw. die damit verbundene Regression *(Hilf mir – du kannst das!)* ja schon stattgefunden hat. Der Klient wird vom Coach wahlweise wie ein schonungsbedürftiges Kleinkind behandelt oder wie eine alte Oma, die man vorsichtig und unterstützend durch ihre emotionalen Abgründe und Entwicklungsversäumnisse bugsieren muss. Die verdrehten, verzerrten, abstrusen Einstellungen/Glaubenssätze, die dem Coach dabei begegnen, werden, wie es eine Teilnehmerin unserer Coachingausbildung einmal sagte, „unterwegs liebevoll kaputtgewürdigt". Alles natürlich so prozesshaft wie möglich. Aber vielleicht geht es ja manchmal auch anders ...

„Es ist keine Kunst geistreich zu sein, wenn man vor nichts Respekt hat."
J.W. von Goethe

Wenn die vielbeschworene Mehrung der Wahlmöglichkeiten auch für den Coach selbst gelten soll, dann ist es höchste Zeit, sich vertrauensvoll und „unverschämt" (ohne Scham) dem Inhalt zuzuwenden. Der Coach steckt oft fest in der professionell-empathisch-zuckersüßen Zwangsjacke der angestrebten und dann doch nicht erreichten Inhaltsfreiheit. Eigentlich schade, dass die Domäne der kraftvollen Direktheit den meisten Coaches bisher noch zu riskant erscheint. Aber die mild-nickende, geduldige Sanftheit der Prozessarbeit ist *nur* eine Seite der Medaille.

Ein eigenes Entwicklungsziel für fortgeschrittene Coaches sollte sein, sich *frei im Inhalt* bewegen zu können, d.h. sich nicht emotional involviert mit den Inhalten des Klienten beschäftigen zu müssen.

Mit der Bereitschaft und Erlaubnis zur Pro-vocation gibt es eine Alternative zu der oft als künstlich empfundenen, soften Haltung des Therapeuten/Coaches und der starken Einschränkung durch vorgegebene Interventionssysteme.

3.1.2 Feedbackmangel im Business

Das Bedürfnis nach ehrlichen Rückmeldungen ist gerade im Businessbereich sehr stark. Oft werde ich schon in den ersten Minuten eines Coachings oder Trainings mit direkten Rückmeldewünschen quasi „überfallen". Neben dem, den Coach überschätzenden Wunsch: *„Sagen Sie mir doch mal, <u>wer ich bin</u>"*, gibt es auch oft das einfache Bedürfnis, nicht lange um die Dinge herumzureden, nicht erst langsam neue Erkenntnisse und noch nie gezeigte Verhaltensweisen zu erarbeiten, sondern in schonungsloser Direktheit Rückmeldungen zu bekommen, die man sonst in dieser Weise von Kollegen und Vorgesetzten nie bekommen würde. Obwohl das Bedürfnis nach Feedback stark ist, grenzt die an die Chefin adressierte Bemerkung „Lippenstift an den Zähnen zu haben" schon an intime Grenzüberschreitung. Manager sind einsam. Je höher jemand in der Hierarchie steigt, umso einsamer wird er/sie. Ungeschminkte Rückmeldungen werden seltener oder finden gar nicht mehr statt. Ich erlebte vor Jahren einen Hauptabteilungsleiter, den die Mitarbeiter einen halben Tag mit offenem Hosenschlitz herumlaufen ließen, weil jeder diese kleine, korrigierende Bemerkung jemand anderem überlassen wollte. Auch bei einem Führungsworkshop, den ich durch die Umstellung auf die Sommerzeit bedingt versehentlich eine Stunde zu spät begann, bekam ich diese Information erst, als ich abends das Training zur „falschen" Uhrzeit beendete. Dass die Teilnehmer bereits morgens eine Stunde auf mich gewartet hatten, hatte mir niemand gesagt. In Firmentrainings ist die einfache Rückmeldeübung *„Was ich an Ihnen schätze und was ich mir von Ihnen wünsche"* für die Teilnehmer immer ein emotionales Highlight, denn im Business herrscht ein eklatanter Mangel an wohlmeinendem Feedback.

Früher hatte jeder König seinen Hofnarren, der außerhalb der herrschenden Hierarchie auch konfrontierende „Wahrheiten" loswerden durfte und damit ein unverzichtbarer Bestandteil der klugen Herrschaft eines Königs war. Heute ist besonders in hierarchischen Verhältnissen im direkten Kontakt nur beflissenes Harmonisieren angesagt. Jedes ehrliche Feedback über einen laschen Verhandlungsstil (*„Das war ja weicheimäßig. So kriegen wir den Preis nie runter."*) oder unerträgliche Hektik (*„Wer schneller lebt, ist eher fertig, Herr Direktor."*) kann sich heute kaum ein Mitarbeiter mehr leisten, es sei denn er sagt es hinter dem Rücken des Gemeinten.

Entweder schweigen Kollegen oder Vorgesetzte aus höflichen, statusbedingten und taktischen Gründen, oder es mangelt an Wahrnehmungs- bzw. Formulierungsfähigkeiten für psychologische Sachverhalte. Was weder wahrgenommen noch ausgedrückt werden kann, bleibt einfach ungesagt.

Unverfälschte Rückmeldungen gibt es nur im vertrauten Freundeskreis: scherzhaft mit Augenzwinkern, oft von einem Schulterklopfen begleitet oder sich mit einem Glas Bier zuprostend. Das passiert aber auch immer seltener, da die Freizeitkontakte oft nicht mehr wirklich „privat" sind, sondern mehr und mehr gesellschaftliche/geschäftliche Mussveranstaltungen werden. Diesen Mangel an Feedback erleben allerdings nicht nur Führungskräfte. Sich zu präsentieren ist oft wichtiger, als sich im Kontakt zu erleben. Der humorvolle Blick auf sich selbst ist verstellt durch die vielfältigen Wünsche an das eigene Selbstbild und den eigenen Erfolg. Und hinter der Fassade des scheinbar gelungenen Lebens findet sich oft emotionale Leere, Beziehungslosigkeit und Sinndefizit.

Aber im Coaching hat der Coachee es ja mit einem wahrnehmungsoptimierten, psychologisch eloquenten, emotional unabhängigen Gesprächspartner zu tun. Und man fragt sich, was passieren würde, wenn man als Coach gleich in der ersten Stunde sagen würde ...

„Fürchte nicht die, die nicht mit dir übereinstimmen, sondern die, die nicht mit dir übereinstimmen und zu feige sind, es dir zu sagen."
Napoleon Bonaparte

... was man gerade denkt:
„Oh je, schon wieder eine Stunde mit diesem Problem ..., hoffentlich haben Sie starken Kaffee bereitgestellt."
„Sie wollen mit dem Rauchen aufhören? Über etwas Wichtiges wollen Sie nicht sprechen!?"

... was sowieso jeder sieht:
„Die Augen so groß wie ein Gartenteich. Welche der kommenden Katastrophen wollen wir denn besprechen?"
„Sieh an, der Graue-Maus-Look. Und welche Probleme haben Sie sonst noch mit männlichen Kunden?"

... was alle wissen:
„Sie sind so gutmütig, dass Sie nächste Woche den Orden für Naivität im Endstadium verliehen bekommen."
„Sie wirken heute so, als würden Sie gerne für Ihre Mitarbeiter ein Abbild von sich als Bravo-Starschnitt herausgeben wollen."

... und was der Klient im tiefsten Inneren auch schon immer geahnt oder befürchtet hat:
„Sie würden Ihren Säugling nachts gern an die Wand werfen, nicht wahr?"
„Sie würden gern im Stehen pinkeln, aber in diesem Laden darf man das nicht, habe ich Recht?"

3.1.3 Ist pro-vocative Kommunikation schwer?

„Haben Sie Hemmungen, Ihre normale Arbeit im ressourcenorientierten Schongang durch den defizitzelebrierenden Turbogang zu bereichern?"

Denken Sie daraufhin: „So darf man doch nicht über seine Klienten reden. Kein Klient ist nervig, alle brauchen doch nur Hilfe bzw. Liebe und sie tun immer das Beste was sie können. Wenn ich jetzt so interveniere, passiert nachher etwas Schlimmes und ich bin schuld daran."

Voilá! Da ist sie und Sie sind mittendrin: in der ressourcenlimitierenden, Schuldgefühle erzeugenden, nichts mehr bewegenden *„Verständnistrance"*. – Hypnotisiert vom Problem des Klienten und all den Glaubenssätzen, wie richtige Hilfe auszusehen hat, liegt der Coach mit dem Klienten am Boden und wird zur Karikatur seiner selbst: *„Gut, das wir drüber reden, ich verstehe das."*

Um es etwas deutlicher zu machen: Natürlich „verstehen" wir unsere Klienten, aber anders als der Klient erhofft und erwartet. **„Liebevoll nicht ernstnehmen"** ist die Devise bei den pro-vocativen Anteilen unserer Arbeit. All die Kraft, die der Klient bisher aufgewendet hat, um bestimmte Gefühle und Gedanken in Schach zu halten und den Selbstschutz so hoch wie Dornröschenhecken aufzubauen, wird bei der provokativen Kommunikation „gedreht" und für den Klienten genutzt, um neue Ergebnisse zu erzielen. Die „hervorlockende" (pro-vocare), Gegenwehr erzeugende Vorgehensweise setzt die Kraft frei für eine Ressourcen erkennende Entwicklung. Einschränkende Glaubenssätze des Klienten mit ihren simplen Ansprüchen auf *„So ist es, das hab ich selbst erlebt",* werden genau auf diesem undifferenzierten Stammtischniveau bedient. Je unkontrollierbarer der Coach sich dabei im Bereich Tabubruch, Schwarz-Weiß-Denken oder uneingeschränkter Bewunderung für das Problem bewegt, desto eher begibt sich der Klient in eine heilsame Verwirrung und das Neusortieren (müssen) seiner Muster. In der verwirrenden, unerwarteten Interaktion mit dem Coach weiß der Klient gar nicht mehr, was richtig oder falsch ist und muss seine Einstellungen und automatischen Reaktionsweisen überprüfen. Der vormals stark identifizierten, assoziierten Haltung des Klienten seinem „Problem" gegenüber folgt oft eine distanzierte, die Schwere konterkarierende Verwirrung. Diese unkalkulierbare Vorgehensweise ist eines der obersten Ziele und bietet die Perspektive für erneuernde Entwicklungsarbeit.

„Die Perle kann ohne Reibung nicht glänzen, der Mensch nicht ohne Anstrengung vervollkommnet werden."
Konfuzius

Trauen Sie sich zu lernen, einmal so richtig „reinzusauen", wie es ein Teilnehmer unserer Ausbildungsgruppe kraftvoll ausdrückte. Alles, was Sie beim Coachee als selbstmitleidig, theatralisch, ermüdend, langweilig, energielos, aggressiv, farblos, auffällig und vor allem auch witzig erleben, ist es wert, erkannt und benannt zu werden. Kinder, die mit naiver, herzerfrischender Offenheit fragen: *„Mama, warum hat der Mann denn so einen dicken Bauch, bekommt der ein Baby?",* dienen dabei als Vorbild. Fragen Sie sich einfach frech, naiv-staunend durch die Welt Ihres Gegenübers. Offenheit beim Coach erzeugt oft Offenheit beim Klienten. Und wenn ich als Coach in einem Coaching schon „Responsibility" habe, sollte auch mal ein „Response" möglich sein, oder? Pro-vocation kann dies wunderbar leisten.

Zu einem Vorstand, der mich zu seiner Coachingstunde immer höflich am Lift abholte, um mich zum immer gleichen Besprechungsraum zu führen und dann noch mal kurz in sein Büro zurückzugehen, sagte ich augenzwinkernd: *„Sie müssen mich ja für völlig blond und blöd halten, dass ich nach drei Treffen immer noch nicht den Weg zum Raum kenne. Behandeln Sie Ihre Mitarbeiter auch wie Kleinkinder?"* – Nach der ersten Empörung arbeiteten wir sehr erfolgreich die ganze Sitzung an dem Thema *„Höflichkeit als Deckmäntelchen für Kontrolle und grenzüberschreitende Eingriffe in die Kompetenzbereiche der Mitarbeiter".*

Bei der Provokation geht es nicht um das sarkastisch-zynische Austeilen von Gemeinheiten, sondern im Gegenteil: *Pro-vocare heißt herrufen, hervorlocken* und besteht auch oft aus einem augenzwinkernden, sanften „Pieksen" in einem annehmenden Interaktionsrahmen. Fast alle Klienten berichten nach den pro-vocativen Interventionsphasen in Ausbildungsworkshops, dass sie sich richtig verstanden gefühlt haben, oftmals zur Überraschung der Zuschauer, die bei den heftigsten Überzeichnungen des Problems empört die Luft anhalten. Übrigens gehen viele Klienten mit sich selbst oft weitaus vernichtender und humorloser um, als es jeder Coach je tun würde.

Voraussetzungen bzw. Grundannahmen, um als Coach pro-vocativ zu intervenieren sind:

→ Gehen Sie in eine positive, liebevolle Grundhaltung dem Coachee gegenüber.
→ Reden Sie so, wie Sie mit dem besten Freund reden würden.
→ Gehen Sie in eine humorvolle, distanzierte Grundhaltung dem Problem gegenüber.
→ Formulieren Sie Dinge im Klartext – ohne diplomatische Vorsicht und Distanz.
→ Bauen Sie eigene Hemmschwellen ab und entwickeln Sie Ihren Mut und Ihre Kreativität. Denken Sie daran: Frechheit siegt und öffnet Türen.
→ Wenn Sie pro-vocativ intervenieren wollen, während Sie latent wütend auf den Klienten sind, *lassen Sie es!*
→ Pro-vocative Kommunikation hat immer eine liebevolle Basis.

Die entscheidende Grundhaltung dabei: *Ich finde dich liebenswert, auch wenn du ziemlichen Quatsch denkst und tust.*

3.1.4 Vorteile des pro-vocativen Coachings

Das Pro-vocative Coaching hat viele Vorteile, die es zu einem bereichernden Werkzeug für fast jede Coachingrichtung machen:

→ Das Misstrauen gegenüber der professionellen Fassade des Coaches, *„Was denkt der wohl wirklich über mich?"* reduziert sich. Die Künstlichkeit der Situation nimmt ab und die Interaktionen sind authentischer.

→ Die Offenheit und der Mut des Coaches haben große Vorbildwirkung und erzeugen Offenheit und Mut beim Klienten. – Es gibt eine implizite Erlaubnis für den Klienten: *„Du darfst so sein wie du bist – ich bin es auch."* Menschen reagieren spontan auf einander – und das, was der Gesprächspartner sagt, meint er auch.

➜ Die Distanz zum Problem kann sich verändern. Humor schafft wohltuenden Abstand und ermöglicht Veränderungen. Im Bereich der sog. „ästhetischen Distanz" (ein Begriff aus der deutschen Dramenkritik) ist der Klient emotional bewegt und involviert, versackt aber nicht in unkontrollierbaren Gefühlen. Er hat ein ausreichendes Maß an Selbststeuerung und Integrationsfähigkeit für neue Erkenntnisse und Erlebnisse. (Diese Sichtweise wird durch zahlreiche neurobiologische Erkenntnisse unterstützt. Siehe Abschnitt 2.4.2.)

➜ Dem Bedürfnis nach menschlichem Feedback und sozialer Rückmeldung wird entsprochen. Die Fähigkeit Feedback zu geben und zu nehmen wird ins Bewusstsein gerückt und der soziale Kontakt mit seinen Anforderungen wird wieder als Realitätsprinzip und nicht als Rollenspiel in einer Soap opera erlebbar.

➜ Mit dem Coach als Sparringspartner kann der Klient die eigene Stärke spüren bzw. seine Immunkraft gegen negative soziale Interaktionen wie Ärger, Ablehnung, Neid, Dominanz, Zurückweisung, Konkurrenz stärken. Sich-wehren-können durchbricht das Problemmuster „Hilflosigkeit und Opfer-sein", es weckt persönliche Stärke und ist näher dran am Leben „draußen" als die besonders sanfte Schonhaltung der psychotherapeutischen Kommunikation.

➜ Die Unvorhersehbarkeit und Unkontrolliertheit des Coaches führt zwangsläufig zum eigenen Weg. Der Klient wird angeregt, das Muster, jemandem gefallen zu müssen/wollen, beiseite zu lassen. Der Coach will auch nicht gefallen und ist in seinen Reaktionen sowieso nicht kontrollierbar.

➜ Es gibt kein Richtig oder Falsch. Der Coach wechselt sowieso dauernd seine Meinung, bis der Klient entscheidet, was für ihn selbst richtig ist. Es gelten nur die unumstößlichen Prinzipien des Miteinanders, wie z.B.: *„Wer stinkt und andere ausnutzt hat weniger Freunde."* Und der Klient lernt, sich selbst einzuschätzen und sich im sozialen Miteinander zu positionieren.

➜ Der Coach ist Vorbild für das Schöpfen aus einem breiten emotionalen Repertoire und den spielerischen Umgang damit. Der Coach traut sich, stark, hilflos, beleidigt, traurig, aggressiv, dumm, arrogant, liebevoll zu sein. Die rigide „So-bin-ich-nun-mal-und-kann-nicht-anders" Selbstdefinition des Klienten, die oft genug die emotionale Entwicklung behindert, wird aufgeweicht.

➜ Der Coach kann mit dem Coachee einen schnellen, wirkungsvollen und ungeschönten „Realitätscheck" durchführen. Der Coachee bekommt Antworten auf die Fragen: *Wie wirke ich? Wo stehe ich? Wie denken andere wohl über mich?* Antworten auf all diese Fragen können vom Coach als „wohlwollender Spiegel" gegeben werden.

➜ Für jeden Klienten wird das Coaching neu erfunden. So wie der Klient sein Problem (er)findet – im Sinne von schöpferischer Konstruktion –, (er)findet der Coach die Interventionen im Sinne von unvorhersehbaren, emotionalen Reaktionen auf dieses Weltbild, die erst in der Interaktion entstehen.

➜ Die kreative und emotional-lebendige Gestaltung von Beziehungen wird vorgelebt. Pro-vocatives Coaching bietet für Coach und Coachee die Möglichkeit, sich mit Lust und Leidenschaft der Schöpfung kreativer Interaktionen hinzugeben und sich im lebendigen Kontakt überraschen zu lassen, was passiert.

Zusammenfassend sei festgehalten: Gäbe es mehr mutig-direkte und gleichzeitig augenzwinkernd-liebevolle Selbstbetrachtungen, würde so manches Problem schon vor dem Entstehen gelöst sein.

3.1.5 Anforderungen an den pro-vocativen Coach

„Wenn es jemanden im Raum gibt, dem es besser geht als mir, dann habe ich etwas falsch gemacht."
Motto der Heidelberger Schule

Was ist so herausfordernd am Pro-vocativen Coaching? Sich komplett und vollständig auf die Gedankenwelt eines anderen einzulassen, dort in Widersprüchen zu surfen und die innere Logik eines anderen nachzuvollziehen, ist nicht leicht für eine Zunft, die zu oft die „Weisheit mit Löffeln gefressen" hat. Die Dinge leicht(er) zu nehmen, damit zu spielen, keine Ratschläge zu geben, keine Lösungen zu kennen, kein super Interventionsformat anzuwenden, nicht mitfühlend zu helfen, noch nicht mal emphatisch zu verstehen ... . Das geht gegen die eigene Berufsehre, geht gegen jegliches Therapieverständnis und, da es oft entgegen den Erwartungen des Klienten abläuft, lässt es uns am Sinn der Hilfeleistung zweifeln: Ist das noch ernstzunehmende Arbeit oder schon Psycho-Kabarett?

Hinzu kommt der Druck, etwas leisten zu müssen, der Spagat zwischen den Heilserwartungen des Coachees und den Hilflosigkeitsgefühlen des Coaches. Viele Therapeuten und Coaches sind froh, sich an einem harten Arbeitstag mal hinter mild-nickenden „Mmhs" und „Aahs" zu verstecken und das einfache, scheinbar kräfteschonende Zuhören als beste Intervention überhaupt zu proklamieren: *„Die wenigsten Menschen haben ja jemanden, der ihnen wirklich zuhört"* – so die eigene Erlaubnis dabei. Aber hört dieser Coach wirklich zu oder ist er abgetaucht in den geistigen Energiesparmodus eines emotional anstrengenden Berufs?

Das emotionale Spiel des Klienten macht jedoch einen wachen und wendigen Sparringspartner notwendig – und es bedarf dabei einiger geistiger Beweglichkeit und kreativem Improvisationstalent. Daher ist das provokative Coaching immer wieder eine Herausforderung für den Coach. Es ist nie klar, wohin die Reise geht, keine Intervention kann geplant werden – nach dem Motto: *"So, heute mache ich mal ein 6-Step-Reframing, egal wer/was kommt."* Immer wieder geht es darum, ganz im Spiel zu sein, auf dem Spielfeld mitzulaufen und gleichzeitig der Trainer mit Überblick zu sein, mitzuspielen in einem Stück und doch seiner Aufgabe als Regisseur gerecht zu werden. Das ist nicht immer einfach.

Das schwierigste ist aber die notwendige emotionale Unabhängigkeit des Coaches vom Coaching und vom Coachee. Wenn der Coach vom Coachee geliebt und bewundert werden will und lieber ohne persönliches Risiko arbeitet, ist die pro-vozierende Interventionsart für ihn ungeeignet. Klienten sind nicht immer nett und nehmen mit großen Augen die Lebensweisheiten von einem entgegen, „der's verstanden hat". Klienten wehren sich, „hauen zurück", sind gemein, stellen sich dumm, lassen Interventionen ins Leere laufen, stellen Kompetenz in Frage und versuchen Schwachstellen des Coaches auszumachen und geschickt für sich zu nutzen. Nicht weil sie böse und hinterhältig sind, aber in die Ecke der Veränderung getrieben, verteidigt sich der kluge Verstand des Klienten mit allen sich bietenden Hilfsmitteln. Übrigens: Über das Konzept des Widerstandes gibt es meterweise Literatur. Wir betrachten diese „Fähigkeit" als emotionale Energie, die sich auch für die Veränderung nutzen lässt.

„Man muss nicht jeden Furz, den man getan hat, in sein Leben integrieren."
Arnold Retzer

Bei einem von uns durchgeführten Coaching-Audit zur Auswahl von Coaches für ein Unternehmen war eine Klientin nach einer halbstündigen Intervention so wütend, dass sie dem Coach ein extrem schlechtes Feedback gab. Alle Beobachter des Coachings und der Coach waren jedoch sicher, dass diese Interventionen im Leben der Klientin wirklich etwas bewegt hatten. Die Klientin war zunächst einfach nur frustriert, dass der Coach ihrem Spiel mit dem Problem keinen Raum gegeben hatte, bedankte sich aber 2 Monate später für eine eingetretene Veränderung und den Mut des Coaches. Sie hatte den Ärger auf den Coach und die damit losgetretene Energie *("Ich kann das wohl!")* sehr sinnvoll für sich genutzt.

Die meisten Menschen wollen sich ungern verändern, sie möchten nur, dass es ihnen mit ihrem Problem besser geht. Beim Pro-vocativen Coaching gilt es noch stärker als in anderen Interventionsverfahren, das Entstehen dieser emotionalen Ambivalenzen auszuhalten *(Ich hasse Sie – ich mag Sie; Komm näher – bleib bloß weg; Helfen Sie mir, mich zu verändern – ich will so bleiben wie ich bin)* und trotzdem „wohlwollend" im Kontakt zu bleiben (fast wie im richtigen Leben!). Denn oft gibt es sehr ambivalente Rückmeldungen: *„Ich bin total sauer auf Sie. Aber ich hab mich noch nie so gut mit meinem Mann verstanden, wie nach dieser Sitzung. Danke."* – spontane (montags abgeschickte) eMail einer Teilnehmerin nach einem Fortbildungswochenende in Pro-vocativem Coaching.

Manche Klienten, und nicht nur die polar-reagierenden (polarity responder), lernen am besten und verändern sich am nachhaltigsten, wenn sie kurzfristig „richtig sauer" auf ihren „Lehrer" sind. Gehen Sie als Coach dieses Risiko ein. Denn für die Befriedigung der Bedürfnisse des Coaches nach Anerkennung und Bewunderung ist nicht der Klient zuständig!

3.2 Wie kann ich das Pro-vocative Coaching in meinen persönlichen Coachingstil einbauen?

Das Pro-vokative Coaching ist eine wunderbare Methode, die mit fast jedem anderen Coachingstil kombiniert werden kann, entweder um Variationen in den eigenen Stil zu bringen oder um etwas Unerwartetes zu tun und somit etwas Abwechslung in das Denken und Fühlen des Klienten zu bringen. Etwas Unerwartetes als Musterunterbrechung (Pattern Break) erhöht die Betriebstemperatur und bringt immer eine besondere Herausforderung für Coach und Coachee. Manchmal sind lange Sequenzen nötig (10–20 Minuten), manchmal reichen zwei, drei Sätze, um die richtige emotionale Temperatur zu erreichen.

„Vorsicht ist die Einstellung, die das Leben sicherer macht, aber selten glücklicher."
Samuel Johnson

Das Neuroduale Coaching (NDC) ist wie Kochen – bei Bedarf wird die Herdplatte durch Pro-vocation auf 12 gedreht und wenn es dann kocht, kann man wieder herunterschalten. Aber keine Angst vor der eigenen Courage: nicht zu früh wieder herunterdrehen, es sollte schon einmal richtig kochen. Ist eine „gute" Temperatur erreicht, kann man auch wieder mit anderen Methoden arbeiten – oft wird „es" dann von alleine gar.

So viel Spaß wie das „Hochkochen" durch Pro-vocation auch macht, bitte immer Vorsicht beim gefühlten „Zwang zur Pro-vocation". Der Gedanke *„So, dem sag ich jetzt mal was Sache ist"* sollte als Stopsignal etabliert werden. Das pro-vocative Vorgehen stellt große Anforderungen an die persönliche Reife des Coaches – daher sollte der Coach sich auch immer die Frage stellen: ... *wann lasse ich es?*

Der Coach, der das Gefühl hat, unbedingt jetzt, an diesem Punkt, pro-vocativ arbeiten zu *müssen,* befindet sich häufig im übertragungsinduzierten Stuck State und sollte sein Bedürfnis nach dieser Intervention kritisch hinterfragen. Für die Pro-vocation ist es wichtig, *emotional frei* zu bleiben von den Inhalten, mit denen man arbeitet.
Ist die Intervention getragen von einem *liebevollen* Grundgefühl für den Klienten, dem Gefühl *„Ich bin auf deiner Seite und jetzt schauen wir uns mal zusammen den*

Unsinn an, unter dem du leidest", kann nichts passieren. Ist die Intervention jedoch Teil des eigenen zu regelnden Gefühlshaushalts von Langeweile, Aggressivität, Überforderung oder gesunkenem Selbstwert, dann gilt: *Finger weg!*

Pro-vocative Interventionen sind keine zynischen Spielereien, um sich als Coach überlegen zu fühlen und alles ein bisschen aufzumischen. Pro-vocation dient nicht der Nährung von Hybris und Allmachtsphantasien der Coaches. – Metaphorisch gesprochen: Es ist eben wirklich nicht das Gleiche, wenn Picasso nach jahrelanger, handwerklich perfekter, realistischer Malerei abstrakt malt – und der bürgerliche Museumsbesucher denkt, dass er das auch kann, und anschließend zu Hause ein paar „Kunstwerke" produziert ... .

Die Grundlage jeglicher pro-vocativen Intervention ist das professionelle Beherrschen einer zurückhaltenden Prozessorientierung und eine ausgezeichnete Selbstwahrnehmung. Nur der Coach, der auch einfühlsam schweigen kann, vorsichtig interveniert, Widerstände in Offenheit, kreative Gedanken oder Tatkraft verflüssigen kann und emotionale Sicherheit vermittelt ... nur dieser Coach sollte pro-vocative Elemente verwenden. Eine gute Basis für die Nutzung der eigenen humorvollen Energie im Coaching ist eine Ausbildung in einer wahrnehmungsorientierten, empathischen Interventionsmethode – wie NLP, Gesprächstherapie, Familientherapie, mit der der Coach jederzeit wieder in der Lage ist, die nötige emotionale Sicherheit und wenn nötig, den Rapport wieder herzustellen. In Kombination mit einer solchen Methode kann die Pro-vocation wahre Wunder bewirken. Wie schon in den Abschnitten 1.1 und 2.4.2 beschrieben, ist die neuroduale Vorgehensweise, der optimale Wechsel und das optimale Zusammenspiel von Sicherheit gewährendem und Herausforderung bietendem Tun die Grundlage der persönlichen Entwicklung.

Je sicherer und wahrnehmungspräziser ein Coach im Kontakt ist, umso häufiger kann er seine kreative Energie nutzen und provokant im Inhalt surfen, ohne von der nächsten Welle erschlagen zu werden.

3.2.1 Rapport und Pro-vocation – geht das gut?

Voraussetzung für jede provokative Intervention ist die grundlegende Einstellung: *„Menschen können sich positiv verändern, wenn man sich auf ihre Seite stellt und gemeinsam schaut, was sie für einen »Quatsch« machen."* – Trennung von Identität und Verhalten.

Ist der Grundrapport sehr stark, wirkt die Pro-vocation oft sogar als besonders nähestiftende Intervention, die ein tiefes Verständnis, wie zwischen engen Freunden, erst möglich macht. Durch zeitweise bewusst aufs Spiel gesetzten Rapport hat der Coach große Vorbildfunktion bezüglich der emotionalen Unabhängigkeit vom Wohlwollen anderer. Dies ist besonders für Klienten wichtig, die sich mit dem limitierenden Glaubenssatz herumschlagen, von allen immer gemocht werden zu müssen.

Auch der Coach muss frei davon sein, von seinen Klienten geliebt werden zu wollen. Emotionale Unabhängigkeit und Professionalität bedeuten dabei, dass kurzfristige Rapportverluste durchaus riskiert werden können. Nutzen Sie die Energien, die in Widerstand und Trotz stecken – denn einige Menschen verändern sich am schnellsten, wenn ihre Veränderung als Trotzreaktion beginnt. (Altes Prinzip aus der Kindererziehung: *„Nein, ich glaube nicht, dass du das schon kannst. Dafür bist du noch zu klein."* Das anschließende *„Bin ich nicht!"* ist fast schon zwangsläufig.)

Ist der Coach sich nicht sicher, ob die Beziehung die Intervention trägt, kann die provozierende Sequenz auch in einen anderen Rahmen gesetzt werden. Mit nachfolgenden Framings kann man die Intervention vom Coach distanzieren:

Zitat-Rahmen:
→ *„Ich würde so etwas ja nie sagen, aber Churchill soll mal in so einer Situation folgenden Kommentar abgegeben haben: ... ."*
→ *„Meine Großmutter sagte in solchen Fällen immer: ... ."*

Beispiel-Rahmen:
→ *„Ich hatte mal einen ähnlichen Fall wie den Ihren und dieser Klient sagte zu sich selbst folgendes: ... ."*
→ *„Das letzte Mal, als mir ein Kollege so etwas Ähnliches erzählt hat, habe ich ihm geraten ... ."*

Metapher-Rahmen:
→ *„Was Sie mir da erzählen, erinnert mich stark an den Igel, der sich in eine Drahtbürste verliebt hatte."*
→ *„Manchmal ist es ja durchaus so, dass man im Tal der Tränen Wasserski laufen kann."*

All diese Rahmen erlauben es dem Coach, sich bei starken Rapporteinbußen von dem Gesagten offiziell zu distanzieren. Manchmal ist sogar eine kleine humorvolle Entschuldigung ein guter Weg, den Rapport wieder zu gewinnen, wenn man übers Ziel hinausgeschossen ist. Man ändert Stimme, Körperhaltung und Mimik und kommentiert sich selbst z.B. mit den Worten: *„Sorry, heute morgen bin ich als Coach* *noch nicht so ganz bei Verstand. Kennen Sie das?"*, oder: *"Entschuldigung, manchmal weiß auch ich nicht, was ich sage. Können wir noch mal anfangen? Klappe, die Zweite!"*

Der Coach braucht die Fähigkeit, spielerisch verschiedene Positionen zu beziehen, ohne der Anmaßung anheim zu fallen, im Besitz der Wahrheit zu sein. Er darf sich vom Klienten mit seinem Problem nicht „hypnotisieren" lassen. Sobald der Coach (inhaltlich) Karten im Spiel hat, d.h. eine bestimmte „Lösung" favorisiert, im Sinne von *„So soll es aber sein – so ist es richtig"*, ist er emotional-gedanklich nicht mehr frei, spielerisch mit den Inhalten umzugehen – er kann also nicht wirklich frei vom Inhalt arbeiten. Je besser der Rapport ist, desto größer ist oft die Gefahr, dass der Coach meint den Klienten „wirklich" zu verstehen und verwickelt wird. Voraussetzung für emotional unabhängige Arbeit ist zu akzeptieren, dass alle Interventionen Metaphern sind und der Coach nicht wirklich die Bedeutung seiner Worte und Vorgehensweisen für den Klienten kennt. Ein Kompliment ist sicherlich der Satz des Coachee an den Coach: *„Ich weiß immer noch nicht, wie Sie sich entscheiden würden, was Sie darüber denken."*

> *„Die Entscheidungen, die der Klient trifft, müssen mir alle **gleichgültig** sein, im Sinne von alle sind **gleich gültig**."*
> M. Schmidt-Tanger

3.2.2 Von der Problemtrance zur Veränderungstrance

Das Problem entsteht immer in oder durch eine bestimmte Perspektive, d.h. die Problembeschreibung ist eine subjektive Wahrnehmungsinterpretation des Klienten und nicht die „Wahrheit". Die scheinbar logischen Verknüpfungen, die der Klient zwischen seinem Problem, seinem daraus abgeleiteten Ziel und den einzusetzenden Ressourcen herstellt, sind aufgrund der persönlichen Erfahrungen des Klienten entstanden und werden je nach Häufigkeit der Nutzung zu neuronalen „Autobahnen" ausgebaut. – Hält der Coach die Beschreibung des Klienten und dessen Interpretation für die „Realität", beschränkt er sich in seinen Interventionen.

Das Problem ist die symptomgenerierende Aufmerksamkeitsfokussierung auf Ausschnitte des „Hier-und-Jetzt, Dort-und-Damals, Dann-und-Später". Auch die Ziel- und Ressourcen-Beschreibungen eines Klienten erfolgen aus dem aktuellen Zustand heraus, bzw. werden aus diesem Zustand heraus generiert und sind dadurch stark problemdurchdrungen. Ein Perspektivenwechsel/Emotionswechsel durch pro-vocative Kommunikation führt zum Erleben anderer Zustände und führt somit zu anderen Problembeschreibungen, Zielneuformulierungen und/oder Ressourcenaktivierung. Aus einer problembezogenen Beschreibung bzw. Selbstdiagnose sollte eine kompetenzbezogene Diagnose werden. – Kann die Perspektive gewechselt werden, ist manchmal das Problem sogar eine Lösung für einen anderen Sachverhalt, löst sich in nichts auf oder stellt neue Erkenntnisse bereit.

Milton Erickson z.B. führte Veränderungen herbei, indem er jeder Aktion eine positive Konnotation verlieh. Seine Strategie beruhte auf der Überzeugung, dass jeder Mensch ein natürliches Verlangen nach Wachstum in sich verspürt und durchaus in diesem Sinne tätig werden wird, wenn die positiven Aspekte seines Verhaltens hervorgehoben werden. Deshalb ist es Aufgabe des Coaches, andere Herangehensweisen als bisher zu ermöglichen und anzuregen. Eine andere Vorgehensweise kann dabei für den Klienten sehr verwirrend sein. Statt das Problem „konstruktiv durchzudiskutieren" (so wie es immer gemacht wird), reagiert der Coach völlig anders. Häufig erscheint dann die Art des Coachings fremd, zu emotional, zu langsam, zu kreativ, zu provokant, zu liebevoll, zu ... . Und das ist gut so. All dies ist die Bereitstellung neuer Rahmen, anderer Arten des Erlebens und ungewöhnlicher Arten des Fühlens. Sich darauf einzulassen, über den Schatten der „normalen" Problemlösung zu springen, bringt häufig schon eine Veränderung.

Kleine Zwischenfrage:
Bei einem Tischtennis-Turnier soll der Sieger ermittelt werden. Es gibt genau 197 Mitspieler. Gespielt wird im k.o.-System. Die Frage ist: Wie viele Spiele muss es geben, bis der Sieger feststeht? Bitte denken Sie, jetzt ... . Halt, bevor Sie beginnen die einzelnen Partien zu zählen, machen Sie sich klar, dass es, will man einen Gewinner ermitteln, 196 Verlierer geben muss. ... Und genau so viele Spiele muss es demnach auch geben. Einfach, nicht wahr? Wenn man anders denkt als gewohnt.

Je mehr unterschiedliche Ebenen der Problemlokalisation bzw. -lösung in Betracht gezogen werden, desto größer ist die Veränderungswahrscheinlichkeit in Bezug auf eine stabile Lösung. Diese neue Problemlokalisation durch den Berater ist nicht die große Wahrheitsverkündung des Obergurus, sondern als Angebot einer anderen Perspektive zu sehen. Diese andere Perspektive ist die Aufforderung zur Erkenntnis einer neuen Ordnung, eines neuen Erklärungsschemas, das Türen zu Lösungen öffnet. Die scheinbare Offensichtlichkeit, warum etwas ein Problem ist oder wo die Ursachen dafür zu suchen sind, führt häufig genug in die Irre. Vielleicht ist dieses Problem ja die Lösung für ein anderes Problem. Oder das Problem der einen Person ist die Lösung eines Problems für einen anderen.

„Alles hat man herausgefunden, nur nicht wie man lebt."
Jean-Paul Sartre

3.2.3 Der neue Blickwinkel: Wie muss ich denken?

Wie kommt man als Coach nun auf die Interventionen? Oft ist der Punkt, an dem es sich zu arbeiten lohnt, schnell gefunden. Verlässt der Coach sich auf die unendliche Informationsmenge von mehr als 11 Millionen Bits, die ihm beim Kontakt pro Sekunde zur Verfügung stehen, steigen oft intuitive Bilder und Sätze auf, die sich sofort einsetzen lassen. Das Auge sendet pro Sekunde mindestens 10 Millionen Bits ans Gehirn, die Haut 1 Million, das Ohr 100 000, der Geruchssinn weitere 100 000 und der Geschmackssinn ungefähr 1000 Bit. Davon wird jedoch nur ein winziger Teil das Bewusstsein erreichen (Norretranders 1997). Nutzen Sie die ersten Sekunden: Was fällt Ihnen sofort auf, wie bewegt sich der Klient, wie ist er gekleidet, was sind seine ersten Sätze? Das reicht schon. Sie wissen bereits genug! Mit ein paar zusätzlichen Anleihen bei gängigen *Bild*-Zeitungsschlagzeilen, Männer-Frauen-Klischees, „Sex and Crime"-Phantasien und herausfordernden Tabubrüchen, lassen sich leicht tranceinduzierende, provokative Interventionen finden.

Noch einmal: Alles, was Sie als Coach beim Coachee als ermüdend, langweilig, selbstmitleidig, theatralisch, energielos, aggressiv, farblos, auffällig, witzig etc. erleben, ist Teil seines So-in-der-Welt-Seins. Seien Sie versichert: Was Sie als Coach „merkwürdig" empfinden, erleben die Sozialintensivpartner Ihres Coachees noch wesentlich deutlicher. Begeistern Sie sich für das Symptom, gönnen Sie sich pathetisches Mitleid, gähnende Langeweile oder die totale Ausweglosigkeit. Entweder denkt Ihr Coachee heimlich genauso (gut gepaced) oder es entsteht eine völlig neue Sichtweise (gutes Reframing).

Die Komplexäquivalenzen (Gleichsetzung von Teilen mit einer komplexen Bedeutung: *„Das bedeutet das, da bin ich ganz sicher."*) werden so lange humoristisch verstärkt und unterstützt, bis der Klient selbst aus diesem „unreifen" Denkmodus heraus in ein differenzierteres, „reiferes" Weltbild wechselt, d.h. sich selber führt. Der Klient wird in seinem Problem solange unterstützt, bis ihm nur noch die **„Flucht" in die Gesundheit** bleibt. Somit ist die pro-vocative inhaltliche Arbeit die größte Herausforderung an die fortwährende, innere Reframingarbeit des Coaches und des Coachees *(„Es könnte auch alles ganz anders sein.")* und damit die hohe Kunst, immer wieder eine andere Perspektive einzunehmen, ohne in ihr zu verharren. Mit dem Coach im Rapport respektlos auf das Problem schauen, ermöglicht emotionales Modelllernen.

„Nichts ist so hinderlich für die Entwicklung eines Klienten, wie ein kalkulierbarer Coach."
M. Schmidt-Tanger

Manchmal genügt ein einziger Satz, manchmal braucht es ein längeres Gespräch, in dem der Coach konsequent die „andere Seite" des Ergebnisses/Ziels beleuchtet, nach positiven Absichten fragt oder das Ziel generell in Frage stellt. Jegliche Lebensäußerung und kreative Problemkonstruktion wird vom Coach innerlich mit einem liebevoll-interessierten *„Aha, so ist es"* kommentiert. Dies führt zu einer kindlich-naiven, mitfühlenden, spontan reagierenden, ehrlichen Reaktion, ohne verletzen oder (ab)werten zu wollen. All dies ermöglicht dem Klienten eine veränderte (Selbst-) Wahrnehmung als Grundlage der Neuorganisation von Ressourcen. Die scheinbar unkontrollierte, maß- und respektlose Übertreibung, der unkonventionelle Tabubruch und der vermeintliche emotionale Supergau wird – bei Licht betrachtet – etwas, über das man in der sicheren Beziehung zum Coach herzhaft lachen kann oder sich als deutliche Erkenntnis erstmals wirklich „zu Herzen" nimmt. Der tiefe – oft unerwartet – un„verschämte" Kontakt zu sich selbst verändert die gewohnten Denk- und Fühlstrategien oft entscheidend.

3.2.4 Zehn Wege zur pro-vocativen Intervention

Folgende Werkzeuge und Geisteshaltungen ermöglichen einen ersten Einstieg ins Pro-vokative Coaching. Für alles gilt: Lassen Sie sich auf Ihre eigene therapeutische Improvisationskunst, Ihre Leichtigkeit und Ihre Ver-rückt-heit ein.

1. *Verlieben* Sie sich in das Weltbild des Anderen: *Verstärken*, dass es genau richtig ist so zu denken. *Begeistern* Sie sich für das Symptom (Powerpacing).
Beispiele: *„Nun mal ruhig, Sie haben es schon 10 Jahre ausgehalten, dann kommt es auf 10 weitere Jahre nicht mehr an – Sie wissen doch jetzt, wie es geht. Sie sind Experte dafür."* Oder: *„Großartig, da gibt es nicht so viele von! Wie machen Sie das, ich will das auch können."*

2. Stellen Sie eine andere Interaktion zur Verfügung als die, die vom Klienten erwartet wird. Hören Sie nicht stundenlang zu, sondern *unterbrechen* Sie den Klienten fortlaufend. Lassen Sie nicht zu, dass erzählt wird, was immer erzählt wird – erzählen Sie selbst. Machen Sie den Klienten zum Stichwortgeber für bodenlose Übertreibungen, absurde *Ausschmückungen von Katastrophen* oder scheinbar zusammenhanglose Geschichten, die Sie erzählen. Eine kleine Daumenregel dabei – 90 Prozent der gesagten Sätze im Coaching sind Aussagen des Coaches:
→ 30 Prozent (absurde) Erklärungen für das Problem,
→ 30 Prozent provozierende (rhetorische) Fragen,
→ 30 Prozent Stories und „weise" Ratschläge.
Beispiele: *„So, wie lange dauerte Ihr Leiden? 5 Jahre? Jesus hat ja höchstens eine Woche gelitten, da sind Sie klarer Sieger."* Oder: *„Sie sind der Gewinner, ganz klar. Die Olympiade der Nutzlosen. Welche Disziplin bevorzugen Sie denn? Wäscheklammerweitwurf oder Hindernisstaubsaugen?"*

3. Nutzen Sie das *Offensichtliche*. Gehen Sie nicht in die Tiefe, leiten Sie aus Äußerlichkeiten tiefe Probleme ab. Sie können sofort sehen, wie der Klient reagiert. Und wenn dieser Schuss in den Busch ein paar Hasen zum Laufen bringt, prima!
Beispiele: *„Kein Wunder – wer solche Schuhe trägt."* Oder: *„Haben Sie noch andere Probleme außer dieser roten Lederhose?"* Oder: *„Ein Engelchenkettchen, entzückend! Haben Sie es schon mal mit religiösem Wahn probiert, sehr zu empfehlen. Ich hatte eine Tante, ..."*

„Man sollte eigentlich im Leben niemals die gleiche Dummheit zweimal machen, denn die Auswahl ist ja groß genug."
Bertrand Russell

4. Stellen Sie sich *dumm, missverstehen* Sie den Klienten absichtlich – sprechen Sie eindeutig zweideutig, gestehen Sie Ihre Unfähigkeit ein, hier helfen zu können. Nutzen Sie den *Tiefstatus des Coaches* und die Ablehnung des Interaktionsmusters von Helfer und Opfer.
Beispiele: *„Ich hatte ja schon viele Klienten, aber Sie sind so gut im Problem, bei Ihnen reicht meine Kompetenz sicher nicht."* Oder: *„Ich soll Ihnen helfen? Das Problem hatte ich leider selbst noch nicht."* Oder: *„Zu früh dürfen Sie aber nicht geheilt werden, ich wollte doch Ledersitze für mein Auto bestellen."* Oder: *„Bitte, was sagten Sie gerade? Ich hab gerade an was Schönes gedacht."*

5. Sprechen Sie in *Stereotypen,* Verallgemeinerungen, *allgemeinen Wahrheiten.* Nutzen Sie Bild-Zeitungsschlagzeilen, Witze, Vorurteile, Schwarz-Weiß-Denken, Geben Sie *Lebensweisheiten* von sich.
Beispiele: *„Ja, so sind sie, die Männer!"* Oder: *„Sei wie das Veilchen im Moose sittsam, bescheiden und rein."* Oder: *„Sie sind Lehrer? Das kommt ja gleich nach Taxifahrer."* Oder: *„Wer nicht arbeitet, soll auch nicht essen, so ist es doch, oder?"*

6. Sprechen Sie innere Wahrheiten und *vermeintliche Geheimnisse* aus. Konfrontieren Sie mit Befürchtungen, negativsten Gedanken, Tabus.
Beispiele: *„Noch eine Schwangerschaft? Da hängt ja der Busen bis zu den Knien."* Oder: *„Wenn ich hier entlassen werden würde, würde ich mich wahrscheinlich umbringen wollen. Sind Sie schon so weit?"* Oder: *„Kommen Sie, jede Sekretärin will mit ihrem Chef ins Bett. Macht macht geil."* Oder: *„So eine Tochter wie Sie würde ich enterben. Was denkt Ihr Vater darüber?"*

7. Gedankengänge übertreiben und *kabarettmäßig überzeichnen.* Tabuisierte Szenen und Bilder genüsslich ausmalen, Mimik und Stimme zum Übertreiben nutzen.
Beispiele: *„Oh je, ein kleines Dornröschen, das glaubt, es könnte ein Gartencenter leiten. Warten Sie, bis der Prinz auf dem weißen Pferd zum Düngen vorbeikommt."* Oder: *„Und dann kommen Sie, aufgetakelt wie ein Vier-Master und segeln bei Flaute durch die Damenwelt."* Oder: *„Ich würde nicht rausgehen, draußen wird scharf geschossen. Da draußen gibt es echte Männer, die was riskieren und auf Milchschnitten wie Sie warten – zum Frühstück so einen weichen Keks. Lecker!"*

8. Nur *absurde Ratschläge* geben. Nichts erklären. Ziellos, gleichgültig sein.
Beispiele: *„Ob ich eine Idee habe zu Ihrem Problem? Tja, vorhin hatte ich noch eine ganze Menge, aber jetzt ist mein Hirn wie leergefegt."* Oder: *„Ich, ein Ziel für Sie? Ich hab ja nicht mal Ziele für meinen Hund."* Oder: *„Ein beruflicher Rat? Machen Sie es wie ich, werden Sie Coach."*

9. Nutzen Sie therapeutisch „unerlaubte" Vorgehensweisen.
   a) Idealisieren – Beispiele: *„Toll, wie Sie das wieder gemacht haben. Sie sind einer der besten Klienten, die ich je hatte. Mit Frauen ist es so einfach. Herrlich!"* Oder: *„Einfach wundervoll Ihre Mitarbeit. Das sagt sicher jeder über Sie, nicht wahr?"*

b) *Tabuisieren – Beispiele: „Das ist jetzt wahrscheinlich ein Thema für einen anderen Kontext." Oder: „Lassen Sie mal, das müssen wir hier nicht besprechen. Das ist nichts für Sie."*
c) *Pathologisieren – Beispiele: „Na, ob das in Ihrem Fall so schnell geht, wie Sie glauben. Bei dem Murks in Ihrem Alltag." Oder: „Ihr Problem ist, dass Sie nicht wissen, was Sie wollen. Das liegt sicher an Ihrer verkorksten Vaterbeziehung."*
d) *Infantilisieren – „So, jetzt müssen Sie mir aber schön brav zuhören, wenn ich das jetzt erkläre." Oder: „Komm Kindchen, das wird schon wieder, da müssen Sie jetzt nicht weinen."*
e) *Kriminalisieren – Beispiele: „Das wollen Sie doch wohl nicht tatsächlich machen, was Sie mir da erzählen!? Sie Verbrecher!" Oder: „Da muss man sich ja vor Ihnen fürchten – bei Ihrer ganzen Wut. So viel Dummheit ist ja gefährlich."*
f) *Moralisieren – Beispiele: „Also, an solchen Problemen arbeite ich eigentlich nicht. So einer bin ich nicht." Oder: „Das ist nicht fair, dass Sie mich immer 10 Minuten warten lassen, ich habe schließlich auch Termine." Oder: „Wie viele Coaches haben Sie denn schon verschlissen?" Oder: „Wie, Sie trennen Ihren Müll nicht?"*

„Die Geburt ist offenbar ein Schwerverbrechen, denn sie wird mit dem Tode bestraft."
Voltaire

10. Sitzen Sie an der Seite des Klienten, und erzählen Sie *weise Geschichten* und Metaphern (echte oder selbst ausgedachte).
Beispiele: *„Vor Jahren gab es mal eine ... ."* Oder: *„Wenn ich mich recht erinnere, ist eine der weisesten Geschichten, die ich kenne, die von der Ente Dicki, ..."* Oder: *„Sagte einmal ein Mönch zu seiner Suppenschüssel, ..."*

3.2.5. Kriterien für erfolgreiche pro-vocative Kommunikation

Für die Qualität der Interventionen gelten in der Regel alle Kriterien des inhaltlichen Reframings (Umdeutung). Als erste Reaktion erfolgt meist ein Wechsel des emotionalen Zustandes: Lachen, Empörung, Ärger, Freude, Tränen, Entspannung und Trance. Die Dauer, Häufigkeit und Tiefe von Trancemomenten („in-sich-gehen") nimmt deutlich zu. Beim Reorientieren aus diesen Trancezuständen gibt es dann meist Veränderungen des Muskeltonus und der Durchblutung, des Grundbewegungsrhythmus und der Haltung in Form von Zunahme der körperlichen Symmetrie. Versöhnungsphysiologien, eine allgemeine Zunahme der Ressourcenhaftigkeit treten besonders stark nach benannter oder erlebter Integration vormals abgelehnter Teile und/oder dem Erkennen/Benennen von sekundären Gewinnen des Problems auf.

Durch die Veränderung des emotionalen Abstandes zum Problem wechselt die Wahrnehmungsposition (assoziiert, dissoziiert, meta). Ist „es" erst mal „raus", ist

> „Der beste Beweis für Weisheit ist beständig gute Laune."
> Michel Montaigne

es gesagt, kann man „es" bei Licht betrachten und wird zu einem „etwas", über das man auch lachen kann. Es kommt zur Veränderung von Denkmustern, z.B. einem Attribuierungswechsel der Problemquelle (von external auf internal oder vice versa) oder dem Wechsel von Denkmustern und Wahrnehmungsfiltern in Form von Metaprogrammen (siehe Abschnitt 3.3.1).

Wirkt Pro-vocation kann man das an folgenden Kriterien schnell erkennen:
- Der Klient ist verwirrt, geht aus dem direkten Blickkontakt heraus und denkt nach (Trance).
- Der Klient zeigt Versöhnungsreaktionen (Lachen, Entspannung, Zunahme der Körpersymmetrie).
- Der Klient zeigt starke, physiologische Reaktionen (Veränderung der Muskelspannung, Durchblutung, Atmung).
- Auf Nachfrage kann die Klage nicht sofort exakt wiederholt werden (Amnesie).
- Der Klient verändert seine Haltung und Energie. Vorher saß er vielleicht starr und deprimiert, nun wird er ärgerlich und bewegt.
- Der Klient greift die Intervention auf, übernimmt Metaphern und baut diese weiter aus.
- Der Klient zeigt Ärger, Widerstand und Widerspruch. Wechselt vom Klagen zum Verteidigen, bleibt aber interessiert im Kontakt.

3.3 Pro-vocative Werkzeuge und Formate

„*In der Therapie solltest du Humor sehr sorgsam einsetzen, denn deine Patienten bringen genug Kummer und Sorgen mit und sie brauchen diesen ganzen Kummer und die Sorgen nicht. Du solltest sehen, dass du sie von Anfang an in einen angenehmeren Zustand bringst.*" (Milton H. Erickson)

Ein angenehmerer Zustand ist häufig einfach ein „anderer" Zustand. Das von vielen Klienten erlebte Gefühl des Festgefahrenseins in ihrem Problem ist oft eine Folge der immer gleichen, vergeblichen Problemlösungsversuche. Sich „im Problem" zu befinden bedeutet, dass alles, was gedacht und gefühlt wird, mit dem Problem verbunden ist – und die geistige und emotionale Flexibilität als eingeschränkt erlebt wird. Ein wichtiges Coachingziel ist daher immer, neue Sichtweisen herauszufordern oder anzubieten. Um alternative Wahrnehmungsräume zu öffnen, eignen sich Interventionen, die den Fokus der Wahrnehmung verschieben und somit Zugang zu anderen Standpunkten ermöglichen. Die Unkalkulierbarkeit der Interventionen und der scheinbare Bruch der Kommunikationsregeln durch den Coach führen zunächst in die Verwirrung und ermöglichen dann einen alternativen Blickwinkel.

Im Folgenden stelle ich Ihnen effektive Werkzeuge und Formate vor, die zu neuen Gefühlen und neuen Gedanken führen und wieder Bewegung in das System bringen.

3.3.1 Metaprogramme – Wahrnehmungsfilter und Denkmuster

Jede Person nimmt Informationen in ganz individueller Weise auf. Diese spezifische Art der Wahrnehmung und Verarbeitung entwickelt sich auf der Basis biologischer Voraussetzungen für jedes Individuum – abhängig von seinen Erfahrungen und den Lernvorgaben durch seine Umwelt. Ob ich auf das „halb volle Glas" schaue oder das „halb leere", ob ich eher Details sehe oder das große Ganze für mich wichtig ist, ob mir eher Dinge auffallen, die ähnlich sind, oder ich eher Abweichungen registriere, ist geprägt durch Kontextbedingungen und die Vorbildfunktion relevanter Bezugspersonen. *Jedem Menschen sind potentiell alle Metaprogramme verfügbar.* Dennoch werden bestimmte Filter als Wahrnehmungsgrobraster und bevorzugte Verarbeitungsmechanismen häufiger genutzt als andere. Dies dient primär der Vereinfachung von Wahrnehmungs- und Analyseprozessen. Es ermöglicht schnelles, stereotypes Reagieren in generalisierten Situationen.

Da einseitige bzw. rigide Nutzung nur einer Metaprogrammausprägung häufig zu Problemen führt, nutzt der Coach in der provokativen Kommunikation bewusst den Wechsel der Denkfilter. Mit ein bisschen Übung können alle Metaprogramme flexibilisiert und wieder häufiger benutzt werden. Um das anzuregen wird das komplementäre Programm vom Coach sprachlich direkt angeboten. Oder seine (Neu-)Nutzung passiert beim Klienten durch die Pro-vocation von selbst. Ändert der Klient unbewusst seine Programme, ist dies immer ein gutes Zeichen für eine beginnende Veränderung. Im Folgenden beschreibe ich die wichtigsten Programme und einige Beispielinterventionen für den Metaprogrammwechsel durch den Coach.

> „Nichts ist so gefährlich wie eine Idee, wenn es die einzige ist, die du über dich hast."
> Emile Chartier

Orientierung: Hin zu – weg von

Dieses Metaprogramm beschreibt den Ausgangspunkt von Motivation: Wird das Verhalten eher durch ein „Hin zu" (einem Ziel) oder durch ein „Weg von" (der alten Situation) bestimmt? Je nachdem, ob bei Veränderungen die eine oder andere Motivationsrichtung bevorzugt wird, werden die Wahrnehmungen auf genau die „passenden" Informationen gerichtet sein. Fokussiert der Klient auf ein „Weg von", so werden alle Aspekte verstärkt, die ein „Ich-halt-das-nicht-mehr-aus" stützen, umgekehrt werden bei „Hin zu" alle Aspekte fokussiert, die Wunschvorstellungen (auch unrealistische) fördern.

Von „hin zu" zu „weg von":
Kl.: *Ich muss unbedingt lernen mich durchzusetzen, um Vorstand zu werden.*
C.: *Sie sollten erst einmal lernen, sich richtig zu ducken und die eigenen Bedürfnisse zu beherrschen.*

Von „weg von" zu „hin zu":
Kl.: *Ich halte es nicht mehr aus, so zu leben.*
C.: *Sie haben doch für die Sonnenseite gar nicht die passenden Sachen.*

Chunkgröße: Detail (Konkretisieren) – Ganzes (Globalisieren)

Der Begriff Chunk stammt aus der Informationsverarbeitung und beschreibt die Informationsgröße bzw. -einheit auf einer bestimmten Betrachtungsebene. Dinge

Coaching fürs Leben

JUNFERMANN AKTUELL

Coaching

NLP • Gewsilkommunikation

Management Bewegung

Partnerschaft Coaching

& Mediation Management

Gehirn und Geist en & Pädagogik

Cora Besser-Siegmund
Martina Schmidt-Tanger
Jens Tomas, Thies Stahl
René Borbonus, Robert Dilts
Heidrun Vössing
Kevin Hogan u.a.

Illustrationen © 2006 • www.christian-tschepp.at

Junfermann Verlag

80 S. • € (D) 9,95
€ (A) 10,30 • sFr 18,90

René Borbonus
Die Kunst der Präsentation

Vom spannenden »Opener« bis hin zum »Notfallkoffer« für Präsentations-Pannen liefert das Buch alle nötigen Tipps für die ultimative »Anders-als-alle-anderen-Präsentation«.

288 S. • € (D) 29,80
€ (A) 30,70 • sFr 50,90

Andreas Patrzek
Wer das Sagen hat, sollte reden können

»Welche Tools, Tipps und Techniken benötigt eine Führungskraft, um effektiv Gespräche führen zu können?« Dieser Frage geht der Autor – langjähriger Führungskräftetrainer und Teamentwickler – nach und fasst alle zentralen Techniken effektiver Gesprächsführung zusammen.

80 S. • € (D) 9,95
€ (A) 10,30 • sFr 18,90

Ute Simon-Adorf
Was Sie schon immer über Coaching wissen wollten ...

Wie läuft ein Coaching ab und welche Veränderungen bewirkt es? Eine gute Einstiegslektüre ins Thema Coaching, vermittelt aber auch Coaching-Kundigen gezielte weitergehende Informationen zu bestimmten Themen.

Alle sFr-Preise sind unverbindliche Preisempfehlungen. Preise entsp

Coaching fürs Leben

C. Bähner, M. Oboth & J. Schmidt
Praxisbox Konfliktklärung in Teams & Gruppen

130 Karten in stabiler Box · € (D) 39,50 · € (A) 40,70 · sFr 66,90

Neue und bewährte Tools zur Konfliktklärung in Gruppen. Sie sind den Phasen der Mediation zugeordnet und mit anschaulichen Tipps versehen für alle, die konfliktlösend moderieren möchten. »Spickzettel« mit Formulierungsvorschlägen, hilfreichen Modellen und Checklisten unterstützen Sie bei der Teammediation.

Ingeborg & Thomas Dietz
Selbst in Führung

224 S. · € (D) 22,– · € (A) 22,70 · sFr 39,90

»Dieses Buch schafft einen Spagat nach dem anderen: Es ist für ratsuchende Normalos genauso nützlich und interessant wie für Coaching-Profis, die sich weiterbilden wollen. Es verbindet einen körperorientierten Ansatz mit dem Modell des inneren Teams.«
– wirtschaft + weiterbildung

Jens Tomas et al.
MILTON! Sprachliche Brillanz für professionelle Kommunikatoren.

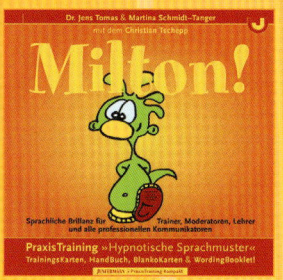

63 Karten, Handbuch, Wording Booklet u.v.m. · € (D) 35,– · € (A) 36,– · sFr 58,90

»Dieses Lernpaket ist eine Bombe. Sie werden erleben, wie Ihre Fähigkeiten explodieren. Schon beim Öffnen werden Sie spüren, dass Lernen Freude bereitet. Sie finden genau das, was Sie schon lange gesucht haben.« – Nikolaus B. Enkelmann

Robert Dilts
Professionelles Coaching mit NLP

288 S. · € (D) 24,50 · € (A) 25,20 · sFr 44,50

Dieses Arbeitsbuch für Coaches bietet Werkzeuge mit denen Sie Ihren Klienten helfen können, sich mit Zielen, Problemen und Veränderung auseinanderzusetzen.
»Ein umfangreiches Werk für gestandene Coaches mit NLP-Wissen.« – Training aktuell

Martina Schmidt-Tanger & Thies Stahl
Change-Talk Coachen lernen! Coaching-Können bis zur Meisterschaft

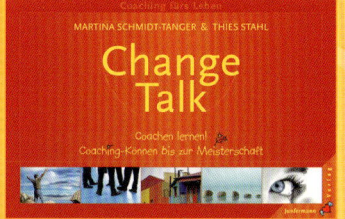

152 Karten in stabiler Box · € (D) 39,80 · € (A) 41,– · sFr 66,90

Ein einzigartiger Überblick über das Wissen, das Sie benötigen, um kompetent beraten und coachen zu können. Die Autoren stellen Know-how zur Verfügung, das es bisher so übersichtlich und strukturiert in keinem Coaching-Buch gibt.

»Diese Lernkartei ist ein Muss!« – CoachNet.de

Kevin Hogan
Die Kunst der Überzeugung

240 S. · € (D) 19,95 · € (A) 20,60 · sFr 35,90

»Kevin Hogan hat ein außergewöhnliches Buch der Überzeugungskunst geschrieben, das auf neuesten psychologischen Erkenntnissen basiert. Es ist eine intelligente, praxisnahe, unterhaltsame und provozierende Anleitung.«
– Robert Levine, Autor von »Die große Verführung«

Coaching fürs Leben

C. Besser-Siegmund et al.
Sicheres Auftreten mit wingwave-Coaching

wingwave-Coaching ist die ideale Vorbereitung auf Vorträge, Präsentationen oder sportliche Wettkämpfe. Lernen Sie wingwave mit diesem Buch und der beiliegenden CD.

208 S. mit Musik-CD
€ (D) 22,50 • € (A) 23,20 • sFr 40,90

240 S.
€ (D) 20,50

Unsere Buchempfehlung:
Mentales Selbst-Coaching

Ausführliche Informationen mit Inhaltsverzeichnis, Leseproben & Newsletteranmeldung finden Sie auf unserer Homepage:

www.junfermann.de
Ihr direkter Draht zum Verlag

Heidrun Vössing
Die Kraft innerer Bilder

»Das Buch beschreibt, wie das große Potenzial der menschlichen Vorstellungskraft für positive Veränderungen genutzt werden kann. Coaches und interessierte Laien finden eine Fülle von Anregungen.«
– Neue Westfälische

Lesen Sie auch:
NLP in der Coaching-Praxis

136 S. • € (D) 15,90
€ (A) 16,40 • sFr 28,90

144 S.
€ (D) 16,90

...echen dem Stand von Juli 2008.

Sie möchten bestellen? Aber gern! Ordern Sie bequem direkt beim Verlag:

- Tel.: +49 (0) 5251 - 13 44 0
- Fax: +49 (0) 5251 - 13 44 44
- eMail: infoteam@junfermann.de
- per Post an nebenstehende Adresse

Junfermann Verlag
Christa Guder
Postfach 1840
D - 33 048 Paderborn

Ja, ich will!

- Ex. Bähner et al. »Praxisbox Konfliktklärung ...« • ISBN 978-3-87387-679-8
- Ex. Besser-Siegmund »Mentales Selbst-Coaching« • ISBN 978-3-87387-631-6
- Ex. Besser-Siegmund »Sicheres Auftreten ...« • ISBN 978-3-87387-683-5
- Ex. Borbonus »Die Kunst der Präsentation« • ISBN 978-3-87387-693-4
- Ex. Dietz »Selbst in Führung« • ISBN 978-3-87387-682-8
- Ex. Dilts »Professionelles Coaching mit NLP« • ISBN 978-3-87387-558-6
- Ex. Hogan »Die Kunst der Überzeugung« • ISBN 978-3-87387-672-9
- Ex. Patzek »Wer das Sagen hat, sollte reden können« • ISBN 978-3-87387-698-9
- Ex. Schmidt-Tanger/Stahl »Change-Talk« • ISBN 978-3-87387-617-0
- Ex. Simon-Adorf »Was Sie schon immer über ...« • ISBN 978-3-87387-694-1
- Ex. Tomas et al. »Milton!« • ISBN 978-3-87387-589-0
- Ex. Vössing »Die Kraft innerer Bilder« • ISBN 978-3-87387-684-2
- Ex. Vössing »NLP in der Coaching-Praxis« • ISBN 978-3-87387-614-9

Name

Vorname

Straße

PLZ, Ort

Telefon

eMail (für evtl. Rückfragen)

Datum, Unterschrift

Junfermann Verlag

zu abstrahieren und auf einer höheren Ebene zusammenzubringen, bedeutet *Up-chunking* – Dinge in Details zu zerlegen und zu spezifizieren wäre *Down-chunking*.

Je nach Abstraktionsgrad wirken Probleme/Ziele größer oder kleiner. Verändern sich der „Abstand" und die Analyseebene des betrachteten Gegenstands, so treten andere Aspekte in den Vordergrund.

Von „groß" zu „klein":
Kl.: *Mein Leben ist ein einziger Trümmerhaufen.*
C.: *Ja, so ein Pickel auf der Nase kann einen schon zu Selbstmord treiben.*

Von „klein" zu „groß":
Kl.: *Ich schaffe es nicht, beim Lesen eines Buches über die Seite 50 hinaus zu kommen.*
C.: *Bei den Millionen Büchern, die es gibt, sollte man eigentlich gar nicht lesen. Es bringt nur Frust. Bücher sind nichts für Praktiker.*

Vergleiche: mismatch – match

Bei dem Vergleich zweier Dinge ist es möglich, auf die Unterschiede (mismatch) oder die Ähnlichkeiten (match) zu fokussieren. Als emotionale Tendenz kann man beim Programm „match" ein Harmoniebedürfnis beobachten. Alle Informationen, auch die unähnlichen, werden als „passend" beurteilt. Bei überwiegender Nutzung der Ausprägung „mismatch" kommt es oft zu zwischenmenschlichen Spannungen, da die Genauigkeit der Betrachtung und die geäußerten Abweichungen von anderen oft als Kritik erlebt werden.

Von „mismatch" zu „match":
Kl.: *Alle meine Freundinnen sind verheiratet, nur ich nicht.*
C.: *Damit sind Sie auf der sicheren Seite der klugen Frauen. Wissen Sie eigentlich, was Männer für einen Dreck machen?*

Von „match" zu „mismatch":
Kl.: *Bei uns im Unternehmen ist jeder ehrgeizig und alle wollen nach oben.*
C.: *Da ist es ja gut, dass Sie noch andere Interessen haben.*

Bewertungsreferenz: internal (innen) – external (andere)

Beim Programm Bewertungsreferenz werden folgende Fragen beantwortet: *Woher beziehe ich mein Feedback? Wie weiß ich, was richtig für mich ist?* – Werden dabei eher eigene Gefühle/Überlegungen genutzt oder Informationen von außen, z.B. durch andere Menschen herangezogen? Auch bei diesem Metaprogramm geht es nicht darum, dass eine Ausprägung besser ist als die andere, sondern um den kontextadäquaten Einsatz beider Programme: so viel Innenreferenz wie nötig, um auch unkonventionelle, individuelle Entscheidungen zu treffen – soviel Außenreferenz wie nötig, um wichtiges soziales Feedback zu integrieren.

Von „internal" zu „external":
Kl.: *Ich spüre ganz genau, was gut für mich ist.*
C.: *Klar, deshalb hat Sie Ihre Firma auch hierher beordert.*

Von „external" zu „internal":
Kl.: *Man muss doch wissen, was andere von der eigenen Arbeit halten.*
C.: *Klar, das spüren Sie genau richtig, aber wahrscheinlich ist es auch das einzige, was Sie spüren, oder?*

Handlungsantrieb: passiv (lageorientiert) – aktiv (handlungsorientiert)

Geht jemand aktiv auf etwas zu, handelt spontan und reagiert sofort, oder wartet er eher ab, beobachtet, überlegt und handelt dann erst nach einer Weile oder auch gar nicht? Eine starke Handlungsorientierung ist oft gekoppelt mit der Überzeugung, für alles verantwortlich sein zu müssen. Alles hat einen Aufforderungscharakter für das Agieren. Bei der Passivität wird häufig auf „mächtige Andere" oder das Schicksal bzw. den Zufall gesetzt. Im positiven Fall bedeutet das Vertrauen, im negativen Fall Hilflosigkeit.

Von „aktiv" zu „passiv":
Kl.: *Schreiben Sie mir das bitte genau auf, damit ich es direkt morgen umsetzen kann.*
C.: *In Ihrer Situation sollte man besser erst einmal abwarten und Tee trinken.*

Von „passiv" zu „aktiv":
Kl.: *Sie können mir sicher helfen mit all Ihrem Wissen?*
C.: *Ich dachte Sie helfen mir, meine Stromrechnung zu bezahlen.*

Sorting styles: Ort, Personen, Aktivitäten, Dinge

Aus welchem Bereich werden primär Informationen gesammelt, um z.B. Entscheidungen zu treffen oder Geschehnisse zu beurteilen. Unter welchen Gesichtspunkten werden Situationen wahrgenommen? Welche Komponenten stehen im persönlichen Leben im Vordergrund bzw. sind wichtig? Der Wechsel zwischen diesen Aufmerksamkeitsbereichen führt zu ungewohnten Perspektiven.

Von „Personen" zu „Dingen":
Kl.: *Das Wichtigste bei dem Jobwechsel sind meine Kollegen Else und Willi.*
C.: *Und wer bekommt Ihren Schreibtisch nach Ihrer Entlassung?*

Von „Ort" zu „Personen und Aktivitäten":
Kl.: *Immer wenn ich in unserer Niederlassung in Bremen bin, geht es mir schlecht.*
C.: *Das ist der niedrige Blutzuckerspiegel, weil Ihre Frau wieder vergessen hat, das Butterbrot einzupacken.*

Zeitorientierung: Vergangenheit, Gegenwart, Zukunft

Menschen halten sich gedanklich oft in unterschiedlichen Zeit„räumen" auf. Dabei kann man unterscheiden, ob der Fokus der Wahrnehmung eher in der Vergangenheit, der Gegenwart oder der Zukunft liegt. Ist die Nutzung gedanklicher Zeitabschnitte nicht flexibel, sondern einseitig, gibt es z.B. eine Bevorzugung der Vergangenheit oder eine alleinige Fokussierung auf die Zukunft, können sich motivationale und emotionale Schwierigkeiten ergeben. Die Veränderung der Zeitperspektive ist immer eine der wichtigsten Denkfilteränderungen und ermöglicht ein völlig anderes Selbstmanagement und eine andere Sicht auf das eigene Leben.

Von „Vergangenheit" zu „Gegenwart und Zukunft":
Kl.: *Das Problem habe ich schon seit zig Jahren ... .*
C.: *Und, dass ich jetzt hier mit Ihnen sitze, soll heißen, Sie wollen in Zukunft ohne es auskommen? Ohne mich, ich nehme doch einem Krüppel nicht seine Krücken.*

Von „Zukunft" zu „Vergangenheit":
Kl.: *Ich befürchte, dass sich das so fortsetzt und auch in Zukunft nicht ändert.*
C.: *Klar, das denke ich auch, wie soll es auch anders sein bei einer so verkorksten Vergangenheit.*

Zeiträume: groß – klein

Wird eher in großen oder kleinen Zeiträumen gedacht? Der Wechsel des Zeitraumes ist manchmal die wichtigste Voraussetzung, um überhaupt etwas zu erreichen. Der Zusammenhang zwischen vorgesehenem Zeitraum für die Veränderung und Resignation oder Motivation ist groß (siehe auch Abschnitt 2.3.3 – „Veränderungsüberzeugungen").

Von „klein" zu „groß":
Kl.: *Na, das wird ja wahrscheinlich schnell gehen.*
C.: *Schnell? Ich kannte eine alte Dame, die war mit dem Thema auf dem Friedhof noch nicht durch.*

Von „groß" zu „klein":
Kl.: *Ich brauche bestimmt Jahre, bis ich diese Trennung überwunden habe.*
C.: *Ja, so sind sie, die Frauen. Heute ist es noch die Wahrheit, morgen schon Lüge. Das liegt am schlechten Gedächtnis der Frauen.*

Wahrnehmungspositionen: assoziiert – dissoziiert – meta

Erlebt sich jemand als emotional ganz in der Situation „drin" und beteiligt (assoziiert), oder eher „draußen" als emotional kühler, nebenstehender Beobachter (dissoziiert) oder noch weiter weg und umfassender auf der neutralen Meta-Position? Die Veränderung der gefühlsmäßigen Distanz zu einem Problem ist oft eine wohltuende Unterbrechung des emotionalen Zustands und Teil des anzustrebenden Statemanagements.

Von „meta" zu „assoziiert":
Kl.: *Also, wenn ich das mal ganz sachlich betrachte ...*
C.: *... dann könnten Sie so richtig kotzen, stimmt's?*

Von „dissoziiert" zu „assoziiert":
Kl.: *Ich muss auch verzeihen können und Dinge auf sich beruhen lassen.*
C.: *Ja, auf jeden Fall. Aber bevor man den Deckel zu macht, darf man Ihnen noch eins in die Schnauze hauen, oder.*

Von „assoziiert" zu „meta":
Kl.: *Ich könnte heulen.*
C.: *Das macht nichts, den Umgang mit unsachlichen Emotionen lernen wir in der Ausbildung.*

Analyserichtung: Problem – Lösung

Worauf wird fokussiert? Auf das *„Warum"* (problemorientiert) oder das *„Wie"* (lösungsorientiert)? Wird eher gefragt: *„Warum gibt es das Problem?"* oder: *„Was ist die Lösung?"* – Bei den *„Warum"*-Fragen gibt es oft die Annahme, dass das Verstehen von scheinbaren Kausalitäten das Problem auflösen würde. Das ist ein Trugschluss, wie viele Klienten schon erlebt haben. Die Ausrichtung auf die Lösung kann in ihrer Überausprägung jedoch auch zu Schwierigkeiten führen, wie z.B. einem oberflächlichen Machbarkeitswahn. Gut ist, wie bei allen anderen Programmen auch, die Ausgeglichenheit, mit der die beiden Programmausprägungen genutzt werden.

Von „problemorientiert" zu „lösungsorientiert":
Kl.: *Warum passieren mir diese schrecklichen Dinge immer?*
C.: *Weil Sie auserwählt sind, etwas zu lernen! Der liebe Gott hält das für eine gute Lösung.*

Von „lösungsorientiert" zu „problemorientiert":
Kl.: *Ich denke, mit ein bisschen Mut werde ich das schon schaffen.*
C.: *Na, das ist ja schon mutig, das zu denken. Aber Mut gehört ja leider auch zu den Dingen, die Ihnen fehlen.*

Raumzeit und Punktzeit

Wird bei der Beurteilung eines Sachverhaltes ein Zeitraum betrachtet mit der Gesamtheit der Informationen aus dieser Zeitspanne (was war vorher oder was passiert nachher) oder wird lediglich der Hier-und-Jetzt Zeitpunkt zur Grundlage für Entscheidungen genutzt? Wird spontanen Regungen oder lange geplanten bedachten Überlegungen der Vorzug gegeben.

Von „Raumzeit" zu „Punktzeit":
Kl.: *Ich habe in meiner Handtasche immer alles dabei, man weiß ja nie was passiert.*
C.: *Aber ich brauche jetzt hier kein Kondom.*

Kl.: *Also, ich plane ja meine Reisen immer ein Jahr im Voraus.*
C.: *Na, dann müssen wir bei Ihnen mal den Last-Minute Knopf finden.*

Von „Punktzeit" zu „Raumzeit":
Kl.: *Oh, ich bin so wütend, ich könnte mich vergessen.*
C.: *Oh ja, ich habe auch schon einige Dinge vergessen, und das macht Wochen später immer eine Menge Ärger.*

Kl.: *Das entscheide ich jetzt so! Punktum!*
C.: *Ein mentaler Quicky? Sollten wir nicht lieber noch mal schauen, woher das alles kommt und wohin das alles führt und so eine Entscheidungsmatrix machen?*

Ursachenzuschreibung: internal – external

Bei diesem Metaprogramm wechselt die Ursachenzuschreibung von externaler Problemquelle zur internaler Verursachung und umgekehrt. – Sieht der Klient sein Problem durch externe Faktoren bedingt (Umwelt, andere Menschen, unvorhersehbare Umstände), wird vom Coach eine internale Ursache angeboten (z.B. Vererbung, persönliche Unfähigkeit, Geschlechtszugehörigkeit). Attribuiert der Klient alle seine Schwierigkeiten auf sich selbst, so werden externe Faktoren für ihre Entstehung behauptet (die Politik, das Wetter, ...).

Von „external" zu „internal":
Kl.: *Meine Schwiegermutter zieht mich immer so runter, wenn sie uns besucht.*
C.: *Das sind Ihre Gene. Vererbte, dauerhafte nachtschwarze Melancholie. Desolate Körperchemie, nicht Ihre arme Schwiegermutter.*

Von „internal" zu „external":
Kl.: *Steinbock-Geborene sind so unzuverlässige Menschen.*
C.: *Ach ja, bei Tiefdruckeinfluss bin ich auch immer so unpünktlich.*

Bei diesem Programm ist es wichtig zu erkennen, was der Klient für veränderbar hält, z.B. seine Wohnung – aber nicht sein Sternzeichen – und dann die Ursache seines Problems umzuattribuieren und damit die Veränderbarkeit zu beeinflussen. Manchmal werden externe Faktoren (z.B. der Arbeitsplatz) als veränderbar angesehen, manchmal werden diese auch als unabänderliche Tatsachen betrachtet. – Internale Ursachen wie Vererbung werden als unabänderlich erlebt, aber gerade diese internale Attribuierung wird als entlastend erlebt, weil die Kontrolle damit wieder in der eigenen Hand liegt *("So bin ich nun mal")*.

Die Forderung an den Coach, bei jedem Satz des Coachee die verwendeten Metaprogramme zu analysieren und dann direkt eine kreative Antwort in einem anderen Programm parat zu haben, ist sicherlich vermessen. Als geistige Fingerübung für mehr pro-vocative Flexibilität ist das Übungsfeld „Metaprogramme" jedoch hervorragend geeignet. Für eine Wirkung beim Klienten reicht es auch aus, wenn Sie in einem Satz nur ein Programm erkennen (in vielen Sätzen werden gleich mehrere verwendet) und dieses retournieren können.

Ein weiterer Vorteil, warum es sich lohnt, mit den Metaprogrammen ein bisschen zu üben ist, dass diese Art des prozesshaften (d.h. nur auf die *Form* konzentrierten) Zuhörens auch ein Involviertwerden des Coaches in den Inhalt verhindert. Sie lernen, immer wieder neue mentale Abläufe zu starten und sich nicht mit einer „Wahrheit" zu begnügen (siehe auch das Stichwort „mentale Flexibilität" im Abschnitt 2.4.4). *Metaprogrammwechsel sind geistiges Fitnesstraining par excellence!*

3.3.2 Die Polaritätsstrategie – Pacen und Polarisieren

Hier nun ein Format für eine längere pro-vocative Interventionssequenz. Ausgangspunkt sind Klienten mit extrem einseitigen Ansichten eines Sachverhalts. Der Coachee ist in seine Sichtweise „vernarrt" und hält sie für die einzige Grundlage der ihm möglichen Verhaltensweisen, obwohl er sich gern anders verhalten würde. Versucht der Coach nun, dem Klienten auf die übliche Weise zu helfen, ein neues, gewünschtes Verhalten aufzubauen, zeigt dieser deutliche Widerstände. Er verteidigt entweder resigniert oder auch engagiert immer wieder seine alten Verhaltensweisen, trotz seiner Aussage, dass er eigentlich nicht mehr will. Für den Coach ist es dabei zunächst überaus wichtig, „mit der Energie" zu gehen, d.h. das alte, abgelehnte Verhalten aufzugreifen und es noch toller und sinnvoller zu finden als der Klient selbst. Der Coach begeistert sich nahezu für das Problem, verstärkt es und stellt sich voll und ganz auf dessen Seite. Er würdigt es in all seinen Facetten und leitet daraus allerlei positive Charaktereigenschaften des Klienten ab. Damit wird er quasi zum Anwalt des Symptoms und der Klient muss dies nun unbewusst

„Nicht ein Gedanke macht die Verwirrung, sondern die Menge."
M. Schmidt-Tanger

nicht mehr übernehmen. Sein Denken und seine Emotionalität werden wieder frei für das Gegenteil, die andere Seite der Medaille. Ist das Problem in dem Ausmaß gewürdigt, dass der Klient diese Veränderungstendenzen zur anderen Seite zeigt, schwenkt der Coach seinerseits wieder um und übertreibt nun sprachlich das Alternativverhalten. Auch hier macht der Coach alles eine Nummer größer, dramatischer und polarer, um dem Klienten zu ermöglichen, sich selbst auf ein „gesundes Mittelmaß" einzupendeln. Als Effekt dieser Übertreibungen öffnet sich der Coachee einer „realistischeren" Wahrnehmung und nimmt die adäquate Einstufung seines Verhaltens selbst vor.

Vorgehensweise: Klagt ein Klient über etwas, übertreibt der Coach das Thema so lange positiv, bis der Coachee inhaltlich die Richtung wechselt. Der Coach geht dann inhaltlich mit und überspitzt auch diese Aussage ins Absurde, bis der Klient sich selber immer wieder korrigiert und sich auf einen flexiblen „realistischen" Standpunkt einpendelt.

I. Beispiel für die Verwendung der Polaritätsstrategie:

Kl.: *Ich bin immer so ungeduldig mit meinem Sohn.*
C.: *Sie sind also eine von diesen egozentrischen, hysterischen, lauten Rabenmüttern, die keine Minute Zeit haben für ihr Kind.*
Kl.: *Nein, nein so ist es auch nicht, ich kann auch sehr geduldig sein.*
C.: *Mit einem quengelnden 5-jährigen an der Supermarktkasse? Lächeln, warten, lächeln, warten. Also doch Anwärterin für den Geduldsorden der Mutter des Jahres.*
Kl.: *Nein, manchmal bin ich eben ungeduldig. Wenn ich es selbst eilig habe, muss mein Sohn eben auch mal funktionieren – und manchmal nehme ich mir viel Zeit für ihn. Ich glaube das ist in Ordnung so.*

– – –	–	– +	+	+ + +
Ja, Sie sind eine Rabenmutter.	Ich bin so ungeduldig.	eingependelter Zielbereich Ich bin o.k.	Ich bin sehr geduldig.	Sie sind die Mutter des Jahres.
2	1	5	3	4

Nach der negativen, generalisierten („immer so" -)Aussage des Klienten wird der Inhalt in derselben Richtung verstärkt (Rabenmutter - - -). Die Klientin pendelt daraufhin zur anderen Seite („kann sehr geduldig sein" +), was wiederum polarisiert wird (Mutter des Jahres +++), so dass zum Schluss die Klientin selbst die Flexibilität und Situationsbezogenheit ihres Verhaltens herstellt. Diese Sequenzen können dabei mehrmals hintereinander ablaufen.

Das eingependelte Zielfeld ist der Bereich der „realistischen Betrachtung" oder besser der Ambiguität – der Bereich, in dem die Extreme in ihrer Ausschließlichkeit und generalisierten Richtigkeit nie anzutreffen sind. Ziel ist es zu erkennen, dass alles mehrdeutig, wechselnd und situationsvariabel auftreten kann und der Klient sich in dieser sozialen Mehrdeutigkeit schuldfrei und angemessen bewegen kann. Der Klient reguliert sich bei diesem Vorgehen durch die Überzeichnung des Coaches selbstständig, das Zielfeld wird von ihm selbst mit Inhalt gefüllt.

II. Beispiel

Kl.: *Ich bin so depressiv.*
C.: *Seien wir doch ehrlich, Sie leben einfach im Depri-Land. Diese ganzen Schlappis um Sie herum. Zu Hause, auf der Arbeit, die ziehen Sie alle runter und saugen Ihnen das letzte bisschen Energie aus den Adern. Vampire überall! Da können Sie gar nichts machen!*
Kl.: *Nein, nein so schlimm ist es auch nicht, manche meiner Freunde sind auch ganz peppig und unser Hund zu Hause ist ein richtiges Temperamentsbündel.*
C.: *Na, da ist ja bei Ihnen doch täglich „Karneval in Rio". So muss es sein, das tägliche animalische Energiefeuerwerk, grandioser Sex und Tralala. Hoch die Tassen!*
Kl.: *Also vielleicht sollte ich mich einfach nur von diesen Leute fernhalten, die den ganzen Tag über ihre Krankheiten reden. Da sind meine Kollegin und leider meine beste Freundin Meister drin. Und nach drei Stunden glaube ich auch immer, die Welt ist ein Jammertal, besonders, wenn ich morgens auch schon mit leichtem Kopfweh aufgestanden bin. An solchen Tagen sollte ich wahrscheinlich nur Kontakt mit dem Hund haben.*

Beide Seiten werden immer wieder im Extrem ausgemalt, und der Klient findet zu einer differenzierteren Wahrnehmung, einer die Situation genauer analysierenden Strategie und damit zu einem adäquaten Selbstmanagement.

3.3.3 Double-Trouble-Mix

Beim Double-Trouble-Mix geht es um ein Format, das es dem Klienten ermöglicht, abgelehnte und gleichzeitig erwünschte Verhaltensweisen und Gefühle neu zu bewerten.

Der Klient will „das Eine" tun, kann aber auch „das Andere" nicht lassen. Es gibt emotionalen Widerspruch und kognitive Dissonanzen. Der Coachee erlebt sich im Zustand des Festgefahrenseins. Es ist nicht möglich adäquat zu handeln, ohne dass Werte und Einstellungen verletzt werden. Das Format eignet sich daher für alle ambivalenten Gefühle, Einstellungen und Werte.

Die Intervention folgt folgender Struktur:

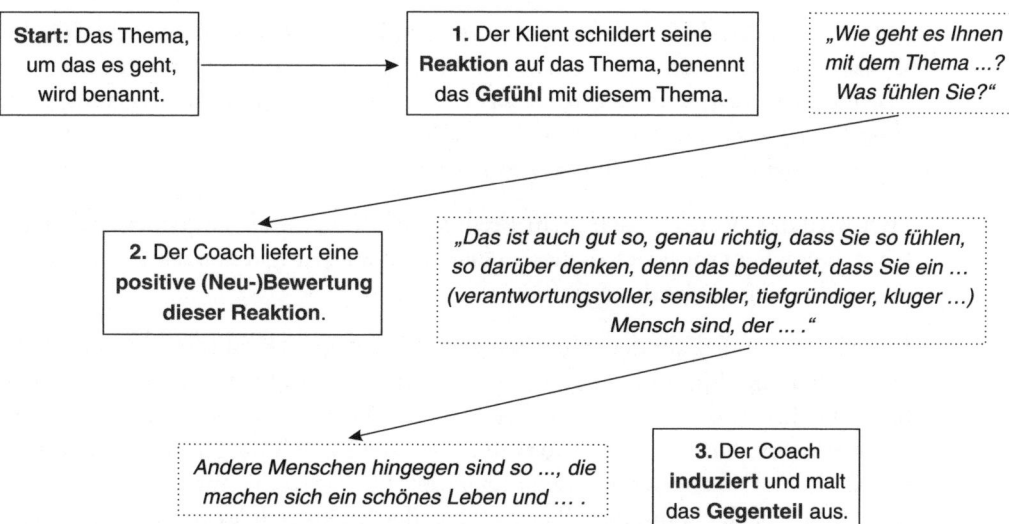

I. Beispiel: Klient will sich um eine Stelle bei einer Bank bewerben ...
1. Ich habe BWL studiert, fahre aber seit 2 Jahren Taxi. Ich schäme mich dafür, dass ich eigentlich total gern Karriere machen würde. Ich komme aus einem politisch links orientierten Elternhaus, und da ist das wirklich unanständig, auch noch Erfolg haben zu wollen und ein dickes Auto zu fahren.

2. Das finde ich anständig von Ihnen, der Klügere gibt nach und das sind nun mal Ihre Eltern und Sie erweisen Ihnen die Ehre des Erfolgsverzichts, d.h. Sie sind ein edler Mensch und sehr loyal. Politisch völlig korrekt, finde ich. Wer kann schon was Gutes tun im Kapitalismus. Das geht nur als Müllmann oder Taxifahrer und Sie haben das erkannt. Hut ab vor soviel Mut.

3. Zu viele wollen ihr Studium zu Geld machen – reich, berühmt und anerkannt werden und irgendetwas zur Welt beitragen. Die machen es sich leicht, glauben sogar noch, ihre Arbeit wäre ein wertvoller Beitrag für die Allgemeinheit. Die feiern ihre Erfolge, haben eine Familie, einen Hund und freuen sich des Lebens. Geben ihr Geld aus und genießen ihre Karrieren.

***II. Beispiel:** Klient will endlich mal allein, ohne Hund, in Urlaub fahren ...*
1. Ich fühle mich immer so schuldig, wenn ich meinen Hund allein lasse.
Ich gehe fast nie ohne ihn.

2. Also ich finde das großartig, dass Sie das fühlen, das ist sicher auch angemessen. Es zeigt vor allem, was für ein verantwortungsbewusster und warmherziger Mensch Sie sind. Wie gut Sie sich in so ein Tier hineinversetzen können. Wie ausgesprochen sensibel Sie sind.

3. Es soll ja andere Hundebesitzer geben, die ihre Tiere 20 Minuten allein im Auto lassen oder die Tiere in der Ferienzeit zu anderen Menschen geben. Die machen sich dann einen schönen Lenz und delegieren die Verantwortung einfach. Diese Egoisten! Für diese Leute passt sich der Hund an sie an. Diese Leute fahren sogar alleine in Urlaub und genießen das auch noch. Das würden Sie nie tun.

Hier wird der Wunsch nach mehr Freiheit geäußert, gleichzeitig aber auch abgelehnt. Der Klient muss sich in diesem Feld der Zweideutigkeiten selbst zurecht finden und eine Entscheidung treffen.

Das Modell ermöglicht dem Coachee, sich nicht als entscheidungsunfähiger Trottel zu sehen, der hin und her gerissen zwischen den verschiedenen Positionen verharrt. Dadurch, dass auf die positive Seite des Verhaltens fokussiert wird (selbst wenn es ironisch ist wirkt es!), kommt es zu einer Versöhnungsreaktion innerhalb des Klienten. Der abgelehnte „Schattenanteil" (das, was er vermeintlich nicht darf) wird vom Coach ebenso persifliert, so dass der Klient sich letztendlich doch eine Erlaubnis für die vormals abgelehnte Verhaltensweise gibt. Diese Selbsterlaubnis ist bei weitem wirkungsvoller als jede Erlaubnis von externer Seite (z.B. durch den Coach) es sein könnte.

3.3.4 Logische Kategorien wechseln – das Rein-Raus-Modell

Probleme, Wünsche, Klagen und Ziele werden von Klienten oft auf verschiedenen logischen Ebenen erlebt. Diese unbewusste Zuordnung eines Problems in einen bestimmten logischen Kontext ist oft Teil des Problems. Diese Zuordnungen der Klage zu wechseln und sie raus aus dem einen und rein in den anderen logischen

Kontext zu bringen, ermöglicht eine wunderbare Gelegenheit provokativ zu intervenieren. Das Problem oder Ziel wird sprachlich einfach einer anderen Kategorie zugeordnet und verändert damit quasi automatisch seine „Schwere" bzw. „Leichtigkeit". Die vorher festgelegte Bedeutung kann wieder variiert und in Frage gestellt werden. – Hier zur Erinnerung die logischen Kontexte in einer Abwandlung nach Dilts/Bateson*:

Spiritualität	*Wozu?*	Vision, Mission, Lebenssinn
Zugehörigkeit	*Wer noch?*	Gruppe, Familie, Land
Identität	*Wer bin ich?*	Rolle, Selbstdefinition, Kern
Einstellungen & Werte	*Warum tue ich etwas?*	Motivation, Erlaubnis, Verbote, Regeln
Fähigkeit	*Was kann ich?*	Handlungsrepertoire
Verhalten	*Wie tue ich etwas?*	konkretes Verhalten
Umgebung	*Wann, wo, wem gegenüber?*	Bedingungen, Andere, Kontext

Wie geht nun der Coach beim Kategorienwechsel vor? Wird die Ursache des Problems vom Coachee in seiner Umwelt gesehen (z.B. *zu lautes Büro*), wird das Problem in den Identitätskontext verlegt (z.B.: *Sie sind eben kein Büromensch*). – Denkt der Klient, sein Verhalten (*Ich muss pünktlicher sein*) müsste sich verändern, sieht der Berater das Problem eher bei den Einstellungen (*Geben Sie zu, Sie denken: Büroarbeit ist minderwertig*).

Durch die Interventionen wird deutlich, dass es unterschiedliche Sichtweisen darüber geben kann, was das Problem ist und wie es zu lösen ist. Oft lassen sich durch einen Wechsel der Betrachtungsebenen Bereiche aktivieren, die das Problem oder Ziel in einen völlig neuen Zusammenhang stellen und Zugang zu brachliegenden Ressourcen ermöglichen.

Beispiel: Ein Klient, ein 45-jähriger Kardiologe mit einer hervorragend laufenden Praxis wollte diese verkaufen und sich als Gesundheitscoach selbständig machen. Er rief mich an und bat um ein Coaching. Am Telefon klagte er: *„Ich habe Angst mich selbständig zu machen."* (Nicht wahrnehmend, dass er seit 10 Jahren sehr erfolgreich selbständig war!). Meine Antwort: *„Na, dann müssen Sie ja auch die Praxis bei der Lottogesellschaft zurückgeben, bei der Sie sie gewonnen haben"*, brachte das Problem in einen anderen logischen Kontext (Umwelt) (bei gleichzeitiger Veränderung von Metaprogrammen) und den Klienten ins absolute „Strahlen" bei der Erkenntnis, dass ja er die Praxis aufgebaut und nicht im Lotto gewonnen hatte.

---

* Weitere Informationen zu Formaten und der Arbeit damit siehe auch mein Buch „*Veränderungscoaching*".

Diese Tatsache hatte ihm bis dahin emotional nicht zu Verfügung gestanden. – Dieses Instant-Coaching fand übrigens im telefonischen Erstgespräch nach 5 Minuten statt und „kostete" mich einen Klienten, da wir uns beide einig waren, dass das Coachingziel bereits erreicht war. ☺

Hier noch einige Beispiele für den Wechsel der logischen Kontexte:
Kl.: *Ich bringe heute nur ein kleines Problem mit.* (Verhalten)
C.: *Ja, in Ihrer Familie war eben kein Platz mehr für Ihre Probleme und Wünsche als Letztgeborener* (Zugehörigkeit). *Da war alle Aufmerksamkeit für große Sachen schon aufgebraucht.*

> „Problemspace is not solutionspace."
> Robert Dilts

Kl.: *Ich vergesse immer, meine Blumen zu gießen.* (Verhalten/Fähigkeiten)
C.: *Tja, so ist das, wenn man das blühende Leben um sich herum nicht mehr ertragen kann.* (Spiritualität)

Kl.: *Ich bin eine Super-Führungskraft. Ich frage mich, warum ich nicht eine bessere Position bekomme in unserer Firma.* (Identität)
C.: *Wahrscheinlich, weil Sie den Chef nicht grüßen.* (Verhalten)

Kl.: *Meine Kinder sind aus dem Haus. Ich brauche einen neuen Lebenssinn.* (Vision)
C.: *Sie brauchen erst mal einen neuen Friseur.* (Umwelt)

Neben aller Freiheit der Ziel- und Wegbestimmung durch den Klienten ist der Coach mit seinem Wissen über die individuell eingeschränkte Wahrnehmung und das Verkennen von Wahlmöglichkeiten durch den Klienten eine wertvolle externe Ressource bei der möglichen (Neu-)Definition des Problems. Hierbei geht es nicht um die „Wahrheit", sondern um die Öffnung zu neuen Lösungsmöglichkeiten.

3.3.5 Interaktionelle Pro-vocation – Rollenübernahme durch den Coach

Beim Pro-vocativen Coaching ist häufig auch das schauspielerische Talent des Coaches gefragt. Als effektiver und zielführend hat sich das Einnehmen unterschiedlicher emotionaler Rollen erwiesen. Der Coach schlüpft in eine Rolle und agiert aus diesem Interaktionsmuster heraus. Je unerwarteter die angebotene Interaktion ist, umso besser. Mögliche Interventionsmuster sind z.B. die Kommunikationskategorien nach Virginia Satir.

Satir geht davon aus, dass es in Stresssituationen zu einer Komplexitätsreduktion kommt, indem die Kommunikationspartner in ihre bevorzugten, leider sehr einseitigen Verhaltensmuster fallen. Sie nutzen je nach persönlicher Erfahrung und

Vorliebe vier unterschiedliche Ausprägungen von Interaktionsmustern: entweder der Angreifer/Ankläger (Blamer), der Beschwichtiger (Placator), der Versachlicher (Computer) oder der Ablenker (Irrelevant).

Diese Muster kann man wunderbar für die Provokation nutzen. Der Klient kennt sie wahrscheinlich alle aus seinen sozialen Interaktionen und wird genau sein komplementäres Muster aktivieren.

„My theory is longer, thicker and harder than yours."
Frank Farrelly

Der Coach als Blamer (Ankläger), ärgerlich:

→ *„Also geben Sie doch endlich zu, dass Sie Schuld sind an der ganzen Misere."*
„Mit diesen Genen kann ja nichts aus Ihnen werden."
→ *„Reißen Sie sich mal zusammen, diese Jammerei ist ja steineerweichend."*

Der Coach als Placator (Beschwichtiger),
mit weinerlicher Stimme, etwas geknickt:

→ *„Tja, jetzt habe ich alles versucht. Ich wollte Ihnen doch nur helfen und jetzt schauen Sie so unzufrieden. Sie mögen mich nicht mehr, ich sehe es genau."*
„Ich hab alles gemacht, was ich in meiner Coachingausbildung gelernt habe zu solchen Fällen."
→ *„Nur Mut, Sie werden das schon noch 10 Jahre durchhalten, so lange werde ich versuchen etwas für Sie zu tun."*

Der Coach als Computer (Versachlicher), ernst:

→ *„Wussten Sie eigentlich, dass in 20 Prozent der Fälle keine Besserung in Sicht ist?"*
„In England hat man übrigens festgestellt, dass jedes fünfte Kind nicht von dem Mann ist, zu dem es Papa sagt."
→ *„Sie haben also bereits fünfmal vergeblich versucht etwas zu verändern, das ist eine Versagensrate von 100 Prozent. Ich denke, damit ist hinlänglich bewiesen, dass es nicht geht."*
→ *„Wie lange dauert Ihr Leiden – 5 Jahre? Damit sind Sie klarer Punktsieger in Ihrer Familie. Ich würde sagen Platz 1."*

Der Coach als Ablenker (Irrelevant), zerstreut:

→ *„Oh, pardon, was sagten Sie gerade? Ich war wohl mit meinen Gedanken woanders."*
→ *„Ja, wie, was? Möchten Sie Tee oder Kaffee – oder Plätzchen?"*

→ „Oh, ich hab vergessen zur Toilette zu gehen – kann ich mal kurz raus? Machen Sie doch einfach schon weiter."

Auch **unterschiedliche Mann/Frau-Rollen** können eingenommen werden, z.B. die Position als flirtender Liebhaber/Geliebte oder fürsorglicher Vater/Mutter:

Liebhaber/ Liebhaberin (verwirrt):
→ „Oh, bei diesen großen Augen kann ich mich gar nicht konzentrieren. Und diese Stimme erst. Wahrscheinlich ist Ihr Chef genauso verwirrt wie ich."
→ „Oh, so ein schöner Mann. Wie werden Sie mit all dem Begehren und den Angeboten fertig?"

Mutter/Vater (fürsorglich):
→ „So sind sie, die da draußen in der Welt. Gemein und ungerecht."
→ „So, jetzt putzen Sie sich mal die Nase und erzählen mir in Ruhe, wer böse zu Ihnen war. Und dann entwerfen wir einen Schlachtplan. Wen schlachten wir als erstes?"

Wie wähle ich die Rolle?

Die Rollen werden entweder als Spiegelmuster gewählt, d.h. das vom Klienten gezeigte Muster wird einfach übernommen, oder als Kontrastmuster, d.h. das vom Klienten am wenigsten erwartete Muster bzw. komplementäre Muster wird gewählt.

Beim *Kontrastmuster* z.B. erhofft der Klient mitfühlende Emotionen des Coaches, während dieser das Problem mit einer Statistik versachlicht. Oder der Klient ist kühl und geschäftsmäßig und der Coach reagiert emotionalisiert, flirtet und ist schwärmerisch. Beim *Spiegelmuster* sitzt der hilflose Klient auf einmal vor einem hilflosen Coach. Oder der Coachee, der nicht auf den Punkt kommt, ist konfrontiert mit einem ebenso zerstreuten Coach, der auch nicht weiß, was er tun soll.

Der Klient lernt bei diesen „Rollenspielen" auf diese unterschiedlichsten Muster zu reagieren und ist damit in ähnlichen Alltagssituationen nicht mehr verunsichert, sondern darauf vorbereitet, dass Menschen unberechenbar, scheinbar ungerecht oder unangemessen reagieren.

Falls Ihnen das Einnehmen von Rollen schwer fällt, nehmen Sie Schauspielunterricht oder besuchen Sie einen Kurs zum Improvisationstheater, das erweitert Ihr Repertoire enorm.

3.3.6 Wie sag ich's nur? Erste-Hilfe-Kurs für die Pro-vocation

Normale, vom Klienten erwartete Reaktionsmuster sollten im pro-vocativen Coach-Klienten Kontakt nicht vorkommen. Der Coach reagiert *immer* anders als der Klient es erhofft oder erwartet. Dem Wunsch des Coachees nach Antworten z.B. ist mit Absurdität nachzukommen – d.h. der Klient wird immer wieder auf sich selbst zurückgeworfen. Das Pro-vocative Coaching glaubt nicht an hilflose Opfer, sondern appelliert immer wieder an die eigenen Stärken und daran, die Zügel selbst in die Hand zu nehmen. Für einige Standardfragen/-aussagen von Klienten gibt es daher ein paar immer passende pro-vocative Wordings.

Nutzen Sie den Erste-Hilfe-Kurs!

Kl.: *Was soll ich dazu sagen?*
C.: *Die Wahrheit.*

Kl.: *Was soll ich nur tun?*
C.: *Das Richtige.*

Kl.: *Und, was ist das Richtige?*
C.: *Sehen Sie, selbst das wissen Sie nicht.*

Kl.: *Haben Sie ein Ziel mit diesen Interventionen resp. mit mir?*
C.: *Tja, vorhin hatte ich noch eins, aber jetzt habe ich es vergessen.*

Kl.: *Ich fühl' mich heute ziemlich normal.*
C.: *Oh je, wie schrecklich!*

Kl.: *Ich weiß nicht, ob Sie mir helfen können.*
C.: *Dann kommen Sie doch wieder, wenn Sie anderer Meinung sind.*

Kl.: *Machen Sie das eigentlich auch selbst, was Sie mir da raten?*
C.: *Ein Wegweiser geht ja auch nicht den Weg, den er zeigt.*

Kl.: *Ob das jetzt was bringt?*
C.: *Ich denke eher nein, Sie sind einfach zu intelligent für Ihr Problem.*

Kl.: *Ich wünschte Sie wären meine Mutter (mein Kollege, mein Chef) ... .*
C. (verklärt): *Ich kann mich gar nicht konzentrieren, diese Augen, dieses Lächeln ... .*

Kl.: *..., wenn Sie wissen was ich meine.*
C.: *O.k., reden wir über Sex.*

„Ich liebe Probleme. Sie sind das einzige, was man nicht ernst nehmen muss."
Oscar Wilde

Kl.: (antwortet nicht sofort auf eine eigentlich triviale Frage, wie z.B. nach seinem Alter)
C.: *In Ordnung, nimm dir Zeit – das ist eine schwere Frage für jemanden mit deinen Problemen.*

Spielen Sie mit dem Alter des Klienten

- „Wie alt sind Sie? ... (gleichgültig was der Klient antwortet) ... Dann müssten Sie es wissen."
- „Wie alt sind Sie? Jesus starb mit 33. Man sagt, die Guten sterben früh."
- „Wie alt wollen Sie werden? 80? Oh je, noch 50 Jahre denselben Müll denken."
- „Das haben Sie schon vor 10 Jahren gehört? Und auch da nicht zugehört, nicht wahr?"
- „Wie lange wollen Sie noch das kleine süße Gänschen bleiben? Bis Weihnachten?"

Lassen Sie Warum-Fragen offen

Kl.: *Und woher kommt das? Warum ist das so?*
C.: *Manche Geheimnisse werden nie gelüftet.*

Kl.: *Warum sollte ich das tun?*
C.: *Weil ich es sage.*

Kl.: *Wie? Das ist die Erklärung für mein Problem?*
C.: *Nein, aber anders würden Sie es sowieso nicht verstehen.*

Sprechen Sie Katastrophen an und banalisieren Sie gleichzeitig

- „Dann sind Sie tot, tot wie 'ne Türmatte."
- „Sie werden krank. Eine bleiche Bakterie auf zwei Beinen schwankt durch die Welt."
- „Sie werden alt. Eine dauergewellte, pinkfarbene Matrone, die nachmittags Sahnetorte isst."
- „Das Leben überrollt so Leute wie dich. Dann liegst du da wie ein plattgefahrenes Kaninchen in der Mittagssonne."

Wenn Ihnen als Coach partout nichts einfällt, können Sie einfach sagen: „*Mit Ihnen und Ihrem Problem ist mein Kopf leer wie eine Kornflasche nach Vatertag.*" Oder Sie verwenden eines der folgenden **Zitate**:
- *Einige sterben schon zehnmal, bevor sie sterben.* (William Shakespeare)
- *Ich habe viele schlimme Dinge erlebt in meinem Leben. Einige davon sind sogar eingetroffen.* (Mark Twain)

- *Fleiß ist die Wurzel aller Hässlichkeit.* (Oscar Wilde)
- *Ein Mann, der kein Mann ist, ist kein Mann.* (Ben Cartwright)
- *Wer keinen Charakter hat, muss sich wohl oder übel eine Methode zulegen.* (Albert Camus)
- *Wenn Frauen unergründlich erscheinen, liegt es meist am geringen Tiefgang der Männer.* (Katharine Hepburn)
- *Was du auch tust, du wirst es bereuen.* (Sokrates)
- *Die unbequemste Art der Fortbewegung ist das In-sich-gehen.* (Karl Rahner)
- *Mancher findet sein Herz nicht eher, bis er seinen Kopf verliert.* (Friedrich Nietzsche)
- *Ich erinnere mich klar und deutlich an den Tag nach meiner Hochzeit: Ich wischte den Boden.* (Adrienne Rich)
- *Auch das Denken schadet bisweilen der Gesundheit.* (Aristoteles)
- *Menschen glauben eher ihren Augen als ihren Ohren.* (Seneca)
- *Ich kann in zwölf Sprachen „nein" sagen. Ich denke das genügt.* (Sophia Loren)
- *Wir erkennen die Wahrheit nicht nur mit dem Verstand, sondern auch mit dem Herzen.* (Blaise Pascal)
- *Die ewige Liebe muss man unbedingt mehrere Male erleben – zum Vergleich.* (Katharine Hepburn)
- *Frauen beschweren sich immer, dass die Männer nicht mit ihnen reden. Ich denke, sie sollten dankbar sein.* (Ursula Herking)
- *Leben heißt nicht atmen – sondern handeln.* (Jean-Jaques Rousseau)
- *In jeder Not, zu jeder Stunde hilft eine Psycholooping Runde.* (Der Barfußdoktor)

Es ist natürlich jederzeit möglich, sich ein eigenes „Zitat" auszudenken und es in angemessener Würde als Lebensweisheit von sich zu geben. Hier wird mit dem Muster Autorität gespielt und entweder der Widerspruchsgeist angeregt, die eigenen Gedanken ad absurdum geführt oder das „Autoritätsprinzip" bedient.

Nutzen Sie Metaphern und Geschichten

Metaphern und Geschichten sind Möglichkeiten, indirekt Ideen zu säen, und oftmals erinnern sich die Klienten noch nach Jahren eher an eine Geschichte oder gute Metapher als an ein ausgefeiltes Interventionsformat. Sie können Selbsterlebtes, Märchen, Fabeln, Anekdoten, Aphorismen erzählen oder selbst Vergleiche, Diagnosen und Erklärungen erfinden. – Wer sich schwer tut mit dem Generieren von Metaphern, dem sei eine einfache Möglichkeit an die Hand gegeben. Suchen Sie sich ein Thema, in dem sich jeder auskennt, z.B. die Küche – und bedienen Sie sich dieser Idee. Es fällt dann leicht, sogar ganze Geschichten zu erfinden, und der Klient steuert oft noch eine kreative Weiterentwicklung des Vergleichs bei.

Kl.: *Ich bin so pingelig.*
C.: *So wie ein Turbostaubsauger, der auch noch in die hinterletzte Ecke will? Machen Sie denn auch so einen Lärm dabei?*
Kl.: *Ja, alle sind schon genervt, wenn ich wieder alles kontrolliere. Ich bin dann wirklich in jeder Ecke, bis der Beutel platzt.*
C.: *Ja, so ein Sauger muss sich ja auch amortisieren, der war schließlich teuer. Wo spucken Sie denn den vollen Beutel aus?*

Sobald der Klient die Metapher aufgreift, wissen Sie, dass er damit etwas anfangen kann und dass Sie nun innerhalb der Geschichte bleiben können. Dabei ist sogar das dümmste Klischee erlaubt – und oft ergeben sich unvorhergesehen Wendungen und völlig neue Sichten auf die Dinge. Innerhalb der Metapher ist es auch leichter, Fehler einzugestehen, sich selbst mit Abstand zu betrachten oder auf ungewöhnliche Lösungen zu stoßen. Je absurder der Vergleich, umso näher ist die Ressource Humor.

Kl.: *Mein Kollege ist so chaotisch.*
C.: *So wie eine unaufgeräumte Besteckschublade?*
Kl.: *Schlimmer, bei dem ist die ganze Küche durcheinander.*
C.: *Na, da hilft ja nur die ordentliche Hausfee, die Sie doch bestimmt sind. Er kocht, Sie räumen auf? Er ist kreativ, Sie sind reaktiv, so soll's sein. Sei wie das kleine Kuchengäbelchen: sittsam und bescheiden.*

Die Wirkung von Metaphern, so absurd oder bescheiden sie auch sein mögen, ist oft wesentlich tiefgreifender und emotional mächtiger als ein „normales" Gespräch. Und trotz gegenteiliger Annahmen ist es selbst den „seriösesten" Coaches erlaubt, alles zur Verfügung Stehende zu verwenden – vom Witz bis zum Zaubertrick, vom Wortspiel bis zum Slapstick, um Klienten dabei zu helfen, das Leben aufzubauen, das sie gern hätten. ... Selbst wenn es dabei (nur?!) um das Umräumen von Besteckschubladen geht ... .

3.3.7 Vielleicht wird ja doch alles gut – Waschzettel für Coaches

Glauben Sie daran, dass sich Menschen verändern können? Sie sollten es, auch wenn es nur eine Hypothese ist. Es hilft.

Bei allem was Sie sagen, sollten Sie auf einer tieferen Ebene immer die Hoffnung ausstrahlen, dass Dinge anders sein können. Denn ohne den Glauben an Veränderungsmöglichkeiten sind alle Interventionen sinnlos!

Nur die gewünschte Geschwindigkeit der Veränderungen macht uns manchmal zu schaffen. Die meisten Menschen überschätzen, was Sie in einem Jahr erreichen können, aber sie unterschätzen manchmal, was sie in einem Augenblick verändern können. ... Und manchmal verändert man sich schneller, als man es selbst bemerkt. Dazu Mark Twain: *„Als ich vierzehn war, war mein Vater so unwissend, dass ich es kaum ertragen konnte, den alten Mann um mich zu haben. Aber als ich einundzwanzig war, war ich erstaunt, wie viel er in nur sieben Jahren gelernt hat."*

Und ab und zu muss man noch nicht einmal selbst etwas tun, sondern bekommt etwas geschenkt. Hier nun nachfolgend ...

Dreizehn 100-jährige Wahrheiten für Veränderungshelfer

1. Man soll schweigen oder Dinge sagen, die noch besser sind als Schweigen.
2. Seit jener selbst erdachten Stellung hat der Stier die Schienbeinprellung.
3. Es gibt Leute, die gebückt auf dem Kanaldeckel stehen, rütteln und reißen und brüllen: Lasst mich raus.
4. Einstellungen werden nicht durch Tatsachen verändert.
5. Ohne Kochen gibt's nur kalte Tütensuppe.
6. Die wichtigen Dinge im Leben muss jeder für sich selbst tun.
7. Sobald du eine Wahrheit gefunden hast, such dir eine neue.
8. Keiner ist stärker oder schwächer als irgendein anderer.
9. Jede Coachingstunde ist auch eine Stunde in deinem Leben.
10. Alle wichtigen Entscheidungen müssen auf der Basis unzureichender Daten gefällt werden.
11. Wenn der Coach mehr arbeitet als der Coachee läuft was falsch.
12. Wenn du entdeckst, dass du einen Hamster reiten sollst, steig ab.
13. Die Wahrheit ist auf alle verteilt.

3.3.8 Zum Umgang mit Macht

Wer sich für Coaching entscheidet, entscheidet sich für Beeinflussung. Wir alle beeinflussen uns gegenseitig – und „große Geister" beschäftigen sich seit Jahrhunderten mit diesem Thema. Die Ansicht, je unwissender (intuitiver) und unbeabsichtigter Menschen ihre Fähigkeiten der Einflussnahme nutzen, umso unschuldiger ist ihr Gebrauch, grenzt an Ignoranz. Je planloser der Coach sich verhält, umso gefährdeter und gefährlicher ist seine Arbeit. Unzureichende, schlechte Coachingkontakte sind bestimmt von uneingestandenen persönlichen Bedürfnissen des

Coaches nach Macht, Sicherheit, Anerkennung und dem Druck, Ziele von Dritten (Unternehmen) zu realisieren bzw. gegen den Willen des Coachees manipulieren zu müssen.

Wir können nicht nicht beeinflussen, daher ist die persönliche Integrität eines Coaches unverzichtbar. Dieses Buch vergrößert Ihre Macht, andere Menschen zu beeinflussen. Sie verfügen nach der Lektüre des Buches über weitere Werkzeuge zur gezielten Einflussnahme. Leugnen Sie diese Macht, sollten Sie sich darüber klar sein, dass sie dann umso stärker im „Schatten" wirkt und sich gegen Ihre eigene Integrität richten kann. Wenn Sie im Coaching oder Training mit der Rolle des Meisterzauberers flirten, sollten Sie diese Phasen kurzhalten – ermöglichen Sie Ihrem Coachee zudem rasch wieder eine authentische Beziehung mit jemandem, der sich mit denselben fundamentalen Themen des Lebens befassen muss wie er selbst. Je besser, d.h. vollkommener Ihr Bewusstsein über Ihre eigenen Grenzen, Schatten und Eitelkeiten ist, desto größer ist die Chance, Ihre Einflussnahme positiv zu gestalten. Werkzeuge an sich sind neutral – sie sind weder gut noch böse. Sie als Coach entscheiden sich für eine angemessene, förderliche und integre Anwendung Ihrer Fähigkeiten. Diese Macht zu verneinen und zu glauben Sie agieren im wertfreien Raum, hieße auch Ihre Freiheit aufzugeben. Nutzen Sie diese Freiheit zum Wohl Ihrer Coachingklienten und zu Ihrem eigenen Wohl. Denn jede Coachingstunde ist auch eine Stunde in Ihrem Leben!

Tun Sie stets Ihr Bestes, entspannen Sie sich und bleiben Sie unterwegs.

Coachingqualität sichern

Mit den beiden für Veränderungen enorm wichtigen Komponenten Präzision und Pro-vocation stehen Ihnen für das Neuroduale Coaching (NDC) nun „Gas und Bremse" zur Verfügung. Und mit einer veränderungsoptimistischen, integren Grundhaltung wird Ihr Wirken hoffentlich zu einem positiven Beitrag für Sie und andere. Da Coaching nicht im „luftleeren" Raum passiert und uns diese beraterische Arbeitsform unter diesem Begriff noch eine längere Zeit begleiten wird und auch soll, erlaube ich mir im Folgenden noch einige Anmerkungen zur sinnvollen unternehmerischen und „politischen" Positionierung von Coaching und Coaches.

4.1 Integre Coaches – integre Coachings

Wenn es um die persönliche Entwicklung und Potenzialentfaltung geht, ist der Einsatz von Coaching zu Recht eine der sinnvollsten Maßnahmen. Damit dies weiter so ist – und Coaching ein Begriff mit Zukunft bleibt –, muss der Qualitätsanspruch hoch sein. Integre Coaches sind professionelle Veränderungsbegleiter mit weitreichendem veränderungspsychologischen und auch therapeutischen Know-How. Wenn Sie in der Wirtschaft arbeiten, haben Sie konkrete Erfahrungen und Kenntnisse im Bereich firmeninterner und personalrelevanter Zusammenhänge. Sie können daher sowohl als Experte Consultingwünsche bedienen, wie auch im Teaching als Trainer Wissen vermitteln. Sie haben zusätzlich zu diesen Kenntnissen bevorzugt eine Ausbildung in einem psychotherapeutischen Interventionsverfahren und ausgiebige eigene Coaching-Selbsterfahrung. Ansonsten handelt es sich um Schmalspur Coaching, bei dem das bekannte Bonmot gilt: „Das Gegenteil von gut ist gut gemeint."

Hier noch einmal eine Zusammenfassung der wichtigsten Aspekte für eine klare Profilierung von Coaching und die klare Positionierung für integre Coaches:

I. Verantwortungsvoller Umgang mit dem Begriff Coaching

Beim Coaching stehen die Ziele des Coachees im Vordergrund. Wenn inhaltliche Ziele von Dritten erreicht werden sollen, dann wird von Consulting oder Teaching gesprochen und nicht von Coaching!

Die Abgrenzungen sind für den Klienten deutlich – und es ist klar, welche Maßnahmen an den Zielen des Klienten und welche Maßnahmen an den Zielen des Unternehmens ausgerichtet sind. Sind die Ziele nicht (mehr) kompatibel, muss der Coach hierzu Stellung beziehen.

II. Wirkliche Verschwiegenheit und Entwicklungsmöglichkeit

Coaching ist ein vertrauensvoll, unterstützender Veränderungsrahmen, in dem *emotional* gearbeitet werden kann. Die Diskretion über Themen und Inhalte ist selbstverständlich. Eine Entbindung von der Schweigepflicht kann nur der Coachee vornehmen.

III. Unabhängige, unkonventionelle, freie Coaches

Coaches sind humorvoll, flexibel, mutig und unabhängig. Sie gehen öfter andere Wege als erwartet wird. Der kalkulierbare Coach ist die Bremse jeder Veränderung. Coaches sind unabhängige, reife Persönlichkeiten und müssen ihre Anerkennung nicht aus Coachings beziehen. Sie buhlen nicht um die Gunst ihrer Auftraggeber oder Coachees, sondern können damit umgehen, (zeitweise) nicht geliebt zu werden. Sie sind unterstützende und unkonventionelle Sparringspartner für Menschen, die sich entwickeln wollen.

IV. Emotionale Relevanz versus Pseudocoachings

Coachings sind keine gesprächsmäßigen Pseudokontakte, sondern Kontexte, in denen kognitive und emotionale Veränderungen stattfinden können. Der Coach achtet auf die notwendige Betriebstemperatur (neuroduales Vorgehen) und die Veränderungsbereitschaft des Coachee.
Coaches, die nicht in der Lage sind diese emotionale Relevanz herzustellen, sind *nicht* kompetent.

V. Sich selbst entwickelnde, reflektierende Coaches

Coaches kümmern sich um die regelmäßige „Pflege" ihres Wissens, Könnens und ihrer Person, um bei den Coachings aus der Fülle schöpfen zu können. Sie achten auf Verführung durch Machbarkeitswahn und Eitelkeit und darauf, keine emotionale, energetische Selbstausbeutung zu betreiben.

Sie lassen sich immer wieder selber coachen, da sie wissen, dass alles im Leben Entwicklung ist.

VI. Materielle Unabhängigkeit

Integere Coaches sind materiell unabhängig vom Coaching. – Da materielle Abhängigkeit häufig zu sinnlosen Verlängerungen der Coachingkontakte, zu systemischen Verstrickungen, inhaltlich unzulässiger Parteinahme oder gar Pathologisierung von Klienten führt, generieren unabhängige Coaches maximal 50 Prozent ihrer Umsätze durch Coaching. Sie sind dann frei vom und im Arbeitsgebiet Coaching und haben in anderen Bereichen Erfolg.

VII. Lebenstauglich und krisenerfahren

Coaches leben und arbeiten nicht im weltverbessernden Elfenbeinturm des Coachings, sondern sind eingebunden in eigene, sinngebende Strukturen und Arbeitszusammenhänge. Sie führen selbst ein Team, entscheiden, erstellen Konzepte, leiten Firmen, erziehen Kinder, stehen als Redner oder Trainer vor Menschen, müssen Veränderungsentscheidungen treffen und Krisen bewältigen. Gute Coaches kennen sich aus im Leben und im Business und sind für andere Menschen klare, kompetente und hilfreiche Begleiter auf Zeit.

Wenn Sie als Coach oder Unternehmensvertreter das o.g. unterstützen wollen, trägt dies sicher zum sinnvolleren und ethischen Einsatz von Coaching bei.

www.ProC-Association.de

5.

Anhang

5.1 Literatur und Links

Andreas, S.: Artikel zum Selbstkonzept. In: *MultiMind* 2/2004. Paderborn: Junfermann 2004
Barfußdoktor: *Free yourself.* Reinbek: Rowohlt-Tb 2003
Barfußdoktor: *Handbuch für den gewitzten Stadtkrieger. Ein spiritueller Überlebensführer.* Reinbek: Rowohlt-Tb 2001
Czichos, R.: *Creaktivität & Chaos-Management.* München: Ernst Reinhardt Verlag 1993
Damasio, A.R.: *Ich fühle, also bin ich.* München: List 2003
de Shazer, S.: *Worte waren ursprünglich Zauber.* Dortmund: Modernes Lernen 1998
Dilts, R., Hallbom, T. & Smith, S.: *Identität, Glaubenssysteme und Gesundheit.* Paderborn: Junfermann [4]2001
Dilts, R.: *Die Magie der Sprache.* Paderborn: Junfermann 2002
Droit, R.-P.: *Fünf Minuten Ewigkeit. 101 philosophische Alltagsexperimente.* München: Heyne 2002
Farrelly, F. & Brandsma, J.M.: *Provokative Therapie.* Berlin: Springer 1986
Grawe, K.: *Neuropsychotherapie.* Göttingen: Hogrefe 2004
Guglielmo, G.: *Gemeinsam in die Falle gehen.* Heidelberg: Carl Auer 2003
Höfner, E. & Schachtner, H.-U.: *Das wäre doch gelacht! Humor und Provokation in der Therapie.* Reinbek: Rowohlt 1997
Hüther, G.: *Die Bedeutung innerer Bilder für die Strukturierung des Gehirns.* Vortrag M.E.G Kongress 2004
Hüther, G.: *Die Macht der inneren Bilder.* Göttingen: Vandenhoeck & Ruprecht 2004
Johnstone, K.: *Improvisation und Theater.* Berlin: Alexander Verlag [6]2002
Johnstone, K.: *Theaterspiele.* Berlin: Alexander Verlag 2000
King, S.: *Begegnung mit dem verborgenen Ich.* Freiburg: Aurum 1995
Klein, S.: *Trainingstools. 19 Methoden aus der Psychotherapie.* Offenbach: GABAL 2001
LeDoux, J.: *Synaptic self.* London: Penguin Books 2003
Noerretranders, T.: *Spüre die Welt. Die Wissenschaft des Bewusstseins.* Reinbek: Rowohlt 1997
O'Hanlon, B. & Beadle, S.: *Das wär' was.* Dortmund: borgmann 1998
Rost, W.: *Emotionen, Elixiere des Lebens.* Berlin: Springer 1990
Rühle, H.: *Die Kunst der Improvisation. Mit Überraschungskompetenz das Unvorhergesehene meistern ... damit es gut geht, wenn es schief geht!* Paderborn: Junfermann 2004
Satir, V.: *Kommunikation, Selbstwert, Kongruenz.* Paderborn: Junfermann [7]2004
Schmidt-Tanger, M. & Kreische, J.: *NLP-Modelle. Fuff and Facts. Das Basisbegleitbuch.* Kirchzarten: VAK 1994
Schmidt-Tanger, M.: *Veränderungscoaching. Kompetent verändern. NLP im Changemanagement, im Einzelcoaching und Teamcoaching.* Paderborn: Junfermann 1998
Servan-Schreiber, D.: *Die neue Medizin der Emotionen.* München: Kunstmann 2004
Spolin, V.: *Improvisationstechniken für Pädagogik, Therapie und Theater.* Paderborn: Junfermann [6]2002
Stahl, T.: *Triffst du 'nen Frosch unterwegs ...* Paderborn: Junfemann [6]1995

Tomas, J. & Schmidt-Tanger, M.: *MILTON! Sprachliche Brillianz für Trainer, Moderatoren, Lehrer und alle professionellen Kommunikatoren – Praxistraining „Hypnotische Sprachmuster"*. Paderborn: Junfermann 2004
Trenkel, B.: *Das Aha!–Handbuch*. Heidelberg: Carl Auer 2004
Udall, B.: *Das wundersame Leben des Edgar Mint*. München: Goldmann 2003
Ulsamer, B.: *Ohne Wurzel keine Flügel*. München: Goldmann 1999
von Förster, H. u.a.: *Einführung in den Konstruktivismus*. München: Piper 1997
Weeks, D. & James, J.: *Exzentriker, über das Vergnügen anders zu sein*. Reinbek: rororo 1997
Wilde, O.: *Extravagante Gedanken*. Zürich: Diogenes 1988
Wippich, J. & Derra-Wippich, I.: *Lachen lernen*. Paderborn: Junfermann 1996
Yalom, I.D.: *Der Panama-Hut oder: Was einen guten Therapeuten ausmacht*. München: btb 2002

Links

www.ccc-professional.de

Competence.Center.Coaching.
→ Ausbildung zum systemisch-neurodualen Coach (SNDC)
→ Fortbildung im Neurodualen Coaching für Profis (NDC)
→ Fortbildung im Pro-vocativen Coaching

www.NLP-professional.de

Zertifizierte und international anerkannte Aus- und Fortbildungen im Neurolinguistischen Programmieren (NLP) und Coachingausbildungen mit Martina Schmidt-Tanger.

www.ProC-Association.de

Professional Coaching Association (ProC) – Coachingverband für professionelle Coaches • Partner für Coaches • Mittler für die Wirtschaft • Coachingexpertise für Entscheider.

Artikel, Bücher, Termine von Martina Schmidt-Tanger:

www.NLP-professional.de

5.2 Spickzettel für die Präzision

5.2.1 Kleine Schule der Veränderung – die 3 Freiheiten und die W A G E - E S - Kriterien

Die 3 Freiheiten der Veränderung

a) Es ist generell möglich, sich zu verändern. Es ist mir möglich, mich zu verändern.
b) Es ist erlaubt, sich zu verändern. Es ist mir erlaubt, mich zu verändern.
c) Es ist gut, sich zu verändern. Es ist gut für mich, mich zu verändern.

WAGE ES

W ünsche und persönliche Veränderungsziele überhaupt zu fühlen:
→ *Ich spüre* meine Wünsche, Träume, Ziele, Sehnsüchte.
A kzeptanz zu empfinden für diese persönlichen Wünsche und Ziele:
→ *Ich bejahe* meine Wünsche, Träume, Ziele, Sehnsüchte.
G estaltwerdung ermöglichen oder selbst realisieren können:
→ *Ich kann* aktiv etwas zur Realisierung beitragen.
E ngagement und Energie bei der Realisierung zu erleben:
→ *Ich will* es tun und setze mich dafür ein.
E rfüllung und Stolz nach der Zielerreichung erleben dürfen:
→ *Ich darf* den Weg und das Erreichte genießen.
S inn empfinden über die eigene Weiterentwicklung:
→ *Ich bin* richtig und wichtig.

5.2.2 Das K.A.I.S.E.R.I.N.-MODELL für guten Kontakt

K = Körperhaltung
A = Atmung, Anspannung
I = Inhalt des Gesprächs
S = Stimme, Intonation
E = Energieniveau
R = Repräsentationssysteme
I = Interesse am Anderen
N = emotionale Nähe

5.2.3 Die 15 CHANGE-TALK-Muster

→ Akzeptieren Sie keine festen Diagnosen oder Etikettierungen.
→ Kommunizieren Sie die Erreichbarkeit von Zielen.
→ Lassen Sie Zustände skalieren und quantifizieren.
→ Wechseln Sie den Bezugsrahmen und die Bedeutung.
→ Präzisieren und hinterfragen Sie Aussagen.
→ Fördern Sie die Toleranz für Mehrdeutigkeit.
→ Aktivieren Sie Ressourcen über Wunder-, Zauber-, Traumfragen.
→ Fokussieren Sie auf gewünschte Effekte.
→ Formulieren Sie verhaltensbezogen.
→ Betrachten Sie Schwierigkeiten und Probleme als Phasen.
→ Machen Sie den Klienten zur handelnden Person.
→ Die Revers-Strategie: Machen Sie aus Vorwürfen Wünsche.
→ Finden Sie Kompetenzen und weiten Sie sie aus.
→ Fokussieren Sie auf das „Andere".
→ Intervenieren Sie im übergreifenden Muster.

5.2.4 Das C.L.E.E.R. I.T.-Format für die Auftragsklärung

C. =	Contact	*Wie?*
L. =	Leiden, Symptome	*Was?*
E. =	Entwicklungsgeschichte	*Woher?*
E. =	Effekt der Veränderung	*Wozu?*
R. =	Ressourcen	*Womit?*
I. =	Identifizierte Person	*Wer?*
T. =	Target, Ziel	*Wohin?*

C. Contact: Wie wollen wir im Klärungs-/Akquisitionsgespräch vorgehen?

→ Wie viel Zeit ist vorgesehen? Mit wem spreche ich eigentlich?
→ Sind die richtigen Menschen (Auftraggeber, Geldgeber, Inhaltsgeber) anwesend, um entsprechende Entscheidungen zu treffen?
→ Was ist das Ziel des Gesprächs – z.B. der Auftrag für eine konkrete Maßnahme oder sollte sich der Coach nur mal vorstellen?

L. Leiden: Was ist das konkrete Problem?

→ Was ist (sind) das (die) augenblickliche(n) Symptom(e), das offensichtliche Leiden, die momentan schwierige Situation?
→ Welche Auswirkungen hat das Problem?
→ Was/Wer ist noch negativ dadurch beeinflusst?

E. Entwicklungsgeschichte: Woher?

→ Welche Vermutungen gibt es über die Ursache des Problems?
→ Wo kommt es her, wodurch, wie ist es entstanden?
→ Wie lange existiert das Problem schon?
→ Was wird als Auslöser für die Symptome angenommen?
→ Welche Kausalitäten bei der Problementstehung werden angenommen?

E. Effekte: Wozu soll die Veränderung führen?

→ Was sollen die Auswirkungen der Maßnahme sein? Welche Effekte sollen damit erreicht werden? Sollen außer dem gewünschten Effekt auf den Coachee noch andere Effekte eintreten?

→ Woran würden die Auftraggeber erkennen, dass die Maßnahme erfolgreich ist? Wie würde sich das auswirken? Wofür ist das wichtig im Unternehmen? Gibt es noch andere eventuell negative Effekte, die auftreten könnten?

R. Ressourcen: Womit soll die Veränderung stattfinden?

→ Was ist bisher schon unternommen worden?
→ Wurden schon andere Maßnahmen in Betracht gezogen?
   Z.B. Coaching, Training, Unterricht, Gespräche?
→ Gibt es Vorstellungen über die Art des Vorgehens?
→ Wessen Idee war das Coaching/Training? Warum?
→ Welche Ressourcen stehen zur Verfügung? Wie viel Zeit, Geld, Engagement und Bereitschaft sind zur Veränderung vorhanden?
→ Welche Vorstellungen über den Zeitbedarf für diese Veränderung gibt es?
→ In welchem Zeitfenster soll die Veränderung vonstatten gehen?
   Ist das realistisch?

I. Identifizierte Person: Wer?

→ Wer wird als „Symptomträger" identifiziert?
→ Bei welcher(n) Person(en) soll(en) die Veränderung(en) stattfinden?
→ Wieso verdichtet sich das Problem auf xy? Gibt es noch jemanden, der beteiligt ist?
→ Liegt es am Menschen oder am System?

T. Target, Ziel: Wohin soll es gehen?

→ Was soll jetzt konkret geschehen? Was ist das Ziel? Und mit wem?
→ Gibt es ein wohlformuliertes Ziel oder ist das Ziel lediglich die Abwesenheit der Symptome?
→ Was soll jetzt konkret die einzuleitende Maßnahme sein – Coaching, Consulting, Training, Umstrukturierung?

5.2.5 Das Z.E.N.T.R.A.L.-Format

Z. = Ziel der Maßnahme   *Wohin?*
E. = Effekte der Zielerreichung   *Wozu?*
N. = Nutzen/Gewinn des Problems   *Warum noch immer?*
T. = Tiefe bzw. vermutete Ursache des Problems   *Woher?*
R. = bisheriger Ressourceneinsatz   *Womit?*
A. = Auswirkungen des Leidens   *Was noch?*
L. = Leiden, die Symptome selbst   *Was?*

Achtung: Die Fragen werden in der *umgekehrten* Reihenfolge zu den Buchstaben oben gestellt.

L. Leiden

→ Was ist Ihr Problem/Leiden/Symptom? Was bewegt Sie?
→ Beschreiben Sie konkret alles worunter Sie leiden.

A. Auswirkungen

→ Wie wirkt sich das Geschilderte auf Ihre Lebens-/Arbeitssituation aus? Oder welche Auswirkungen befürchten Sie?
→ Was (Wie) denken Sie darüber, dass Sie dieses Problem haben (Metagefühl)?
→ Wie geht es Ihnen damit, dass Sie das über sich denken? Kennen Sie das?

R. Ressourceneinsatz

→ Was haben Sie schon probiert? Mit welchem Ergebnis? Was soll jetzt passieren? Welchen Stellenwert hat das Coaching – welchen Stellenwert soll es haben?
→ Wie sind Sie auf mich gekommen? Was soll wie helfen?

T. Tiefe

→ Was denken Sie ist die Ursache des Problems? Wie lange gibt es dieses Problem schon?
→ Was denken Sie, wie es entstanden ist resp. woher es kommt?
→ Was glauben Sie, wie lange Sie für die Veränderung brauchen?

N. Nutzen

→ Was denken Sie, warum das Problem trotz Ihrer Bemühungen noch besteht?
→ Gibt es etwas, das möglicherweise wichtig oder sinnvoll daran ist oder war?
→ Wie wäre es, wenn Sie dieses Thema nicht mehr beschäftigen würde?
→ Womit würden Sie sich dann beschäftigen müssen?

E. Effekt der Zielerreichung

→ Was wollen Sie erreichen – für sich, für andere, für die Arbeit?
→ Welche Effekte soll das Coaching haben? Ist das realistisch?

Z. Ziel

→ Gibt es ein konkretes Ziel? Wo ist die meiste Energie?
→ Welches Ziel wollen Sie als erstes im Coaching bearbeiten?
→ Was wäre ein guter Anfang? Was wäre Ihnen zunächst am wichtigsten?
→ Was bringt am meisten (sog. Triggerveränderung, die andere Veränderungen automatisch nachzieht)?

5.2.6 Das Empowerment-Format

Ausgangspunkt ist ein bereits formuliertes Ziel auf der Verhaltensebene.

Stufe 1: Fähigkeiten

→ Angenommen Sie haben Ihr Ziel erreicht: Welche Fähigkeiten haben Sie dann?
→ Welche Fähigkeiten, die Sie bereits jetzt schon haben, hätten Sie aktiviert, würden Sie (mehr) leben, um die Zielerreichung sicherzustellen?

Stufe 2: Einstellungen

→ Was muss man über sich denken, um dieses Verhalten zu zeigen?
→ Was muss man über die Welt denken, über andere Menschen denken, um dieses Verhalten zeigen zu können?
→ Welche Einstellungen würden in Ihrem neuen Verhalten sichtbar, erkennbar?

Stufe 3: Werte

→ Welche Lebenswerte, die Ihnen wichtig sind, werden durch das Zeigen des Zielverhaltens unterstützt?
→ Welche Werte, die Ihnen jetzt schon wichtig sind, werden durch Ihr Verhalten genährt?
→ Welche Werte werden verstärkt und durch Ihr Verhalten aktiviert?
→ Welche Werte würden durch Ihr Verhalten gelebt und sichtbar?

Stufe 4: Identität/Selbstdefinition

→ Wer sind Sie, wenn Sie dieses Verhalten zeigen?
→ Welche Selbstdefinition über sich hätten Sie?

Stufe 5: Zugehörigkeit

→ Zu welchen anderen Menschen würden Sie zugehörig sein?
→ Welche anderen Menschen zeigen dieses Verhalten auch?

Stufe 6: Mission, Botschaft, Metaziel

→ Wenn es einen größeren Sinn geben würde, der über das persönliche Erreichen Ihres Ziels hinausgehen würde, was wäre das?
→ Welche „Botschaft" für die Welt oder andere Menschen wird über die Erreichung dieses Ziels sichtbar?
→ Wofür ist diese Zielerreichung ein Beispiel, das über die persönliche Zielerreichung hinausgeht?

NLP professional

- Anerkannte Zertifikatsfortbildungen mit Martina Schmidt-Tanger und Team
- NLP-Ausbildungen nach internationalem Standard (DVNLP)
- Business NLP – kompetent – seriös – anwendungsorientiert – erfahren

- Nutzen Sie unsere 20jährige NLP-Expertise!
- Fordern Sie unser Programm an und melden Sie sich über's Internet an!

NLP professional
Seminarzentrum NRW

Ltg. Dipl. Psych. Martina Schmidt-Tanger

Ehrenfeldstraße 14
44789 Bochum

Tel.: 0234 / 33 19 51
www.nlp-professional.de

CCC professional
Competence Center Coaching

Qualifying Coaches
- Neurodual-systemische Coaching-Ausbildung
- Fortbildungsakademie für professionelle Coaches
- Spezialisierungen Team-Coach / Provokatives Coaching

Support Coaching - alle Firmenleistungen rund ums Coaching
- Unterstützung bei der Implementierung von Coaching in Unternehmen
- Qualifizierung und Überprüfung von Coachingpools
- Durchführung von Auswahl-Audits für Coaches

Office: CCC professional - Competence.Center.Coaching
Ltg. Dipl. Psych. M.Schmidt-Tanger, www.ccc-professional.de
Ehrenfeldstr. 14, 44789 Bochum Tel.: ++ 49 - 234 / 332581

Coaching kompakt

80 Seiten, kartoniert • € (D) 9,95 • ISBN 978-3-87387-694-1
REIHE KOMMUNIKATION • Coaching

UTE SIMON-ADORF

»Was Sie schon immer über Coaching wissen wollten«

Antworten auf 53 wichtige Fragen

Coaching ist ein Wachstumsmarkt und erreicht immer mehr Menschen. Trotzdem fragen viele sich immer noch, wie ein Coaching-Prozess abläuft, welche Chancen (und vielleicht auch Risiken?) er mit sich bringt. Welche Veränderungen bewirkt ein Coaching? Mit welchen Interventionen arbeitet ein Coach?

Um solche und noch andere Fragen geht es in diesem Buch. Nach dem bewährten Frage-Antwort-Prinzip der Reihe »Soft Skills kompakt« aufgebaut, ermöglicht es den Lesern, ganz gezielt die Antworten zu finden, die für sie wirklich von Interesse sind. Das Buch ist somit eine gute Einstiegslektüre ins Thema Coaching, vermittelt aber auch Coaching-Kundigen gezielte weitergehende Informationen zu bestimmten Themen.

Ute Simon-Adorf, selbstständig im Bereich der Personal- und Persönlichkeitsentwicklung und als Coach und Trainerin zertifiziert. Ausbildung zum NLP-Master, wingwave-Coach und Figurenkabinett-Coach.

Weitere erfolgreiche Titel:

»Fragen der KörperSprache«
ISBN 978-3-87387-662-0
»Gedächtnistraining in Frage & Antwort«
ISBN 978-3-87387-685-9
»Die Kunst der Präsentation«
ISBN 978-3-87387-693-4

www.junfermann.de

Junfermann Verlag

Handbuch für Moderation

144 Seiten, kartoniert • € (D) 17,90 • ISBN 978-3-87387-690-3
REIHE KOMMUNIKATION • Moderation

ALEXANDER D. MYHSOK & ANNA JÄGER

»Moderieren in Gruppen & Teams«

Effektiv und human Kommunizieren

Gespräche in Gruppen zu moderieren, ist eine Grundqualifikation, die heute im Beruf und darüber hinaus mehr denn je gefragt ist.
Mit einem besonderen Blick auf Kommunikationsmodelle der Transaktionsanalyse präsentiert dieses Handbuch Konzepte und Theorien knapp und verständlich. Insgesamt eignet es sich zum Nachschlagen in konkreten Situationen, aber auch zum systematischen Einarbeiten und Vertiefen in Moderation und Gesprächsleitung.

Dr. Alexander D. Myhsok, Lehrbeauftragter an der Universität Tübingen. Freiberuflicher Trainer, Moderator, Organisationsberater.

Anna Jäger, Dipl.-Päd., Lehrbeauftragte an der Universität Tübingen, Frauenbildungsreferentin in einer Erwachsenenbildungseinrichtung. Freie Beraterin und Trainerin.

Das komplette Junfermann-Angebot rund um die Uhr – Schauen Sie rein!

Sie möchten mehr zu unseren aktuellen Titeln & Themen erfahren? Unsere Zeitschriften kennenlernen? Veranstaltungs- und Seminartermine nachlesen? In aktuellen Recherchen blättern?

Besuchen Sie uns im Internet!

www.junfermann.de